LES MÉTAMORPHOSES

DU JOUR

PAR

GRANDVILLE

Accompagnées d'un Texte

PAR MM.

ALBÉRIC SECOND, LOUIS LURINE
CLÉMENT CARAGUEL, TAXILE DELORD, H. DE BEAULIEU, LOUIS HUART
CHARLES MONSELET, JULIEN LEMER

PRÉCÉDÉES D'UNE NOTICE SUR GRANDVILLE

PAR M. CHARLES BLANC

PARIS

GUSTAVE HAVARD, LIBRAIRE

15 RUE GUÉNÉGAUD

Vu la loi et les traités internationaux, ce livre ne peut être reproduit ni traduit
sans l'autorisation de l'éditeur.

1854

NOTICE
SUR
GRANDVILLE

Il n'est pas indifférent de savoir que Grandville est né dans la patrie de Callot, car il a plus d'un trait de ressemblance avec l'illustre graveur de Nancy : et d'abord de l'esprit, de l'observation, l'humeur polémique ; puis un mélange tout à fait imprévu de réalisme et d'idéal, une forme correcte, positive, aride même, mise au service des plus fantastiques inventions ; un contour net enfermant une idée souvent indécise, un contraste perpétuel enfin entre l'élévation de la pensée et la prose du crayon.

Le véritable nom de Grandville était Gérard. Son père, peintre en miniature, était le fils d'un comédien distingué qui, sous le nom de Grandville, avait longtemps charmé la cour de Stanislas et les bourgeois de Nancy. Ce comédien avait eu deux enfants et en avait adopté un troisième qui eut bientôt un nom, et se trouva être Fleury, de la Comédie-Française. Moins heureux que leur frère adoptif, les fils de Gérard furent l'un et l'autre de modestes peintres en miniature, qui menèrent à Nancy une vie laborieuse et austère. Le plus jeune, pour se distinguer de son aîné, prit le nom de Gérard-Grandville : ce fut le père de notre artiste. Jean-Ignace-Isidore Gérard, dit Grandville, vint au monde le 15 septembre 1803 ; il naquit délicat et débile, et n'en fut que plus aimé par sa mère. Il montra dès ses premières années un caractère doux, taciturne et réfléchi, jouant peu, écoutant beaucoup et observant toute chose avec de grands yeux légèrement voilés d'une teinte de mélancolie. A douze ans, on le mit au lycée de Nancy; mais il en sortit bientôt pour apprendre le dessin chez son père, qui, d'accord cette fois avec la destinée, voulait faire de lui un artiste. Malheureusement, tandis que le père flattait de son mieux ses modèles, — cela est de rigueur chez un peintre en miniature, — le fils refaisait le portrait du patient, mais avec une justesse de coup d'œil et une fidélité tellement inexorables, qu'il passait pour ne faire autre chose que des caricatures. Du reste, il dessinait du matin au soir, il dessinait tout, personnes et choses, et accrochait ses charges aux murailles de sa chambre, comme Teniers accrochait les siennes aux murailles de son *cabaret*.

Un miniaturiste très-connu, Mansion, passant à Nancy, alla voir son confrère, et, frappé de l'esprit du jeune dessinateur, il proposa de l'emmener à Paris. On promit d'y penser, et, à quelque temps de là, M. Gérard se décide en effet à envoyer son fils à Paris. Cent écus, une lettre pour Mansion, une autre pour M. Leméteyer, régisseur général de l'Opéra-Comique, son parent, voilà de quoi se composait tout le bagage de Grandville. Mais il eut bientôt trouvé des ressources dans son esprit ingénieux. Chez Mansion, qui l'avait pris dans son atelier, il imagina un jeu de cartes fantastique de cinquante-deux pièces, que Mansion trouva si remarquables qu'après les avoir corrigées du regard, il les publia sous son nom, avec le titre de *Sibylle des Salons*.

Cependant Grandville passait ses soirées à l'Opéra-Comique, et les entr'actes dans le cabinet de M. Leméteyer, où il avait connu déjà quelques artistes en renom : Vernet, Picot, Hippolyte Lecomte, Léon Cogniet, et parmi eux un deuxième ténor, Féréol, qui chantait bien et peignait mal, mais qui se croyait plus de talent pour peindre que pour chanter, genre de méprise assez fréquent parmi les artistes. Hippolyte Lecomte surprit un jour Grandville dessinant à nouveau, sur le bureau de son oncle, une composition que Féréol venait de peindre, et critiquant à coups de crayon toutes les fausses notes que le ténor avait laissé échapper dans son tableau. Le lendemain Grandville devient l'élève d'Hippolyte Lecomte. Il faut peindre à l'huile; mais ce genre de peinture l'embarrasse, lui paraît compliqué et d'une difficulté superflue, inutile à vaincre. Par un nouveau trait de ressemblance avec Callot, Grandville répugne à ce procédé; il le trouve trop chargé d'entraves matérielles, pas assez net pour sa pensée. D'un coup de plume il avait dit tout ce qu'il voulait dire : pourquoi ces mélanges, ces préparations, ces toiles qui doivent sécher quinze jours, et sur lesquelles il faudra revenir, quand on aura peut-être jeté ailleurs tout son feu ou changé d'idée, à moins de peindre au premier coup, ce qui n'était guère possible à un homme qui avait comme lui l'inquiétude de son art? Grandville faisait ainsi le procès à la peinture à l'huile, impatient qu'il était d'en venir aux moyens les plus simples d'épancher sa verve, car il avait l'esprit plein de pensées, l'imagination pleine de rêves.

Découragé, l'élève de Lecomte veut retourner à Nancy, lorsqu'un sociétaire du théâtre lui propose de dessiner des costumes pour les troupes de province, lui donne un peu d'argent, lui demande beaucoup de croquis, et en somme le laisse bientôt aussi abattu, aussi pauvre que devant.

Dans ce temps-là, pourtant, on venait d'inventer un art qui semblait créé tout exprès pour Grandville, la lithographie. On n'entendait chanter au théâtre, dans les salons, dans la rue, que :

> Vive la lithographie,
> C'est une rage partout;
> Grand, petit, laide, jolie,
> Le crayon retrace tout.
> Nos boulevards tout du long
> A présent sont un salon,
> Où, sans même avoir posé,
> Chacun se trouve exposé.
>
> Nos mouchoirs de poche aussi
> Ont leurs combats, Dieu merci!
> . . . .
> Grâce à cette nouveauté,
> Une sensible beauté
> Peut, quand la douleur l'attaque,
> Essuyer ses yeux fort bien
> Avec le bras d'un Cosaque,
> Ou la jambe d'un Prussien.

La lithographie, pour un artiste qui était pressé de produire, qui avait d'ailleurs le côté populaire du génie, et sentait le besoin d'agir sur l'esprit des autres, c'était une merveilleuse invention. Cependant, comme si le crayon écrasé sur la pierre eût donné des contours trop mous, comme si l'impression eût été moins incisive que le trait, Grandville voulut exécuter la lithographie à la manière d'une gravure : au lieu de grener son dessin ou de l'estomper, il arrêta vivement ses contours, ombrant avec des hachures, précisant de plus en plus ses formes au moyen des tailles, et faisant entrer ses figures dans la pierre avec son crayon, comme il les eût rentrées dans le cuivre avec un burin. C'est absolument l'histoire de Callot, lorsqu'il imagina de substituer au vernis mou, dont se servaient les graveurs à l'eau-forte, le vernis des luthiers, qui, étant ferme et dur, donne plus de netteté au travail de la pointe et permet au graveur de sculpter, pour ainsi dire, son dessin sur la planche[1].

Dessinateur lithographe, Grandville n'avait plus qu'à inventer, et c'était là précisément sa supériorité naturelle. Il pensait beaucoup, il avait beaucoup observé. Des travers du monde, de ceux que l'on coudoie chaque jour sur le pavé ou sur les tapis, pas un ne lui avait échappé. Il commença la *Suite des Dimanches d'un bon bourgeois*, ou les *Tribulations de la petite propriété*. Il était d'ailleurs assez disposé à railler la vie, dont il connaissait déjà les petites misères... et bientôt les grandes. Il occupait alors, dans l'hôtel Saint-Phar, une petite chambre, la même peut-être qui fut habitée depuis par un écrivain dont la plume a des rapports frappants avec le crayon de Grandville, Alphonse Karr. Là il se mit à l'œuvre, conseillé, dit-on, par Duval-Lecamus, fit des dessins remarquables sans doute, bien qu'ils n'eussent pas l'ampleur et le mordant de Daumier, tomba aux mains d'un éditeur en déconfiture, dut se débattre avec les créanciers, vit saisir ses dessins, et perdit son temps à courir après son argent.

Au milieu des tribulations qu'il peignait si bien et de celles qu'il éprouvait lui-même, il fit heureusement la rencontre d'un ami,

---

[1]. Voyez les curieuses *Recherches sur Jacques Callot*, que M. Meaume vient de publier à Nancy, et la biographie de ce peintre-graveur que nous avons donnée dans l'*Histoire des Peintres*.

M. Falampin, alors avocat, aujourd'hui un des écrivains de *l'Illustration*. Cet ami habitait la rue des Petits-Augustins. Il était d'une sorte de club, dont le fondateur avait dû être Achille Ricourt, club d'artistes qui chaque jour, sur les cinq heures, se réunissaient rue Saint-Benoît, dans les salons d'un Véfour à 13 sous, où l'on dépensait beaucoup d'esprit. Là venaient Paul Huet, Jules Janin, Chenavard et vingt autres. Grandville fut invité à quitter l'hôtel Saint-Phar et à venir se loger près de son ami.

« Il avait au cinquième étage, dit M. Clogenson[1], dans une maison située en face du palais des Beaux-Arts, une mansarde spacieuse, dont son esprit inventif savait tirer un rare parti. Outre le lit, la table et les six chaises qui composaient son ameublement, ses amis se rappellent un vaste rideau vert qui servait à partager en deux son appartement. Une partie, non éclairée, était sa chambre à coucher; l'autre, ornée d'une fenêtre en tabatière, par laquelle le soleil envoyait libéralement ses rayons, constituait l'atelier. Quand les visiteurs étaient nombreux, on enlevait le rideau, et le tout formait un vaste salon.

« Quelques jeunes artistes avec lesquels Grandville était lié habitaient le même quartier. Dans la maison contiguë à la sienne demeurait Paul Delaroche, qu'il avait rencontré chez son oncle, et qu'il voyait alors assez souvent; puis, dans le voisinage, il y avait Guiaud le paysagiste, Renou le peintre d'intérieur, Pannetier le miniaturiste, Horeau l'architecte, Drulin, Eugène Forest, Delange, qui tous vivaient de leur pinceau ou de leur crayon, puis Philippon, Charton, Taschereau, puis enfin M. Falampin, son ami le plus intime, qui a eu la bonté de nous aider de ses souvenirs. »

Grandville était alors assez gai, du moins en apparence; il causait timidement, mais finement, faisait peu de bruit, plaisantait le plus souvent le crayon à la main. Le soir, quand, au sortir du fameux salon de cent couverts, on s'était groupé autour d'une lampe chez le président du club, Grandville prenait une plume et se mettait à dessiner. Pendant que la conversation s'échauffait ou qu'on faisait de

---

[1]. Dans une notice intéressante sur Grandville, publiée par l'*Athenæum français* des 12 et 19 mars 1853.

la musique, il traduisait sur le papier les idées que lui suggérait la mélodie, les bons mots qui se croisaient, les aventures qu'on venait de raconter; puis, s'égarant peu à peu dans sa propre pensée, oubliant ce qui l'entourait, il paraissait se plonger dans une méditation solitaire; il rêvait, et machinalement sa plume donnait une forme à ses rêves; mais son dessin devenait vague, décousu, inintelligible comme un songe. Chose bizarre! cet esprit si positif, si bien façonné à la critique de toutes les folies, était lui-même enclin aux chimères. Il côtoyait constamment les abîmes de la fantaisie.

Ses publications, pourtant, ne révélaient pas encore cette tendance. En 1827, il avait mis au jour les *Quatre Saisons de la Vie humaine*, recueil de dix planches où il peignit les divers passe-temps de l'homme depuis l'âge de deux ans jusqu'à celui de soixante-dix. Rien de bien nouveau dans cet ouvrage, rien de brillant; le dessin en est roide et la pensée très-banale: le gros des humains y est représenté tout bonnement, en proie à la bêtise bien connue de ses goûts. Pauvre humanité! vous pouvez la suivre tout le long de sa carrière; vous la retrouvez à la fin telle qu'au début; elle a seulement changé de poupée. Le héros commence par martyriser son chat, par monter un cheval de bois ou une girafe de carton. Ensuite il vole des pommes; mais du moins, à l'inverse de l'avare de Florian, il respecte les mauvaises et ne mange que les bonnes. A douze ans, il aligne des régiments en papier et joue au soldat absolument comme les souverains. A seize ans il fait la cour, non pas aux femmes encore, mais à leurs robes, et trouve que l'étoffe en est moelleuse. De vingt à vingt-cinq, il chasse sans port d'armes sur les terres des fermiers et des maris. A trente ans, il se déguise en poissarde et va parler l'argot au bal masqué. Plus tard, il pêche à la ligne, chante Frétillon, cultive le vin muscat, compromet sa perruque dans les coulisses... que sais-je? Enfin, il termine sa vie d'une manière vraiment sinistre, en lisant devant son poêle *le Constitutionnel!*

Aux *Quatre Saisons de la Vie humaine* succède une sorte de danse macabre tout à fait inconnue aujourd'hui, entièrement oubliée du moins, et qui est cependant la mise en scène imprévue et originale d'une idée d'ailleurs bien commune. On sait que les peintres du moyen âge se plaisaient à représenter, sur les murs d'enceinte des lieux de sépulture, une sorte de ronde fantastique dansée par des morts de toute profession et de tout âge, comme celle que peignit Holbein dans le cimetière de Bâle. Grandville a repris cette allégorie funèbre, qui cadrait, mieux peut-être que la plaisanterie, avec la tournure sérieuse de son imagination. Il intitula le *Voyage pour l'Éternité* une série de planches où il avait dessiné la Mort empruntant tous les visages pour nous attirer à elle, changeant à chaque pas de costume pour nous séduire. Ici, elle s'affuble d'un immense bonnet à poil, prend une canne et une allure de tambour-major, et mène dans son empire tout un régiment de pauvres conscrits qui partent, en emboîtant le pas, pour le grand voyage. Là, elle s'est déguisée en cocher de tilbury, s'est fait suivre d'un groom qui porte la cocarde et l'habit galonné, et de l'air le plus charmant, elle montre son équipage à une jeune dame en l'invitant à aller au bois... d'où l'on ne revient plus. Une autre fois, sous le masque d'une prostituée, elle appelle d'une voix doucereuse de jeunes étourdis, et leur propose de monter dans son bouge pour lui acheter l'amour. Le crayon de Grandville a cette fois l'énergie d'un hémistiche de Juvénal. Plus loin, elle se fait garçon apothicaire, et, cachée dans l'officine où on lui voit piler ses poisons dans un mortier, elle sourit en écoutant le maître assurer à ses pratiques que ses drogues sont pures, de bon aloi et *selon l'ordonnance*. L'artiste, en composant cette série de dessins, s'est relevé des faiblesses et des banalités précédentes ; il a taillé dans le vif.

Mais le titre le plus sérieux de Grandville à la popularité, son œuvre la plus remarquable, la plus originale, c'est la série des *Métamorphoses du Jour*. L'idée était neuve, par une face, et piquante : elle fit fureur dès le début ; aussi l'artiste n'eut-il pas besoin d'aller chercher les éditeurs, il les vit venir. Sans doute l'apologue qui prêtait notre langage aux animaux était aussi ancien que le monde, et Aristote, qui a remué toute chose, avait dit, il y a quelque deux mille ans, les rapports de la physionomie humaine avec celle des animaux ; mais la nouveauté consistait à leur faire endosser nos habits, à les introduire en escarpins dans nos salons, à les transformer en personnages vraisemblables, en leur assignant un rôle à chacun dans l'éternel vaudeville du monde. Grandville a rendu l'homme inséparable de l'animal ; il les a soudés l'un à l'autre comme la fable avait fait les deux êtres qui composaient Chiron ; mais, à l'inverse du centaure, ses acteurs ont des hures de bêtes sur des épaules humaines.

Les *Métamorphoses du Jour* eurent un succès prodigieux. Parmi ces satires toutes morales, il s'était glissé un trait politique, et ce fut la fortune de l'auteur... je me trompe, de l'éditeur. Il n'était bruit, dans ce temps-là, que d'une historiette de coulisses, assez ordinaire d'ailleurs, mais rendue piquante par la qualité des personnes. Le héros de l'aventure était le jeune duc de Chartres, depuis duc d'Orléans, et l'héroïne une ingénue du boulevard qui amusait les bourgeois par son talent et ennuyait les beaux fils de sa vertu. On disait alors, et sans horreur je ne puis le redire, que M. le duc avait été heureux comme il convient à un colonel de hussards, et que c'était le père de la belle ingénue qui avait lui-même conduit le jeune colonel à la victoire. Grandville, vengeant d'un seul trait la morale outragée et les soupirants jaloux, représenta Monseigneur en son beau costume de colonel de hussards, tête de *grand-duc*, pose élégante ; le père, sous les traits d'un poisson... indigeste dont la chair n'est bonne qu'en mai ; et l'Iphigénie en coulisses sous les formes d'une jeune dinde rougissante, dont le bec convexe, recouvert de sa caroncule, devait se prêter malaisément aux baisers de l'oiseau de nuit. Tout Paris voulut voir cette planche, et l'on raconte que la duchesse de Berri, — c'était en 1829, — se fit un malin plaisir d'oublier sur sa table, un jour de réception, quelques épreuves de cette *métamorphose*, trouvée charmante par les censeurs de la branche aînée. Ce fut, on le pense bien, à qui rirait le plus haut des malheurs de l'amant heureux. A partir de ce jour, les *Métamorphoses* de Grandville devinrent l'objet de toutes les conversations ; on les trouvait sur tous les guéridons, dans toutes les mains. Deux auteurs, MM. Paul Lacroix et Ozanneaux, improvisèrent pour l'Odéon une pièce dont l'ouvrage de Grandville leur fournit la pensée et le titre : les personnages devaient changer de tête, et l'on se demandait qui peindrait ces physionomies de carton. — Naturellement Grandville. — Mais où est cet homme depuis hier si célèbre ? — On le cherche partout, et on le découvre en son cinquième étage de la rue des Petits-Augustins, n° 10, dans une petite chambre sans meubles. « Vous êtes sans doute un habitué du Jardin des Plantes, dit le bibliophile à l'artiste. — Monsieur, reprit modestement Grandville, je n'ai vu les animaux que dans Buffon. C'est là que je les étudie (et il montrait une petite édition anglaise de l'Histoire naturelle : *Extracts from Buffon*, in-12); voilà le livre d'où je suis sorti. »

Les bêtes de Grandville me rappellent que j'étais un jour avec un un homme d'infiniment d'esprit, M. Prosper Mérimée, le même qui est de l'Académie Française, à examiner des croquis d'animaux qu'il venait de dessiner d'après nature. C'étaient des rhinocéros, des hippopotames, des mastodontes et autres pachydermes. « Comment expliquer, lui disais-je, l'existence de ces êtres difformes, monstrueux? ne dirait-on pas d'un cauchemar de la nature? — Pour moi, reprit froidement l'académicien, j'ai toujours pensé que, vers le sixième jour de la création, il avait été ouvert un grand concours pour la formation d'un être digne de vivre sur la terre. De toutes parts, comme vous le pensez bien, on produisit des modèles, et Dieu seul peut savoir ce qu'on envoya d'ébauches informes, d'animaux biscornus et grotesques. La galerie dut rire beaucoup, non-seulement de la conformation des figures, mais des énormes différences qui se rencontraient dans leurs proportions relatives ; lorsque après l'*éléphant*, par exemple, un des compétiteurs apporta modestement le *rat*. Le lion et le singe furent remarqués ; mais l'un, ayant ouvert la gueule mal à propos, effraya les juges, et l'autre compromit son succès par une grimace intempestive ; de sorte que les inventeurs de ces ouvrages n'eurent que l'accessit. Le prix fut donné à l'*homme*. Malheureusement, après la distribution, on oublia de détruire les modèles, de sorte que, toutes ces bêtes prenant pour elles le *croissez et multipliez*, crûrent et multiplièrent. Voilà ma Genèse. »

Il semble que les Égyptiens aient voulu réhabiliter tous ces animaux hors de concours, en mariant leurs formes avec celles de l'homme. C'est ainsi qu'ils virent un emblème de prudence dans le monstre auquel il donnaient la tête d'une femme et le corps d'un chat. Mais Grandville parut avoir une autre pensée en croisant les races. Il voulut châtier l'homme en lui rappelant que, malgré le premier prix qu'il avait jadis obtenu, il n'était pas si éloigné des concurrents qu'il méprisait, et que son visage, par ses déviations fréquentes, trahissait la bestialité de leur commune origine. Il imagina donc et mit à la mode ces burlesques personnages que vous savez, hommes par le corps, animaux par la tête, et sur leur dos il se plut à fustiger les ridicules humains. On peut dire que nul ne l'a surpassé dans le talent de vêtir, de faire parler, de mettre en scène les acteurs de cette comédie universelle. Il savait trouver dans chaque animal la personnification d'un vice, d'un sentiment, d'une pensée, et de la physionomie du moindre insecte dégager une signification morale. Le costume, la corpulence, l'attitude, tout se rapportait chez lui à une idée dominante. L'homme violent et querelleur, le duelliste, avait la tête d'un hérisson sur un corps membru; l'écrevisse caractérisait naturellement le poltron qui rompt sans cesse la mesure. La luxure du bouc, la gloutonnerie du loup, la menaçante gourmandise du crocodile, la vanité du paon, n'ont été nulle part saisies, consacrées, pour ainsi dire, par le dessin, comme elles le furent dans les *Métamorphoses du Jour*. Grandville a mis tant de justesse dans l'emmanchement, tant d'accord dans l'assemblage des parties, et dans l'intention tant de finesse, qu'il nous serait aujourd'hui bien difficile de représenter aux yeux un vice quelconque de l'humanité autrement que sous les formes qu'il a si spirituellement adaptées à ce vice. Chacun de nos travers a maintenant son image stéréotypée dans ce Buffon de la satire. Voyez monsieur un tel, le misanthrope, le bourru, qui parle à ses gens en leur tournant le dos, qui cache sa mine renfrognée et déclare qu'*il n'y est pour personne* : dites-moi si l'on peut lui prêter une autre tête que celle de l'ours? Et ce gros homme, tout appétit et tout ventre, qui crève son gilet, entr'ouvre un jabot sale, et promène sa grosse patte poilue et poisseuse sur le museau d'une jeune modiste qu'il appelle *ma petite chatte*, quel autre groin peut-il loger dans son immense cravate, que celui d'un pourceau?... En vérité, au-dessous de chacune de ces têtes, on peut écrire le *ne varietur*.

Les d'Orléans eurent un instant leur tour. La révolution de 1830 ayant donné carrière aux caricatures, on en fit d'abord contre les vaincus. Grandville, Decamps, Eugène Forest crayonnèrent des calembours qu'assaisonnait le sel de l'à-propos. Mais bientôt, laissant là le *pieu-monarque*, *l'ex-et-lent roi*, ils tournèrent leurs armes contre la dynastie nouvelle. Philippon créa le journal *la*

Caricature; il s'y retrancha, lui troisième, avec Forest et Grandville, et fit feu de toutes ses fenêtres.

Grandville fut le héros de cette guerre qui dura cinq ans. Il y déploya, dans le détail surtout, de l'originalité et une verve infatigable. Si sa pensée manquait parfois de grandeur, de portée ou d'imprévu, il y suppléait par une prodigieuse fécondité d'inventions partielles; il taillait tant de facettes à son idée, qu'elle brillait d'un éclat extraordinaire. Ce qu'il lui fallait, c'était une donnée générale, un cadre où il pût faire entrer tous ses personnages. Il aimait à passer en revue sa ménagerie d'hommes d'État, parce qu'il y trouvait l'occasion de les peindre un à un, de les prendre à partie, de faire, en un mot, leur portrait moral et physique. C'était là son triomphe. Tantôt il imagine une *Chasse à la liberté*... et alors chacun use de ses armes : les gens de haute cour mettent la bombe dans le mortier, le maréchal Lancelot, prince de Seringapatam, braque ses pièces d'artillerie; M. Thiers charge un petit fusil pour rire; puis vient une chevauchée de ministres et de robins qui renverse, dans son élan, M. d'Argout et ses énormes ciseaux, l'étalon le *Valmy* et son obèse cavalier; puis c'est la meute des aboyeurs féroces,

> Chiens courants et limiers, et dogues et molosses,
> Tout se lance et tout crie : allons!

Tantôt la scène représente une *Salle d'armes*. Un homme masqué, mais reconnaissable à ses gros favoris et à son toupet, fait assaut avec une belle et forte fille aux durs appas, qui se bat sans gants et sans masque, la poitrine découverte; elle a pour ceinture une écharpe tricolore, pour coiffure un bonnet de Phrygie. Rien de plus fièrement dessiné que ces deux figures. Mais la noble fille qui engage le fer si bravement, elle ne s'aperçoit pas que son perfide adversaire s'est plastronné de la Charte, et qu'il cache dans sa main gauche... un poignard! Les tenants sont deux maréchaux : honneur à eux! Derrière la Liberté se tient le grand Madier de Montjau en bonnet rouge, et entre ses jambes apparaît un petit ministre en lunettes qui essaie de piquer la déesse à la hauteur du mollet. Quelques épisodes égaient le tableau : on aperçoit, au second plan, M. d'Argout essayant de faire assaut avec un tireur qui proteste contre les chances inégales d'un tel combat, attendu que le nez de M. d'Argout, plus long que son fleuret, donne à la passe un caractère choquant de déloyauté.

Tantôt c'est une assemblée des *faux dieux de l'Olympe*, où du premier coup d'œil vous reconnaissez le petit Mercure, dieu de l'éloquence et d'autre chose, le maréchal Neptune et son trident à triple jet; la déesse Thémis portant les favoris de M. Barthe, et n'étant que borgne là où il convient d'être aveugle; le vieux Vulcain pied-bot forgeant des protocoles, les Furies du parquet, le dieu Mars, si intraitable en matière de traitement, enfin Jupiter qui boit à la coupe de flatterie, et dont l'aigle s'est changé en coq et la foudre en baïonnettes... J'oubliais le champêtre dieu Pan, ministre des travaux publics et des beaux-arts; une palette protége sa pudeur, il joue du chalumeau, et dans sa nudité chaste il serait impossible de le reconnaître, s'il n'était trahi... encore par son nez!

On ne peut nier sans doute que les caricatures de Grandville, je parle de celles qui ont trait à la politique, n'aient beaucoup perdu, à l'heure qu'il est, du sel que nous leur trouvions jadis dans la chaleur du combat. Chacun, dans ce temps-là, y mettait du sien. On prêtait à l'artiste d'autant plus d'esprit qu'on était soi-même plus en colère; on riait de fureur, on admirait par indignation. Avec quelle joie on suivait de l'œil ces processions fantastiques, le *Convoi de la Liberté*, par exemple, où défilaient tous les héros du jour, chacun avec son indélébile signalement, les Persil, les Soult, les Barthe, les Guizot, les Dupin, les Thiers! En voici un qui est en Achille; il porte en manière de bouclier ou plutôt en guise d'écu, une énorme pièce de cinq francs. Cet autre, monté sur un mulet d'Espagne, a pour étrier la grammaire, pour couvre-chef un casque surmonté du fameux cierge, et si vous n'avez pas encore appliqué un nom à sa figure, regardez au bord de la selle de cuir cette frange sur laquelle est écrit *Murillo*, vous apprendrez son nom, vous saurez où le bât le blesse... La plupart sont transformés en canons qui lancent des nuées de bêtes malsaines: l'un s'allonge en couleuvrine revêtue d'un habit de laquais, vomissant des assommeurs et des gourdins; l'autre est un mortier auquel le canonnier en chef va mettre le feu, en approchant la mèche de cet orifice que les diables de Callot nous ont montré tant de fois, *en des appareils si divers* et des postures si différentes.

Aujourd'hui que nos vieux griefs sont presque oubliés, que nos passions, un instant refroidies, se sont rallumées pour d'autres objets, c'est à peine si nous comprenons ces images qui nous parurent autrefois si incisives ; c'est à peine si nous retrouvons le sens de cette mordante ironie qui châtiait les coryphées de la tribune : celui-ci, lorsque foulant aux pieds l'honneur et la grammaire, il prononçait quelque discours trop peu français ; celui-là, lorsque après avoir tracé le tableau de la Pologne égorgée, d'une capitale inondée de sang et envahie par le silence de la mort, il laissait tomber ces affreuses paroles : *l'ordre règne à Varsovie*. Grandville tenait alors le crayon pour le compte de la France entière. Il était le plus ardent et le plus désintéressé des secrétaires de l'opinion publique. Dans chacune de ces feuilles qui, sur l'aile de la satire, passaient toutes les frontières, trompaient toutes les douanes, et allaient provoquer partout la protestation des cœurs généreux, nous retrouvions nos pensées de la veille traduites en vives images, sculptées en relief. Il me souvient de la formidable sensation que produisit une de ces caricatures qui représentait un sergent de ville essuyant son épée rouge de sang, et disant : *l'ordre règne aussi à Paris*. La muse de Grandville, on le voit, laissait de temps à autre ses grelots pour saisir les lanières vengeresses de Némésis. Mais, encore une fois, ces souvenirs sont déjà loin de nous ; beaucoup d'impressions qui nous firent battre le cœur, commencent à s'effacer sous le poids d'émotions plus poignantes. D'ailleurs, que de personnages ont depuis disparu de la scène ! Et que sont les coups de plume du journaliste, à côté des grands coups de faux de la mort ?

Grandville était au plus fort de son succès, lorsqu'il fit un voyage à Nancy, en juillet 1833. Il avait quitté sa ville natale à vingt ans, pauvre et obscur ; il y revenait au bout de dix ans, toujours sans fortune, mais avec un des noms les plus populaires de la presse et de l'art. Il épousa à Nancy une de ses cousines, mademoiselle Marguerite-Henriette Fischer, femme intelligente et dévouée, d'une beauté calme, bien faite pour le comprendre, l'aimer et le mener doucement. De retour à Paris, il prit un appartement rue des Grands-Augustins, tout joyeux de pouvoir savourer les douceurs de la vie intime. Simple comme un enfant, naïf comme un rêveur, il n'aimait rien tant que la vie privée, le travail aux lueurs du foyer domestique. S'il avait à représenter la *France*, il prenait sa femme pour modèle. Il avait ainsi enfermé toute la patrie dans sa petite maison de poëte. Il eut trois enfants de ce mariage, et ce fut un indicible bonheur pour lui que de les avoir autour de son chevalet, de les entendre babiller, de les voir dormir, pendant qu'il ébauchait sur une ardoise, non plus des satires politiques, mais des dessins pour les *Chansons de Béranger*, dont l'éditeur Fournier préparait la publication. *La Caricature*, en effet, venait de mourir sur la brèche, tuée avec la presse libre par cette horrible machine de Fieschi qui avait vomi le meurtre et les lois de septembre; mais une autre carrière se présentait : l'illustration des livres. Cet art nouveau, ou du moins renouvelé, avait été récemment inauguré en France par Gigoux, dans une magnifique édition de *Gil Blas*, avec une originalité, une couleur, un esprit, qui n'ont pas encore été surpassés. Grandville admirait beaucoup ces croquis pleins de saveur, d'autant qu'il y voyait des qualités qui n'étaient point les siennes. Je parle du feu graphique, de cette perception rapide des formes qui n'est pas précisément la facilité, mais plutôt le sentiment devenu science. Timide à l'excès, dans son dessin aussi bien que dans les relations de la vie, Grandville n'était jamais content de lui. On ne saurait imaginer la peine que lui coûtait la moindre de ses figures; il y dépensait un temps incroyable, une patience de bénédictin. Il y a telle de ses vignettes qu'il a recommencée dix fois, toujours armé contre lui-même de ce génie de la satire qui était son tourment et sa force. Nous avons vu de lui, chez M. Philippon, son camarade, des dessins qu'il avait découpés soigneusement pour les coller sur une autre feuille, où il les corrigeait plus à l'aise, ajoutant, par exemple, une rallonge au nez de M. d'Argout, retouchant le faux col d'un éléphant, mettant des sous-pieds aux pantalons d'un lapin. Mais aussi plus il a pris de peine, plus il nous fait plaisir : c'est le propre de tous les ouvrages de l'esprit.

Je dis *de l'esprit*, car c'est de là que procèdent les compositions de Grandville. Elles sont pensées plutôt que senties. Il n'y laissait pas voir la tendresse de son cœur, comme s'il l'eût réservée tout entière pour les épanchements de la vie intérieure. Mais du moins la pensée jaillie de son cerveau, il savait la préciser, l'approfondir, la fortifier en l'accompagnant d'accessoires sobrement ménagés, et dont pas un n'était superflu. « Ce n'est pas à première vue, dit M. Charton [1], ni d'une seule fois, qu'en feuilletant ses œuvres on peut saisir et comprendre tout ce que cette intelligence laborieuse savait rassembler, en un cadre étroit, d'intentions fines et spirituelles se rapportant toutes à une unité rigoureuse, toutes à l'idée principale pour l'animer, l'éclairer et la développer jusque dans ses nuances les plus délicates et les plus subtiles. Condenser le plus possible d'observation et de critique de la vie contemporaine dans le moindre espace, exprimer beaucoup avec un petit nombre de lignes, telle était son étude assidue, sa règle, on peut dire son ambition. Ce n'est rien exagérer que de le considérer comme un des artistes les plus concis et les plus expressifs de notre temps. Il lui suffisait souvent d'un seul trait de la physionomie humaine, d'un simple détail de vêtement, d'un objet quelconque à l'usage de l'homme, pour peindre au vif tout un caractère, toute une manière d'être, toute une personnalité. »

Pour en revenir aux *Chansons de Béranger*, Grandville était certes capable d'en dessiner les illustrations; car il avait justement les qualités gauloises de notre chansonnier, la raillerie naïve, l'esprit, la sobriété, le fin bon sens, une certaine gaîté philosophique à la manière d'Horace, tournant quelquefois à l'amer, et enfin la concision de la forme péniblement poursuivie mais atteinte avec un rare bonheur. Le soldat désarmé de *la Caricature* se retrouvait parfois sur son terrain, lorsqu'il traduisait ces chansons où se mêlaient si heureusement le lyrisme de l'ode et le mordant du pamphlet, et alors il faisait merveille; mais le côté *sensible*, comme on disait autrefois, la grâce, la tendresse, lui échappaient souvent; je veux dire que son crayon était moins habile à les rendre que son cœur à les sentir. La grâce, en peinture, est le mouvement de la beauté. On la rencontre en ne la cherchant point. Elle est spontanée; elle vient d'elle-même embellir les vers du poëte ou se poser dans le tableau du peintre. Le dessinateur la voit sortir de quelques lignes mariées presque

---

[1]. Voyez sa trop courte notice sur Grandville dans *l'Illustration* de la fin de mars 1847.

au hasard, comme Vénus sortit un jour du sein de l'onde. Grandville atteignit rarement à cette qualité souveraine ; rarement il l'enferma dans la prison de ses contours. Ses lignes positives, ses formes trop fidèles à la réalité, se refusaient à exprimer, sinon l'énergie de l'amour, du moins sa tendresse et sa poésie.

Une fois cependant il fut plein de charme lorsqu'il dessina les funérailles du poëte, tel que celui-ci les a si gaiement chantées dans ce qu'il appelle *Mon Enterrement*. Qui ne la sait par cœur cette chanson, drame en cinq couplets, ou mieux en cinq tableaux? Un essaim de petits Amours va former le convoi du chansonnier, qui les voit en songe procéder à la cérémonie. Mais avant de partir, les ingrats lui font mille traits : l'un caresse la chambrière, l'autre boit à plein verre le meilleur vin du défunt. — Pourquoi ménager du vin posthume? — Grandville assiste au service, il a vu tous les tours de ces petits traîtres. Celui-ci, en chasuble et bonnet carré, psalmodie sur l'air du *De profundis* un couplet de *Frétillon*; celui-là, revêtu d'un surplis trop court, laisse voir ses mollets dodus et son petit cul rose; le plus grave porte l'uniforme du suisse, et tenant en main la hallebarde de l'Amour, qui est une flèche, il veut guider le corbillard. Le drap où les pleurs tombent en larmes d'argent, porte un verre, un luth et des fleurs... Mais quoi ! le mort n'est qu'endormi, et avant que Lise vienne l'arracher à la tombe, deux génies s'approchent de l'oreiller aux songes funèbres : l'un mesure avec un compas la phrénologie du poëte, et l'autre, sur ce vaste front, va déposer une couronne de laurier.

Sans doute, il est des artistes qui ont mieux rendu le côté poétique des *Chansons*. Dans les sujets gracieux ou pathétiques, de Lemud, Johannot, Daubigny, Jacque, ont imaginé des vignettes qui donnent un grand prix à la récente édition de Béranger, et il ne serait pas surprenant qu'enrichie des admirables compositions dues au génie de Raffet, ou à la verve humoristique de Penguilly, cette édition n'emportât la préférence. Mais il est certain que sur d'autres points, Grandville conserve sa supériorité, même avec ses modestes gravures sur bois. Lorsque les animaux jouent un rôle dans la chanson, lorsque tout l'intérêt doit se concentrer dans l'expression des physionomies, Grandville est incomparable. La *Requête des chiens de qualité* pour rentrer aux Tuileries après la chute de l'usurpateur, est un chef-d'œuvre que lui seul pouvait exécuter et concevoir. La vignette de *Madame Grégoire* est le sublime du genre, et il y a telle physionomie de *ruflen* où le burin de Grandville s'est montré aussi fort que la plume de Béranger, sans parler des splendides carnations de madame Grégoire dont le gros rire va jusqu'aux larmes, et qui déploie sous sa croix d'or « l'ampleur de ses pudiques charmes. »

Il est un recueil où Grandville aimait à publier ses plus délicates fantaisies, le *Magasin pittoresque*. Cette publication populaire, instructive, pleine de choses, frappée au coin du bon goût et de l'art, et où la morale a trouvé le moyen d'être charmante, elle plaisait par-dessus tout à notre satirique; il l'appelait son cher magasin, et l'aimait d'autant plus qu'elle était dirigée, alors comme aujourd'hui, par un homme d'élite dont il appréciait la distinction et l'amitié. Plus que personne, M. Charton pouvait exercer une bonne influence sur Grandville, élever son talent, lui donner un peu plus de noblesse, lui conseiller la poésie. Comprenant, en effet, tout ce qu'il y avait de puissance d'observation dans le génie de l'artiste, M. Charton le poussait de plus en plus vers les hauteurs de la satire morale, lui parlait de Greuze, d'Hogarth, d'Abraham Bosse, lui faisait entendre que, même en restant dans les données du drame bourgeois, il pouvait s'immortaliser par la peinture, non des dehors de la vie, mais des secrets de l'âme. Molière n'avait-il pas lui-même commencé par Scapin et Sganarelle avant d'en venir aux grandes figures d'Alceste et de Tartufe? Molière! voilà l'homme dont il faudrait illustrer les œuvres, car les illustrer, c'était en comprendre toute la grandeur, c'est-à-dire passer soi-même au rang des maîtres. Le projet d'une édition nouvelle de Molière flatta Grandville. Il était ravi de la seule idée qu'on l'en supposât capable. Lui-même il confessait que pour mériter un nom illustre, il faudrait marcher, le crayon à la main, du pas de ces grands hommes et à côté d'eux; il nommait aussi la Bruyère comme le modèle du comique sérieux et délicat.

En attendant, Grandville faisait au *Magasin pittoresque* ses plus précieuses confidences. De temps à autre, il accompagnait son envoi de quelque billet qu'on ne manquait point d'imprimer tout vif, parce qu'il savait y remplacer le jargon de l'atelier par le langage original d'un homme d'esprit. Il fit un jour une leçon curieuse sur les formes du visage, qu'il ramenait toutes à des figures géométriques. Tête carrée, tête pointue, disait-il : si les passe-ports s'exprimaient ainsi, ils trahiraient beaucoup mieux leur homme qu'avec ces formules consacrées : nez gros, bouche moyenne. Aux yeux de l'enfant, les têtes humaines sont toujours rondes, et pour beaucoup d'hommes, les visages ne diffèrent que du cercle à l'ovale; mais le caricaturiste, dont les yeux sont exercés à surprendre les nuances de formes qui constituent le ridicule propre à chaque physionomie, connaît encore plus de lignes, de coupes et de contours que le langage n'en peut définir. Les plaisants contrastes qui provoquent notre hilarité, sont le résultat d'une méthode non apparente... Grandville disait là son secret. A la façon de Lavater, il avait classé les visages dans un certain nombre de figures géométriques dans lesquelles il avait encadré chacune de nos passions. Le cercle, le carré, le triangle ou le cœur, le losange ou le carreau, la pyramide, le rectangle, l'ovale parfait, l'ovale écrasé, l'ovale allongé, c'étaient pour Grandville autant de caractères. L'entêté, le bourru, le poltron, le niais, chacun avait sa case dans cette autre phrénologie, et le crayon de l'artiste venant *illustrer* sa doctrine, on voyait ces visages bien connus s'aplatir, s'étirer, s'évaser en cœur, s'amincir en pyramide, se gonfler en cercle, se maniérer en ovale, et changer évidemment d'expression morale suivant la déviation du contour physique.

L'expression! c'était le côté fort de Grandville. En quelques traits patiemment calculés, trouvés avec peine, mais trouvés juste, il faisait dire à une physionomie tout ce qu'il voulait. Vous connaissez le monologue de Baptiste lorsqu'il monte se coucher : Que je vais bien dormir!... Eh! ma porte est ouverte... Euh! le vilain bruit... Ouch! on approche... Qui va là?... Au voleur!... Eh mais, si c'était... ce serait drôle... Eh! oui, c'est Minette... hi! hi! hi! pauvre bête, comme je lui ai fait peur!... Voilà une figure qui monte et qui descend toutes les gammes de la frayeur. Croirait-on qu'avec ses croquis, le dessinateur a mieux rendu ces fines nuances, que ne l'a fait l'écrivain avec les ressources du langage?

Je ne parle pas de *Gargantua au berceau*, ni des *Barbes à la vapeur*, ni d'une certaine *Physionomie du chat* que Balzac n'aurait point désavouée, ni de tant d'autres fantaisies disséminées dans notre recueil populaire; mais il faut rappeler ici quelques idées vraiment ingénieuses, de la pure invention de Grandville, entre autres, celle de la musique animée. Il s'agissait de marier le dessin avec l'écriture musicale, c'est-à-dire de prêter à telle mélodie un sens intelligible, même pour celui qui ne saurait pas lire la musique. Telle *valse*, telle *barcarole* que le musicien lit à livre ouvert, devait présenter une signification pour les yeux, se traduire en figures humaines dont l'action répondît à l'idée du compositeur. Les notes de musique, ces signes inertes, abstraits, conventionnels, Grandville voulut leur donner la vie. Il imagina des personnages intercalant leurs têtes dans les lignes de la portée, se courbant en *re*, se levant en *si*, et jouant par leurs gestes une sorte de mélodie en action. Dans ces bluettes se révélait le prodigieux talent de Grandville pour faire parler chaque détail. Si c'est une *barcarole* par exemple, tous les signes de musique seront empruntés au même ordre d'idées. Les soupirs seront figurés par des oiseaux de mer, la liaison sera un arc-en-ciel, la mesure un phare. Les triples croches se balanceront comme des barques sur l'onde agitée, et si quelque note descend bien bas, elle entraînera *un homme à la mer*. Cette *valse* que vous pouvez jouer et danser, elle danse elle-même. Les notes saluent, s'invitent, s'embrassent, s'élancent, tournent, s'arrêtent et font des grâces. La clef est formée par un tambour sur lequel un chef d'orchestre bat la mesure. Une mouche énorme, attirée par les lumières, vient bourdonner : c'est un *dièse*. Une danseuse se trouve mal, son cavalier lui offre une chaise : c'est *un bécarre*. Et pendant que l'action dramatique se poursuit dans son unité, la mélodie conserve la sienne. Grandville, par un même coup de plume, écrit pour l'œil du dessinateur et pour l'oreille du musicien.

De même que Jacques Callot créa des diableries à défrayer tous les *Charivaris* du monde, de même il n'est sorte de motifs que Grandville n'ait inventés et mis en circulation à l'usage des journaux pour rire. On dirait que Grandville, après avoir longtemps observé la création, a fermé les yeux, et a vu se confondre dans sa tête de songeur les différents degrés de l'échelle des êtres, les divers étages de la vie, depuis l'homme jusqu'au mollusque. La danse qu'exécutaient tout à l'heure les notes en personne, est devenue tout à coup un bal d'insectes. Les variétés infinies du bupreste composent un orchestre animé : clochettes, campanelle, chapeau chinois, trompette à piston, haut-bois, cymbales et timbales. Les femmes élégantes, riches de diamants, se changent en étincelants scarabées; les jeunes filles court-vêtues, les damoiseaux maniérés, les maris, les lourdauds, se transfigurent subitement, et prennent la forme de cochenille, de sauterelle, de chrysomèle, se couvrent des élytres du hanneton, se coiffent des signes du capricorne, et sautent avec la cigale qui, *ayant chanté tout l'été*, danse maintenant.

« Vers la fin de 1837, dit Grandville (dans une lettre citée par M. Clogenson), M. Fournier vint me proposer de composer cent vingt vignettes pour orner (je ne sais si on disait alors illustrer, ce mot si ambitieux!) les fables de La Fontaine, qui pouvaient bien s'en passer. Cette tâche m'épouvanta d'abord, m'étourdit; mais comme l'âne des *Animaux malades*, la faim, l'herbe tendre, quelque diable aussi me poussant, je finis par accepter; j'essayai mes forces sur *la Belette et le petit Lapin*... Voici le mode d'exécution que j'ai constamment employé : d'abord esquisse de la pensée sur le papier, et dans les premiers temps sur l'ardoise, ce qui me permettait d'effacer et de redessiner, jusqu'à ce que j'eusse trouvé ma composition et le mouvement que je voulais donner à mes personnages. »

Interpréter les fables de La Fontaine semblait devoir être plus facile que toute autre besogne à un artiste aussi familiarisé que l'était Grandville avec la physionomie des animaux. Quelquefois, cependant, l'interprète a échoué. Le plus souvent il a réussi, et, non-seulement, alors, il rend sensible et palpable l'intention du moraliste; mais encore il répète avec infiniment d'esprit le sens de la fable dans des scènes épisodiques dont il garnit le fond de son tableau, ménageant, pour ainsi dire, un écho lointain à la pensée du poëte et à la traduction du dessinateur. La fable *le Renard et le Corbeau*, par exemple, a inspiré à Grandville une de ces vignettes où la scène principale est expliquée, complétée par des figures accessoires qui sont rejetées au second plan du tableau, de même que les corollaires d'une idée s'enfoncent plus ou moins dans les perspectives de l'esprit. Sur le devant, c'est le corbeau qui, pour montrer sa belle voix, laisse tomber le fromage dont l'odeur avait alléché maître Renard; dans le fond, vous apercevez ce même renard sous la forme d'un chasseur qui enjôle une jeune paysanne, plus près de glisser sur le gazon que sur la glace. *Les Voleurs et l'Ane* nous présentent encore une ingénieuse répétition du sujet. La Fontaine avait écrit sa fable à l'adresse de tel ou tel prince, comme le Transylvain, le Turc et le Hongrois,

> Dont l'âne est quelquefois une pauvre province;

Grandville représente au second plan de sa petite composition deux fantassins en querelle pour la possession d'une chambrière : survient un sergent des plus madrés, peut-être le satané farceur de Charlet, qui enlève la Dulcinée aux deux combattants : *tertius gaudet*. Il arrive aussi que les animaux de La Fontaine deviennent chez Grandville des personnages connus du siècle présent. Le loup et le renard, plaidant pardevant le singe, comment se les représenter de nos jours avec plus de force que sous la figure de Robert Macaire et de Bertrand? N'est-ce pas d'un comique de haut goût, de voir les animaux du fabuliste mettre sur l'oreille le chapeau défoncé du héros de la comédie moderne, s'encravater dans son ignoble foulard, se draper dans ses guenilles aux basques pleines de vols, d'où sort une queue révélatrice, assez voyante pour que le magistrat puisse leur dire :

> ..... Je vous connais de longtemps, mes amis,
>   Et tous deux vous paierez l'amende ;
> Car toi, loup, tu te plains, bien qu'on ne t'ait rien pris,
> Et toi, renard, as pris ce que l'on te demande.

J'imagine que La Fontaine eût été charmé de voir la *Cigale* et la *Fourmi*, ces deux bêtes qui ouvrent si modestement son premier livre, nous apparaître sous les traits et dans le costume que Grandville leur a prêtés : celle-ci en bonne grosse fermière, chaudement vêtue et cousue de poches bien garnies, l'autre comme une aventurière à la voix enrouée, qui n'a pour toute provision d'hiver qu'une guitare, un pet-en-l'air et un ridicule... Mais, à ce propos, il convient d'avertir le lecteur que la plupart des vignettes de La Fontaine, aussi bien d'ailleurs que les autres gravures sur bois exécutées d'après les croquis de Grandville, ont souvent trahi l'inventeur en le tra-

f

duisant. Il faut l'entendre lui-même exhaler ses plaintes à l'endroit de ses confrères :

« Que de fois j'ai pesté et envoyé mon dessinateur à tous les diables ! Je passais souvent mes journées à redresser ses erreurs, réparant ses lourdeurs, refondant ses hachures, les recroisant, détruisant par ici, ajoutant par là... Que de visages de femmes il m'a enlaidis, que de mains il m'a allongées, grossies !.. Mais je me plains du moindre de mes maux ! la mise sur bois finie, il me restait à subir la plus terrible des tortures : — passer sous l'outil impitoyable du graveur !...

« Je me rappelle, à ce propos, qu'à la vue du premier dessin qui fut gravé (celui qui représente la cigale), je sautai en l'air, tant le travail avait été changé : deux pattes de l'animal avaient été supprimées ! Mais le graveur me donna tant d'excellentes raisons, que je baissai la tête et me résignai. Le public, me disait-on, n'ira pas voir cela ! Il me restait à en voir bien d'autres ...

« Préoccupé de l'objection et du reproche que l'on m'avait faits, sur le parti que j'avais cru pouvoir prendre de ne rendre dans certaines fables que le sens moral, et non la scène exacte, littéralement, matériellement, j'étais revenu à essayer de mettre en scène les animaux de ces fables en restant dans la donnée exactement ; mais je n'ai pas cru devoir me borner toujours à cette traduction du texte. Ai-je eu tort ou raison ? c'est une question entre ceux qui aiment les animaux habillés et ceux qui les veulent posés sur leurs quatre pattes, au naturel, comme on dit dans les restaurants. Je n'ai pas eu de parti absolu ; j'ai fait des compositions textuelles, et d'autres interprétées, pour tous les goûts. La plume ayant fait parler les animaux, le crayon pouvait bien les faire marcher et gesticuler en humains ; — tant pis pour qui ne se rendra pas à ce simple argument. »

C'est à Saint-Mandé que Grandville a composé la plus grande partie des dessins des fables de La Fontaine, à telles enseignes que l'on voit encore, rue des Charbonniers, où il demeurait, des animaux de grandeur naturelle peints ou dessinés par lui sur les murs du jardin.

La mort, cette mort que Grandville avait peinte si hideuse dans les sinistres plaisanteries de son *Voyage pour l'Éternité*, vint s'abattre tout à coup sur la maison du pauvre artiste. En quelques années il perdit ses deux premiers enfants, frappés de mort subite, l'un et l'autre à l'âge de quatre ans. L'un d'eux périt à table, étouffé en quelques minutes sous les yeux de ses parents, par un morceau de pain tombé dans les conduits de la respiration. Le 27 juillet 1842, Grandville vit mourir sa femme... ce fut un coup terrible et le commencement d'une incurable douleur. Lui qui ne vivait que pour sa famille, qui n'avait de joie que par elle, il se trouvait atteint aux sources de la vie. Il était d'ailleurs incapable de réagir contre le malheur; il n'avait pas cette force stoïque qui fait tête à la destinée. Mais sa femme, qui le connaissait, qui savait la faiblesse de son cœur, quels étaient les penchants de son âme simple, et combien il avait besoin d'être aimé, entouré de soins et livré aux douceurs de la vie domestique, sa femme, au moment de mourir, exigea de lui la promesse qu'il se remarierait; elle alla même, par un admirable mouvement de généreuse tendresse, jusqu'à lui désigner la compagne qu'il devrait choisir.

Grandville obéit un jour à cette dernière volonté de sa femme. Il fit un voyage à Nancy et demanda en mariage la personne qui lui était si impérieusement indiquée. C'était mademoiselle Lhuillier; il l'épousa en 1843. Il lui restait du premier lit un enfant qui s'appelait George, qu'il aimait du fond des entrailles, et sur lequel il avait reporté toute l'affection qu'il avait vouée à sa première famille. En 1844, il était installé rue des Saints-Pères, avec cette femme qu'il avait aimée d'avance, la considérant comme un don testamentaire de celle qui venait de mourir.

Les grandes douleurs ont quelquefois d'étranges répits, et nous trompent comme pour nous mieux accabler. Lorsque Prudhon eut perdu la femme qu'il aimait, il vécut encore une année entière. Après les déchirements de la séparation, il avait paru se calmer, se rasséréner un peu, et le sourire avait effleuré ses lèvres. Mais il n'est rien d'aussi cruel que le chagrin caché, renfermé au fond de l'âme : Prudhon en mourut. Grandville se crut aussi réconcilié avec la vie; il n'aperçut pas ou feignit de ne pas apercevoir l'abîme creusé dans son cœur. Il se remit à l'œuvre, et par un singulier rapprochement, il se trouva que la fortune vint jeter sur sa table un livre de bouffonneries surannées, *Jérôme Paturot!* Grandville éprouvait de la répugnance à entreprendre l'interprétation de ces railleries. « Je ne suis pas satisfait de cette besogne, écrivait-il à M. Fischer en 1844; l'ouvrage date, c'est une revue un peu trop rétrospective, et les traits de satire sont émoussés à force d'avoir été redits. Revenir en arrière sur ces temps passés sera très-ennuyeux et très-difficile, et le public restera froid, car c'est un ogre auquel il faut de la nouveauté fraîche. Je redoute cette illustration. Je crains d'être mal à l'aise, je ne sais enfin... cela me sourit beaucoup moins qu'au moment où j'acceptai de lire l'ouvrage. » Il faut en convenir, *Jérôme Paturot* n'était pas fait pour donner aux conceptions de l'artiste la distinction, la grâce, après lesquelles il aspirait.

En revanche, quelle supériorité! quelle perfection dans les *Animaux peints par eux-mêmes!* Un tel livre n'était possible qu'avec Grandville et par lui. Qui aurait compris l'esprit charmant des écrivains de ce livre, sans ces vignettes adorables où l'on ne sait qu'admirer le plus, de la finesse de l'intention ou de la justesse du trait? Le naturaliste en serait aussi ravi que le philosophe. L'un reconstruirait le corps de l'animal sous les habits humains dont il paraît si humainement revêtu, l'autre retrouverait l'âme, le caractère et les passions de l'homme dans la physionomie de la bête. Les *Animaux peints par eux-mêmes* et les *Métamorphoses du jour,* sont les deux chefs-d'œuvre de Grandville, et l'on peut ajouter, deux chefs-d'œuvre.

L'illustration est un commentaire figuré qui occupe ordinairement la seconde place dans un livre; c'est un accessoire qui suit le texte humblement, de même que la note se place avec modestie au bas de la page. Mais Grandville a su parfois intervertir les rôles, devenir le principal auteur à son tour, et faire passer le texte à l'état de commentaire. Il a fallu tout l'esprit de l'écrivain qui se cache sous le pseudonyme d'Old-Nick (M. Forgues) pour qu'il conservât son rang dans l'ouvrage si étonnant de vérité et de verve qu'on appelle les *Petites Misères de la vie humaine.* Old-Nick et son compagnon nous ont fait rire deux fois, chacun à sa manière, en nous rappelant ces innombrables coups d'épingle dont se hérisse la vie de chaque jour. Ils nous ont amusés de nos ennuis. Comptez, s'il est possible, nos petites misères, et demandez-vous quel est donc l'instant où l'homme peut regretter la vie? si c'est quand il a ses pieds dans des bottes neuves qui ne veulent ni se laisser mettre entièrement, ni, à moitié mises, se laisser ôter? ou quand une *porte-Putiphar* le retient, nouveau Joseph, par le pan de son habit? ou bien lorsqu'un moucheron a eu l'absurde fantaisie de le faire pleurer? ou bien encore, lorsqu'il est aux prises avec un crayon trop friable, impossible à tailler, avec une encre qui ne marque pas, avec une plume qui crache... Mais, que dis-je? ce sont là les petites misères de l'écrivain : n'y ajoutons pas celle de fatiguer le lecteur.

Pauvre Grandville! il commençait à se rattacher à la vie; il s'était recomposé une famille; il appelait sa femme *celle qui fait vouloir le bon Dieu*; mais il avait au cœur une blessure profonde qui paraissait fermée; elle se rouvrit tout à coup et de la façon la plus cruelle. Le seul fils qui lui restât de sa première femme, celui qui représentait et résumait toutes ses anciennes tendresses, le petit George, mourut, comme ses frères, subitement. « Je n'ai jamais vu d'enfant aux traits plus charmants et plus expressifs, dit M. Clogenson. Je le vois encore avec ses cheveux blonds et ses yeux bleus, les bras autour du cou du pauvre artiste! Le père et l'enfant ne causaient entre eux qu'à voix basse; souvent même un regard leur suffisait pour s'entendre. » Un mois à peine après la mort de son enfant, Grandville tomba malade. Sa pensée commençait à se perdre dans un monde chimérique. Il esquissa douze études d'*Étoiles animées* ; il y figurait les astres sous les formes de jeunes femmes rayonnant sur le fond du ciel, au-dessus des groupes humains soumis à leur influence. Une sorte de vertige s'empara de son esprit égaré. Déjà il avait imaginé de trouver une logique à ses rêves, de rétablir l'harmonie dans le cauchemar! Il essaya dans le *Magasin pittoresque* de montrer la filiation des idées les plus disparates, les plus monstrueuses; il voulait ressaisir le fil de la raison dans le labyrinthe du sommeil!... Atteint d'un simple mal de gorge, qui n'inquiétait ni sa famille ni le médecin, il affirma d'une voix ferme que sa mort était proche. En montrant ses *Étoiles animées* à M. Guiaud, son ami le plus proche, il lui disait : « Croyez-moi, je le sens, j'irai bientôt étudier de plus près mes Étoiles. » Quelques jours avant sa mort, il fit appeler M. Charton, voulut être seul avec lui, et l'étonna par la mystérieuse grandeur de ses pressentiments. Laissant là ses habitudes de raillerie et son langage d'atelier, il lui ouvrit toute son âme, parla sérieusement de la vie future, lui demanda de l'entretenir de sa foi dans notre immortalité. Il sentait le besoin de se fortifier aux paroles de ce croyant. M. Charton passa plusieurs heures auprès du malade, bien loin de le croire en danger, et à son insu il remplit en quelque sorte la fonction sacrée d'un dernier consolateur. Le lendemain Grandville tomba dans le délire de la folie; il fallut le transporter dans la maison de santé du docteur Voisin, à Vanves, où il expira quarante-huit heures après, le 17 mars 1847.

Les restes de Grandville ont été transportés dans le cimetière de Saint-Mandé, où reposaient déjà sa première femme et ses trois enfants. Sa tombe est ainsi voisine de celle d'Armand Carrel.

Artiste, Grandville a été, comme Callot, un véritable Lorrain, un enfant de cette province un peu champenoise, un peu allemande, où l'on rencontre à la fois l'ironique bon sens des Gaules et l'imagination philosophique de la Germanie. Il apporta dans l'art un esprit net, profond, des plus fins sinon des plus élégants, un talent prodigieux d'observation, un sentiment énergique de la réalité combiné avec des pensées ingénieuses qui touchaient à la poésie, et une puissance de fantaisie qui fait contraste avec le positif de ses formes et la précision cherchée de sa manière.

Mais ce n'est pas tout. Grandville, on ne l'a pas dit assez, fut un homme honorable. S'il consacra sa vie à la critique des immoralités et des laideurs de tout genre, c'est qu'il avait au plus haut degré le sens du beau et de l'honnête. Sa vie fut irréprochable, sa probité rigide, et il eut toujours ce noble désintéressement qui est la dignité de l'artiste. Républicain sincère, il fut armé par ses convictions du fouet de la satire. De tant de caricatures sanglantes dont la signification politique pourra s'oublier, il restera quelque chose, le côté moral. Sur ces fronts que la disgrâce ou la mort ont découronnés, on verra longtemps encore le stigmate imprimé par le moraliste. Grandville fut un moment le Juvénal de ce règne fameux qui enseigna, nous le voyons bien, tous les égoïsmes et toutes les peurs à la société française, mais qui du moins nous laissa la liberté de le penser tout haut, et put se reconnaître dans les pages que fouillait le crayon de la satire ou que burinait déjà la main de l'histoire.

CHARLES BLANC.

Août 1853.

ŒUVRE DE GRANDVILLE

PAR ORDRE CHRONOLOGIQUE.

Époque des Publications.			Éditeurs
1826	—	Costumes pour Vizentini.	BULLA.
1828	52 pl.	Sibylle de salons (sous le nom de Mausion).	—
1828	12 pl.	Tribulations de la petite propriété. . . .	—
Id.	73 pl.	Les Métamorphoses du jour	—
1830	6 pl.	Galerie mythologique.	—
Id.	9 pl.	Voyage pour l'éternité.	—
Id.	4 pl.	Principes de Grammaire.	—
1831	Env. 400.	La Caricature (journal). Grandville a travaillé sans interruption au journal de Philippon en 1832 et 1833.	—
1833	1 vol.	Chaque âge a ses plaisirs.	—
1834	4 pl.	Les Breuvages de l'homme.	—
Id.	12 pl.	Le Parisien pittoresque	—
Id.	4 pl.	Restaurateur	—
1835	24 pl.	Le dedans de l'homme expliqué par le dehors.	—
Id.	1 vol.	Chansons de Béranger	FOURNIER.
1837 1838	2 vol.	Fables de La Fontaine.	—
1838	1 vol.	Gulliver.	—
1839	1 vol.	Robinson Crusoé.	—
1840	1 vol.	Fables de Florian.	PAULIN.
Id.	1 vol.	Fables de Lavalette.	—
1841	2 vol.	Les Animaux peints par eux-mêmes. . .	HETZEL.
1842	1 vol.	Les petites Misères de la vie humaine. . .	FOURNIER.
1843	1 vol.	Un autre Monde	—
1844	1 vol.	Cent Proverbes.	—
1845	1 vol.	Jérôme Paturot.	PAULIN.
Id.	3 pl.	Caractères de La Bruyère	BELIN-LEPRIEUR.
1846	2 vol.	Les Fleurs animées.	DEGONET.
1847	1 vol.	Don Quichotte	MAME.
Id.	1 vol.	Les Étoiles animées (posthume).	DEGONET.

Outre ces publications, Grandville a fait des dessins pour Molière, Boileau. Il en a publié dans *les Français peints par eux-mêmes*, le *Jardin des Plantes*, le *Magasin pittoresque*, l'*Artiste*, le *Charivari*, l'*Illustration*, le *Musée des Familles*.

Voici la liste des sujets que Grandville a dessinés pour le *Magasin pittoresque*.

Tome III

Le Bal d'Insectes, page 136.
Les Barbes à la vapeur, p. 249.

Tome IV

Les différentes Formes du visage, p. 387.

Tome VIII

Physionomie du Chat, p. 12.
Le Carnaval du célibataire riche et le Carnaval du pauvre, p. 68 et 69.
Gargantua au berceau, p. 137.
Musique animée, 244 et 408.

Tome IX

Les Métamorphoses de la Chrysalide, p. 60, 61, 64.
L'avocat Patelin, p. 357.

Tome X

Trois Saisons, p. 1, 153, 273.
Le Monologue de Baptiste, p. 208.
Fadeurs, p. 335.

Tome XI

L'homme descend vers la brute, l'animal monte vers l'homme, p. 108.

Tome XII

Têtes d'hommes et d'animaux comparées, p. 272.
Le pauvre Villageois, p. 297.
L'Automne, p. 341.

Tome XV

Découpures, ou Cartes à effet d'ombre et de lumière, p. 61.
Deux Rêves. Visions et transformations nocturnes, p. 212 et 213.

En somme, l'œuvre de Grandville s'élève au chiffre de 3,000 pièces, au moins.

La vente de ses dessins, qui a eu lieu rue des Jeûneurs, les 4 et 5 mars 1853, a produit environ 12,000 francs. Dans ce chiffre, les caricatures politiques figurent pour 1,310 francs; les 69 dessins des *Animaux peints par eux-mêmes*, pour 1,230 francs. Cependant tout n'a pas été vendu, notamment les *Fables de La Fontaine*, dont les dessins originaux, complets et en très-bel état, forment un album sans prix.

M. Falampin avait rédigé pour cette vente un catalogue illustré, qui est déjà précieux et qui le deviendra par la suite encore davantage.

Une ingénieuse précaution, due à la famille, a beaucoup contribué à élever la valeur vénale de ces œuvres charmantes : un timbre sec portant les initiales de l'artiste a été apposé sur chaque dessin ; ceci fait, la matrice a été brisée.

1.

— J'y vendrais plutôt ma dernière chemise, d'abord!
— Eh bien! attendez le jugement.

LES
MÉTAMORPHOSES
DU JOUR

I

Depuis le Chicaneau et la comtesse de Pimbêche des *Plaideurs*, depuis la baronne du *Chevalier à la mode* de Dancourt, laquelle prétend faire couper un bois planté méchamment il y a cent ans, dit-elle, dans le but d'empêcher les ailes de son moulin de tourner, depuis les railleries de *l'Avocat Patelin* et des *Fourberies de Scapin* sur les gens à procès et sur les lenteurs de la justice, jusqu'au *Conseiller rapporteur* de Casimir Delavigne, aux vaudevilles de M. Scribe, aux romans de Balzac, qui entendait si bien les affaires judiciaires, civiles, commerciales et autres (il l'a prouvé), s'en est-on assez moqué de ces braves et infatigables clients de Thémis, qui assurent que s'il y a un Code civil, un Code de commerce, des juges, des tribunaux, des avoués, des agréés, des avocats, des huissiers, c'est apparemment pour qu'on s'en serve?

Et pourtant rien ne les a corrigés; les formes et les noms des choses et des hommes de justice ont changé, mais les passions, les travers, les manies des piliers de tribunaux et de toute l'avide cohorte qui les exploite sont absolument restés les mêmes. Les traits des *Guêpes* d'Aristophane se trouvaient parfaitement de mise dans *les Plaideurs* de Racine, et les bons mots et les scènes comiques des *Plaideurs* sont encore tout aussi bien de mise de nos jours.

Le plaideur est resté ce qu'il était ; aujourd'hui, comme il y a tantôt deux cents ans, il s'écrierait avec la comtesse :

Ah! vivre sans plaider, est-ce contentement?

Et Grandville a bien su ce qu'il faisait en se souvenant du mot que dit un peu plus loin cette même comtesse :

..... Laissez faire, ils ne sont pas au bout;
J'y vendrai ma chemise, et je veux rien ou tout.

Savez-vous ce qui amène ce gars Baudet devant M° Lentulus des Tortues, avoué près le tribunal civil de ***, et M° Isaac Vautour, avocat israélite et normand. Vous voyez qu'il est entre bonnes mains.

Baudet avait un pommier... c'est-à-dire Baudet avait un voisin, lequel avait un pommier. Or il advint, par une étrange fortune, que ce voisin, le père Placide, quoiqu'il fût né lui aussi non loin des bords de l'Orne, était un bon homme, jaloux de sa tranquillité, pratiquant naturellement le bien et la justice, sans jamais s'être inquiété de ce que c'était que le Code civil, les juges, les tribunaux, les huissiers et autres gens de loi ; un rare Normand, n'est-ce pas, qu'en dites-vous?

Mais si la terre de Normandie produit naturellement des

pommiers, il est vrai qu'il n'y croît pas moins spontanément des plaideurs et des procès.

Or, le pommier en question était né du côté de Placide, sur le versant d'un fossé mitoyen entre le champ du brave homme et celui de Baudet; mais par un de ces caprices de la nature, assez fréquents depuis que les dieux et le divin Homère ont fait de la pomme le fruit ou plutôt le pepin symbolique de la discorde, le pommier de Placide avait accusé une tendance bien marquée à allonger son branchage au-dessus du versant appartenant au voisin Baudet. Le voisin Baudet restait-il complétement étranger à cette sympathie attractionnelle du pommier vers sa terre, et sa main ne vint-elle point parfois aider la nature? c'est ce que je ne saurais dire; tout ce que je puis affirmer, c'est que le voisin Placide ne s'en préoccupait en aucune façon... A l'automne, lorsque venait le moment de la récolte, il laissait Baudet ramasser tout le fruit qui tombait de son côté, sans chercher à savoir si celui-ci en dirigeait ou non la chute. Il fit plus; s'étant un jour aperçu que son voisin gaulait les pommes, avant qu'elles fussent mûres, il lui dit :

« Dites donc, l'ami Baudet, vous n'avez pas besoin de gauler les pommes comme ça, avant la maturité; attendez la saison, si vous voulez, nous partagerons ensemble toute la récolte.

— Oui-da, répondit l'autre, vous n'êtes encore pas bête, vous; toute l'ombre de votre pommier vient sur mon champ et empêche l'herbe de pousser au bord de mon fossé, et vous ne voudriez me donner que la moitié de vos pommes!

— Eh bien, eh bien! ne vous fâchez pas, voisin, reprit Placide; en voulez-vous les trois quarts?

— Les trois quarts, soit; mais nous ferons la cueillette ensemble, et il n'y aura pas de tricherie. »

L'année suivante, Baudet ne voulut plus se contenter des trois quarts; il lui fallut toute la récolte. Comme il menaçait d'un procès, le bonhomme Placide consentit à tout ce qu'il voulut.

Mais, hélas! les pommiers comme les hommes sont mortels! le pommier du père Placide, dont le gars Baudet mangeait le fruit, est passé, l'an dernier, de vie à trépas. L'arbre mort, le bonhomme n'a trouvé rien de mieux à en faire que de le couper et de le mettre au feu. Or, en voyant enlever le bois mort, Baudet, que le décès du pommier avait déjà vivement contrarié, est entré en fureur; il a parlé d'avoués, d'huissiers, d'avocats! Placide en a tremblé; mais que faire? il y avait déjà plus de la moitié du bois de brûlé. Baudet demande quinze cents francs de dommages-intérêts, sous prétexte qu'il est bien juste qu'un pommier qui lui a donné vivant de l'ombre et des fruits, mort, lui donne encore son bois pour se chauffer.

« Mais êtes-vous décidé à pousser l'affaire jusqu'au bout? lui dit M^e des Tortues; je ne vous cacherai pas qu'en première instance...

— J'y vendrais plutôt ma dernière chemise d'abord, répond Baudet.

— Eh bien, alors, attendez le jugement, s'écrie Me Vautour. »

Pauvre Baudet, comme je le disais tout à l'heure, son affaire est entre bonnes mains : il peut dire adieu à sa dernière chemise.

11.

Attends attends! petit matou.

II

Que pensez-vous que puisse devenir, lorsque le temps en aura fait un homme, ce gourmand petit matou qui lampe à pleines gorgées le lait de cette bonne grosse vache qui le nourrit?

Sera-ce un fin gastronome, émule des Brillat-Savarin, des Grimod de la Reynière, des marquis de Cussy, etc., ou bien un simple et vulgaire goinfre, incapable de discerner un bon plat d'un mauvais, n'aimant les festins d'apparat que parce qu'on y mange beaucoup, et cependant capable de vendre sa conscience pour quelques bons dîners?

Car, s'il y a matous et matous, comme il y a fagots et fagots, au dire de Sganarelle, il y a aussi gourmands et gourmands.

Le gastronome et le gastrosophe, comme l'a appelé Fourier, est un homme utile à ses semblables, agréable à lui-même et dont la postérité se charge souvent d'immortaliser le nom.

Le gourmand brutal et grossier, qu'on pourrait nommer le goinfre ou le gouliafre, inutile à autrui et souvent nuisible à lui-même, possède à peine le sentiment de son propre salut et ne sait pas toujours s'arrêter aux limites de l'indigestion.

Le gastronome est un homme qui vit par le goût et le palais.

Le goinfre est tout estomac et tout ventre.

Le gastronome déguste, savoure et digère.

Le goinfre happe, mâche, engloutit, et ne digère pas toujours.

Il faut estimer, rechercher, inviter le gastronome; il y a de l'esprit dans sa manière de manger, et presque toujours il n'en manque pas dans sa conversation.

Le goinfre, au contraire, est généralement mal élevé; il manque de distinction dans sa tenue et ses manières, de délicatesse dans son langage et souvent dans ses mœurs, gardez-vous de l'inviter; quoiqu'il se dise très-bon convive, vous le trouveriez lourd, ennuyeux, fatigant, à moins que vous n'éprouviez à voir manger un ogre humain, le même plaisir que certaines gens prétendent avoir à assister aux exhibitions d'animaux féroces au moment précis où ils prennent leur nourriture. J'ai connu un goinfre à qui la capacité insatiable de son estomac avait fait une renommée : on l'invitait à dîner par curiosité, mais une fois seulement.

C'est un gastronome qui a émis cette simple et significative théorie.

— Je déjeune rarement, je dîne quelquefois, mais je soupe toujours.

Ce qui voulait dire, si vous tenez à trouver en moi le causeur aimable, spirituel dont vous avez entendu parler, ne me priez jamais ni à déjeuner, ni à dîner, mais bien à souper.

Le souper est en effet le plus charmant repas pour l'esprit, la délicatesse du goût, la conversation. A déjeuner on mange parce qu'on a faim, pour satisfaire un besoin ; à dîner, on mange par habitude ; mais à souper, on mange véritablement pour l'agrément des saveurs qu'on veut donner à déguster à son palais. Demandez donc au goinfre s'il a quelque sentiment de ces nuances ; non, il mange à toute heure, de la même façon, et avec la même avidité.

C'est sur le véritable gastronome que l'excellence d'un dîner agit d'une façon favorable et bienfaisante. Sur le goinfre, l'action du repas est diamétralement opposée ; cela se conçoit : chez le premier, la digestion est un plaisir ; elle lui procure un sentiment de bien-être, de reconnaissance pour la nature et le génie de l'homme, qui ont créé les choses exquises dont il vient de jouir ; chez l'autre, la digestion est un travail pénible, qui absorbe toutes les forces de la vitalité animale et intellectuelle ; incapable de penser, de causer, de se mouvoir, il s'assied dans un fauteuil et s'endort volontiers ; c'est ce qui fait que le goinfre a presque toujours des tendances à l'obésité, tandis que le fin gastronome garde un embonpoint proportionné à la nature de son tempérament.

J'ai dit que le gastronome pouvait être un homme utile à ses semblables ; n'est-ce pas à propos de lui que Brillat-Savarin a écrit cette belle pensée :

« La découverte d'un plat nouveau est plus utile à l'humanité que la découverte d'une étoile. »

Et cette autre ! « Les animaux se repaissent, l'homme mange ; l'homme d'esprit seul sait manger. »

Voyez, pour n'en citer que deux ou trois échantillons, la réputation que certains grands noms doivent à des plats célèbres : sans les abricots à la Condé, les côtelettes à la

Soubise, et le poulet à la Marengo, que de gens ignoreraient encore ces trois grands noms historiques !

Donc, ne flétrissons pas trop la gourmandise ; cessons de la considérer comme un de ces vices qui dégradent l'homme ; et quand nous en découvrons les premiers symptômes chez l'enfant, empêchons-la de dégénérer en goinfrerie, et tâchons de tourner ces dispositions précoces en fine gastronomie.

Quant à ce petit matou, à qui il faut bien en revenir, je n'ai pas trop mauvaise opinion de lui : il paraît mettre assez d'ardeur à son action ; il s'est bien gardé de pencher le plat sur le bord de la table pour le mettre à sa portée ; il préfère se fatiguer sur la pointe des pieds, afin de lamper le dessus du lait, la crème épaisse et savoureuse, ce qui indique une certaine délicatesse de goût. Ne le brutalisez donc pas trop, laitière ; en cultivant les dispositions de ce jeune drôle, peut-être en feriez-vous un excellent cuisinier, un Carême. II.

III.

Tu t'entêtes à jouer avec Monsieur; tu vois bien qu'il retourne le roi à chaque coup.

III

On demandait un jour à un personnage fort célèbre pourquoi il ne craignait pas de tricher au jeu : « Et le moyen de gagner autrement ! » répondit-il avec beaucoup de sang-froid. Mot d'un cynisme charmant, et que Voltaire aurait pris sous sa protection s'il avait pu l'entendre, lui qui a écrit quelque part que tricher au jeu sans gagner est d'un sot.

Voilà deux autorités fort dangereuses sans doute, et peut-être ne faudrait-il pas les ajouter aux nombreuses tentations qui font frétiller les doigts de beaucoup de joueurs quand ils ont les cartes à la main. Le prince de la diplomatie moderne et le roi de l'esprit français se rencontrant pour professer en quelque sorte *le saut de la coupe*, et amnistier les cartes biseautées, à la condition qu'on saura s'en servir pour gagner l'argent des autres, est chose assez plaisante. Il ne faudrait pas oublier cependant que le mot de Talleyrand s'appliquait particulièrement au whist, jeu où il est permis de tricher, dit-on, sous la sanction d'une amende quand on est pris en flagrant délit; cette faculté ou cette règle, comme l'on voudra, a été introduite dans la charte du whist par un admirateur passionné de Lycurgue, dont les lois, vous le savez, ne punissaient le vol que lorsqu'il était perpétré maladroitement. Vous connaissez tous l'histoire du jeune Spartiate qui se laissa dévorer le sein par un renard qu'il avait dérobé, plutôt que de trahir son larcin. Cet acte d'héroïsme est le père légitime et direct de cette facilité accordée au joueur de whist. Si, après un certain temps, son erreur volontaire n'est pas découverte, le tricheur est à l'abri de toute peine, et peut invoquer l'autorité de la chose jugée; le bénéfice du vol lui est acquis : c'est une question de principe. J'ai connu des personnes assez primitives pour s'élever contre cette loi en usage dans le grand monde, et qui répétaient à ce propos le serment si connu : Je jure de lui désobéir. Dois-je ajouter que toutes les fois qu'elles avaient l'agrément de faire la partie des sectateurs de l'opinion opposée, leur vertu devenait une véritable galanterie; je ne les ai jamais vues gagner.

Quant au mot de Voltaire, il ne faut pas non plus s'en faire une arme contre lui. Quoiqu'on ne lui ait pas ménagé les attaques, je ne sache pas qu'on soit jamais allé jusqu'à en faire le promoteur des doctrines contre lesquelles a été inventée la police correctionnelle. Non, Voltaire se gardait bien de faire l'apologie du vol, et il avait de bonnes raisons pour cela. Seulement il avait tant d'esprit, qu'il ne pouvait pas souffrir que les autres fussent des imbéciles. Son mot ne veut pas dire autre chose : si vous faites tant que de tricher au jeu, faites-le avec esprit, que diable ! c'est-à-dire gagnez, réussissez, ou vous êtes un sot.

La maxime a son charme, il faut en convenir, et je ne serais pas étonné qu'elle eût fait son petit chemin à travers beaucoup d'autres régions. Cela s'appelle, je crois, la doctrine du succès ; et le succès, on en a besoin partout, dans toutes les sphères de l'activité humaine. Est-ce qu'on n'a pas dit aussi que ce monde représente un immense tapis vert autour duquel chacun vient s'asseoir pour jouer la partie de son existence ? L'enjeu en vaut la peine ; chaque joueur en tout cas lui donne une grande valeur, et veut gagner ses adversaires. Dieu ! quelle merveilleuse bataille !

Et les *Grecs* ne sont pas ce qu'un vain peuple pense !

A propos ; j'ai souvent essayé de découvrir pourquoi on avait décoré de ce beau nom de Grec le chevalier habitué à corriger les rigueurs de la fortune par certaines pratiques plus savantes que morales ; j'avoue que je n'ai jamais rien trouvé de raisonnable à mettre au bout de mes investigations. De ce que les Grecs sont rusés et déliés en affaires, ce n'est pas un motif pour affliger ainsi les mânes de Miltiade, de Thémistocle ou de Platon, grands hommes qui n'ont pas laissé, que je sache, une réputation de *tricheurs*, d'autant plus que les Grecs ne connaissaient que le jeu des osselets ; jeu rempli d'intérêt sans doute, mais avec lequel on n'a jamais fait sauter la coupe. Je ne crois pas non plus qu'Isocrate, Thucydide, Lucien, ou autres, nous aient appris que leurs compatriotes fussent enclins aux osselets biseautés.

Mais alors d'où vient cette fâcheuse assimilation ?

Vous verrez que le sage Lycurgue sera encore obligé de prendre ce méfait sur son compte.

Il faut avouer qu'il avait eu là une singulière fantaisie de législateur.

Je me plais à reconnaître que les jeunes Spartiates devaient, à ce compte, devenir de fort habiles compères; mais, par Mercure! je ne leur aurais pas confié une bourse remplie de napoléons ou de monacos. Il est vrai que Lycurgue avait proscrit la monnaie.

Mais revenons de Sparte, si vous voulez bien; ou plutôt restons-y, car ce personnage que vous voyez assis à cette table de jeu est un héritier direct de ce renard lacédémonien dont je parlais tout à l'heure. Par suite de certaines peccadilles, sa famille fut jadis obligée d'émigrer, et l'un de ses descendants, fidèle aux traditions de sa race, travaille à conserver sur la terre étrangère toute la pureté du type primitif et la virginité du caractère national.

Ne faites pas attention à l'habit; c'est un déguisement; sous ce costume de cour se cache un véritable Grec. Le drôle a pensé qu'il tromperait mieux son monde en prenant la défroque d'un grand seigneur, *hommage rendu par le vice à la vertu*. Mais le voilà démasqué fort heureusement. L'épouse de ce vieux caniche entêté, bonne pâte de dupe, point de mire obligé des tours de son fripon d'adversaire, vient dénoncer le manége, et signale *le saut de la coupe* : le caniche n'y croit pas, se moque de sa femme, et perd son argent.

Le renard, qui sait son Voltaire et tient à ne pas être pris pour un sot, n'oublie rien pour justifier sa réputation de renard d'esprit.

Vous voyez qu'il y réussit complétement.

IV.
Un mariage suivant la nature.

IV

> Deux canards s'aimaient d'amour tendre
>
> LA FON LA FONTAINE.

> Il faut des époux assortis
> Dans les liens du mariage.
>
> AZEMIA ET CLARA, musique de Dalayrac.

> Ne vous mariez pas, ne vous mariez pas !...
>
> Refrain d'une chanson intitulée : « Mariez-vous, Mariez-vous ! »

Écoutez la triste aventure
De deux jeunes canards, modèles des amants ;
Ils pouvaient être heureux, mais l'ingrate nature
    Leur causa des désagréments.
Ils étaient beaux tous deux ; ils s'aimaient Dieu sait comme !
    Jamais on ne trouva chez l'homme,
Qui s'y connaît pourtant, un plus fidèle amour.

    Il fallait les voir, chaque jour,
Joyeux et confiants, sur la mare voisine,

Côte à côte nager et de leur col changeant
   Faire onduler l'or et l'argent ;
Et puis, quand le soleil brillait sur la colline,
L'un et l'autre y monter tout en se dandinant,
    Secouant leurs ailes humides
    Et mouillant de perles liquides
Le gazon desséché par le souffle du vent.
Mollement accroupis, de leurs vertes prunelles
Leurs âmes s'épanchaient en effluves d'amour,
    Et des promesses solennelles
Juraient l'éternité pour ces rêves d'un jour !
Alors, comme deux cœurs qu'un même vœu rassemble,
    Ils se relevaient radieux,
    Et loin des jaloux odieux
Retournaient promener et barboter ensemble.

   Hélas ! l'heureux temps des amours
   Passe vite, et c'est pour toujours !
Le bonheur, ici-bas, s'envole comme un songe.
    Cet axiome n'est pas neuf,
    Mais sur dix amants j'en sais neuf
Qui s'obstinent pourtant à le croire un mensonge.
   Aimons-nous tant que nous pourrons,
   Disent-ils ; et puis nous verrons.

   Nos deux canards étaient du nombre :
   Imprudents, qui ne songeaient pas
Que tandis qu'ils s'aimaient on les suivait dans l'ombre,
Qu'un ennemi caché s'attachait à leurs pas,

Épiant leur tendre manége,
Et par quelque affreux sortilége
S'apprêtant à troubler leur innocent bonheur.
C'était un vieux hibou, vilain à faire peur.
Il trouvait la cane gentille,
Et malgré son amour pour le beau caneton
Il voulait que la pauvre fille
L'épousât, lui si laid, lui l'horreur du canton.
Oui, mais il était riche, et si pauvre était l'autre!
Aussitôt le méchant apôtre
Se frottant les mains,
Par vaux, par chemins,
Va dénoncer le fait au père de la belle,
Qui l'enferme sous clef, lui promettant tout net
Une bonne volée au cas où, trop rebelle,
Elle voudrait encor revoir son freluquet.
Et puis sans pitié pour ses larmes,
Désormais impuissantes armes,
Il la jette tremblante aux mains du noir hibou,
Qui triomphe, et s'en va dans le fond de son trou,
Comme un trésor qui l'inquiète
Réléguer sa chère conquête.

Mais bientôt l'entêté canard
Finit par découvrir la dame,
Et quand le hibou, sur le tard,
Sortait, recommandant son âme
Aux Dieux protecteurs des époux,
L'amoureux, riant du jaloux,

Faisait le signal à la belle,
Qui, sans trompette et sans échelle,
Descendait causer un moment.

Mais le hibou veillait. Or, un soir que l'amant,
S'oubliant à conter fleurette,
Prolongeait un peu trop ces charmants entretiens,
Le vieux, comme un sournois qui guette,
S'avance, voit le couple, et se dit : Je les tiens !...
La fureur agite
Son cœur plein d'orgueil ;
Il se précipite,
La flamme dans l'œil,
Et, dans son délire,
Que l'enfer inspire,
D'un grand coup de bec
Appliqué bien sec,
Amant et maîtresse,
Au sein de l'ivresse,
Il vous les embroche tous deux !...

Plus tard on racontait que l'époux furieux
N'avait pu dominer sa rage ;
Mais que de se tuer n'ayant pas le courage,
D'orgueil et de dépit un jour il était mort.
Passant ne plaignez pas son sort.

V.

— Donnez-moi une demi-once du métique pour not' dame qu'est tombée en attaque, dans un petit papier.
— C'est pas ici une farmacerie.

V

Depuis vingt ans, tout le monde a pris le plaisir de se moquer des épiciers; mais il faut ajouter que les épiciers ont fini par se moquer de tout le monde. Il n'y a pas un seul écrivain, un seul romancier, un seul journaliste, qui n'ait essayé de faire rire le public aux dépens des épiciers; mais comme l'épicerie s'est vengée, en débitant par feuilles, par sacs et par cornets, les livres, les romans et les journaux!

On peut dire que le crayon de Grandville répondait à un besoin généralement senti dans un certain monde, quand il plaçait la cervelle et l'intelligence de l'épicier dans la tête d'une oie. La caricature de cette époque est tout à fait de l'avis de Grandville : elle passait son temps, sa malice et son crayon à prêter à l'épicier toutes sortes de sottises grotesques et de ridicules bouffons. Je me rappelle encore un dessin populaire qui représentait un malheureux garçon d'épicerie, avec cette légende : *Être né pour être homme...... et devenir épicier!*

Sous le dernier règne, l'épicier trouva dans le journalisme quatre ennemis d'une bonne humeur désespérante et d'un esprit inexorable : c'étaient Romieu, Eugène Briffault, James Rousseau et Wollis. On leur doit l'invention des meilleurs traits que l'épicerie ait reçus en plein visage : on ne saurait croire tout ce qu'ils imaginaient chaque jour pour aplatir, à coups de chiquenaudes, cette bonne figure de l'épicier.

Que l'épicier pardonne à ces quatre spirituels ennemis : Rousseau et Wollis sont morts assez tristement, assez raisonnablement. Briffault vit encore, mais il vit avec un cerveau fêlé ; le vent de la misère a éteint, dans ce merveilleux cerveau, le feu qui éclairait la lanterne magique. Quant à Romieu, il est devenu un grand personnage ; il pense, il ne rit plus, il s'ennuie lui-même.

Du reste, l'épicier a résisté bravement au ridicule : il a combattu le préjugé par la prétention ; il a dominé le grotesque par le bonheur ; il s'est relevé en gros par le détail.

L'épicier du dernier règne a failli gouverner ; il aurait gouverné, à coup sûr, un peu plus tôt, un peu plus tard, s'il n'avait pas renversé un gouvernement. Il était déjà, par ma foi ! un grand petit pouvoir dans l'État ; il se glissait partout, il arrivait à tout, et il voulait plus encore. Il avait des ministres qui comptaient avec lui, surtout à l'approche des élections ; il avait son administration, son peuple et son armée ; il avait même une flotte, sous prétexte de denrées coloniales ; enfin il avait un journal, oui, un journal officiel : le *Journal des épiciers !*... et deux ou trois journaux officieux qui représentaient gravement les intérêts les plus risibles de l'épicerie. C'est à ce moment qu'il a transformé son *garçon* en *commis*.

Si l'épicier a perdu tout à coup sa grandeur politique,

électorale, gouvernementale et guerrière, il a du moins gardé son importance commerciale pour les besoins quotidiens de la vie parisienne. Il est resté quelque chose de si important dans la vie usuelle, qu'il se multiplie et pousse partout, comme les Gascons de Henri IV. Il est le marchand ordinaire, le débitant obligé, le fournisseur indispensable, le distributeur universel, le pèse-toujours des douze arrondissements de Paris, sans parler du treizième arrondissement, qui est peut-être sa meilleure clientèle, parce qu'il n'y regarde pas de bien près. Supprimez l'épicier : vous troublez chaque maison, chaque ménage, chaque quartier; l'anse du panier s'en mêle, et la révolution est faite, une révolution de cuisinières.

L'épicier, pouvoir nouveau, orgueil moderne, est insatiable de petites usurpations. L'appétit ne lui vient pas en mangeant, mais en voyant manger les autres. Il s'approprie tout ce qui peut se revendre, il accapare tout ce qu'on peut *détailler*, il tâte de tous les produits, il touche à tous les trafics, il met la main à tous les pâtes, il conquiert tous les métiers, il usurpe tous les états. Aujourd'hui, chez l'épicier, il y a de tout, même de l'épicerie.

L'épicier est devenu mercier, passementier, papetier, libraire, entreposeur de tabacs, marchand de vins, débitant de papier timbré, fabricant de cirage, confiseur, cartonnier, fruitier; ce sont là de petits commerces d'alluvion, qui arrondissent le domaine des denrées coloniales. L'épicier est également droguiste, et il faut être une oie, comme cet idiot qui joue du pilon, pour oser répondre à une innocente pratique : *C'est pas ici une farmacerie!* Un joli mot, dans une officine qui nous débite les chocolats de santé, les cafés à la chicorée, les sirops d'agrément et les huiles de ricin que vous savez !

Cette fille a raison, affreux jeune homme que je vois piler, en ce moment, quelque chose d'équivoque ! Interroge le patron, qui égrène des groseilles sur le comptoir ; consulte la femme du patron, qui arrange des pruneaux de Tours dans une caque à sardines : il est impossible que vous n'ayez pas quelques grains d'émétique dans le magasin de vos drogues, ou dans les drogues de votre magasin !

Donnez-moi une demi-once de métique !.. N'est-ce point là, je vous le demande, avec un seul mot, une malice cruelle, une critique affreuse, une satire profonde, dans la bouche de l'innocence et de la naïveté ? Eh ! l'oison !... pour une pauvre bête qui arrive de son pays, d'un pays qui est peut-être Pontoise, il me paraît que la voisine n'est pas si ânesse !

Après tout, il se peut bien que l'épicier de Grandville ait oublié d'acheter de l'émétique, *pour les dames qui tombent en attaque dans un petit papier* : le plus fin épicier ne peut vendre que ce qu'il achète ; on ne s'avise pas de toutes les finesses et de toutes les épiceries ! Mais rassurez-vous ; le patron vient de prendre garde à la demande et à la réponse : s'il ne vend point d'émétique, il en vendra, il faut qu'il en vende, quand il devrait n'en point acheter !

Quoi qu'en dise l'idiot *commis*, nous verrons tôt ou tard *l'épicerie et la farmacerie réunies* ; ô épicier ! Qu'elles soient donc réunies pour ton intérêt, jamais mêlées pour notre agrément !

VI.

Nouveau langage musical, ou société d'amateurs exécutant une symphonie, dans un cercle philarmonique.

VI

J'ai un ami qui est un merveilleux physionomiste. Je me rappelle qu'un jour, voyageant de compagnie, nous arrivâmes dans je ne sais quelle petite ville de province, où il me donna une preuve de son singulier talent pour juger, à première vue, des rapports mystérieux qui existent entre les figures et les aptitudes, les goûts, les professions même, des bipèdes désignés en histoire naturelle sous le nom d'hommes.

Nous venions de descendre de diligence lorsque nous avisâmes un monsieur d'une taille moyenne, d'un visage ordinaire, qui n'offrait d'autre particularité qu'une ressemblance assez-vague avec un chien dogue : un nez un peu fort, à narines très-ouvertes, placé à longue distance d'une bouche dont la lèvre supérieure était excessivement mince.

— Voilà, me dit mon ami, un monsieur qui doit jouer de la clarinette.

— Bah! répondis-je, quelle plaisanterie! A quoi pouvez-vous reconnaître ainsi un pareil travers? Gall n'admet point dans son système la bosse de la clarinette.

— Peu nous importe! j'en suis sûr; et je parierais une dinde truffée contre une stalle de l'Odéon que ce particulier pratique journellement l'anche d'une clarinette.

J'acceptai ce pari aussi grotesque qu'original, et nous nous mîmes aussitôt en devoir de chercher un moyen de vérification. Nous suivîmes le suspect, et au premier gamin que nous rencontrâmes mon ami demanda :

— N'est-il pas vrai que ce monsieur joue de la clarinette?

Le gamin nous rit au nez sans nous répondre. Nous entrâmes dans un bureau de tabac, et mon ami renouvela sa question auprès de la demoiselle de comptoir. Celle-ci ouvrit la bouche, en nous exhibant la rangée de touches de piano qui lui tenaient lieu de dents; puis voyant que, malgré son rire, nous gardions notre sang-froid, elle reprit son sérieux et nous dit, d'un ton marqué de mauvaise humeur :

— Messieurs, je n'ai pas l'honneur de vous connaître; ayez la bonté d'aller plaisanter ailleurs.

Nous sortîmes. Mon ami était visiblement contrarié de sa déconvenue.

— Je vois bien, me dit-il, que nous ne tirerons rien de cette population, qui ne comprend pas les fantaisies d'artistes, et ne se doute pas des merveilles de la physiognomonie. J'ai envie de courir lui demander à lui-même si...

— Par exemple! interrompis-je, ne vous avisez pas de faire une telle extravagance! Voulez-vous donc nous faire arrêter et jeter dans une maison d'aliénés? il y en a partout.

— Eh bien, cherchons un autre moyen... Mais j'y songe, on joue ce soir *la Dame Blanche*; exposons-nous à cette exécution malsaine; notre clarinette y fera peut-être sa partie.

Le soir venu, nous nous rendîmes en effet au théâtre; hélas! quelle ne fut pas la déception de mon ami! nous étions dans une de ces villes où l'on a joué *la Dame Blanche* sans musique, et remplacé le chant par *un dialogue vif et animé.*

— Est-il possible, s'écria-t-il tout à coup, qu'on aime si peu la musique dans un pays où l'on a une clarinette si distinguée !

— Monsieur est étranger, on le voit bien, lui dit son voisin ; car monsieur saurait que notre ville est une des plus philharmoniques de France, si j'ose m'exprimer ainsi.

— Et vous laissez jouer *la Dame Blanche* ainsi mutilée ?

— Eh ! Monsieur, voilà précisément en quoi nous faisons preuve de goût : c'est que nous ne pouvons pas souffrir la petite *musiquette* de vos opéras d'à présent ; nous n'aimons, nous ne comprenons que la grande musique, la seule véritable, la seule digne de l'art d'Euterpe. Ils font de belles choses, vos musiciens d'aujourd'hui, je vous conseille d'en parler, avec leurs opéras où l'on crie sur des airs de contredanses ! De la musique instrumentale, des symphonies de Beethoven, de Haydn, de Mozart ; des duos de Viotti, des trios, des quatuors, des quintettes, des septuors, à la bonne heure ! Ah ! monsieur, le grand septuor de Beethoven ! Et les messes donc, les messes de Lesueur, de Cherubini, et les motets, et les psaumes, voilà de la musique ! Mais vos opéras, je ne les ai pas entendus et je ne veux jamais les entendre, ce ne sont que des chansons ajustées les unes au bout des autres. Nous n'aimons pas la musique ? quel blasphème ! O sainte Cécile ! une ville qui possède une société philharmonique où l'on exécute *la Pastorale* mieux qu'au Conservatoire de Paris, et...

— Ah ! vous avez une société philharmonique ? Alors il n'est pas que vous ne possédiez une clarinette ?

— Assurément, M. Ducouac, un de nos plus fameux...

— Serait-il indiscret de demander à être admis à un de vos concerts?

— En aucune façon. Précisément demain, nous jouons *l'Héroïque*.......*!*

Le lendemain, mon ami triomphant me prouvait qu'il avait gagné son pari, en me montrant M. Ducouac soufflant dans sa clarinette; de plus, il continuait ses exercices de physiognomonie, en cherchant à lire sur le visage de chacun des exécutants sa profession, ses mœurs, son caractère.

— Vous voyez bien, me disait-il, ce violoncelle à tête d'âne? c'est le monsieur qui nous a parlé hier soir et nous a fait inviter : sortez-le de ses symphonies, il est ignorant comme un vaudevilliste, et entêté... Ce chef d'orchestre est un vrai singe; il ne sait et ne saura jamais qu'exécuter la musique d'autrui. Ces deux violonistes à figures de chat, ne voyez-vous pas que toute leur attitude dénote des tendances à la trahison féline? je ne voudrais pas les avoir pour amis, je les soupçonne d'être dans la police. Je gagerais que ce timbalier si alerte est peureux comme un lapin. Quant à ce trombone, regardez le collet de sa redingote, vous reconnaîtrez que la propreté n'est pas son défaut. De même qu'il est aisé de deviner que ces deux contre-bassistes vivent comme des ours à qui la boîte de leur instrument sert d'antre. D'ailleurs, j'ai remarqué que la contre-basse aigrit le caractère de l'homme : Alceste devait jouer de la contre-basse.

Il aurait continué ainsi longtemps; mais le concert était fini, et nous n'avions, ni l'un ni l'autre, envie d'en tâter d'un second. Le ciel vous préserve à jamais du premier!

VII

Voltaire raconte, dans son roman de *Candide*, comment sept princes détrônés se rencontrèrent un soir à souper dans un cabaret de Venise. Ces sept infortunés mangèrent de bon appétit, et burent sec; ils étaient philosophes.

Il y a plus de sagesse en ce monde qu'on ne pense. Voici sept autres philosophes qui se préparent à renouveler le souper de Venise. Les premiers pouvaient se trouver malheureux d'être découronnés; ceux-ci, au contraire, c'est d'être couronnés qu'ils pourraient se plaindre : tant il est vrai que les hommes diffèrent par les goûts, par les sentiments et par les idées, et que ce qui fait le bonheur de l'un ferait le malheur de l'autre.

Au demeurant, et pour ne pas trop s'avancer, on ne saurait dire au juste de quelle nature est le banquet qui se prépare. Les convives viennent-ils confondre leur joie ou leur douleur? Un fait hors de doute, c'est qu'ils vont s'asseoir à un repas de corps. Et remarquez quelle aimable et touchante confraternité règne entre eux. Les vaines distinctions de rang et de caste se sont effacées. A cette agape philosophique sont assis un bouc, un bélier, un taureau, un cerf; je ne les cite pas tous. Le cerf fait les honneurs de la salle à manger à un unicorne qui se trouve en retard. Ce dernier, botté et éperonné, a une allure de chasseur campagnard, et il a dû lui arriver plus d'une fois de courre ce même cerf qui aujourd'hui, oubliant d'anciennes injures, lui offre un siége; trait de courtoisie vraiment exemplaire. Combien l'unicorne doit se féliciter à présent de n'avoir jamais poussé le cerf jusqu'à l'hallali! Ceci prouve une fois de plus l'excellence de cette maxime des sages, qu'on doit mettre de la modération en toutes choses, et ne traiter jamais un ennemi de façon à ce qu'il ne puisse être un jour votre ami.

Au moment des confidences, c'est-à-dire lorsque le café a délié les langues, et communiqué aux convives sa chaleur expansive, l'entretien suivant eut lieu entre le cerf et l'unicorne grand chasseur.

— Vous souvient-il, mon ami, dit l'unicorne, de ce jour où, vous ayant lancé dès l'aube, je vous poursuivis sans relâche jusqu'au soir?

— Ma foi, il ne m'en souvient que trop, répond le cerf. Quelle course! Je dévorais les bois, les vallons, la plaine, l'espace; pendant un moment, j'eus des ailes, c'est à la lettre. Ah! la rude meute qui aboyait sur mes talons! Heureusement je réussis à la dépister.

— Eh bien, mon rapide ami, c'est ce jour-là qu'en rentrant au logis, crotté et fumant de sueur, j'acquis la certitude..... comprenez-vous?

— Pas du tout.

— Rappelez-vous la chanson de Béranger :

> Pendant que tu poursuis la bête,
> Un autre chasse en ta maison.
> Tonton, tontaine, tonton.

— Ah! fort bien ; j'y suis. Un voisin dévastait votre pigeonnier?

— Mon pigeonnier! véritablement vous avez peu de perspicacité pour un confrère. Il s'agit bien de mes pigeons. *Un autre chasse en ta maison.* Voyons, réfléchissez à ce vers-là ; est-ce que j'habitais un pigeonnier?

— A la bonne heure, m'y voici maintenant.... Moi, ce fut aussi ce jour-là, mais il n'y avait pas de ma faute; c'était pendant que vous me chassiez.

— Ah! vous êtes bien vengé, compère!

Le bouc est de sa nature débauché et coureur d'aventures. Il n'est point très-délicat dans ses amours, et il a les poches bourrées de livres qui attestent son penchant à un grossier libertinage. Je l'entends dire au bélier, qui ne l'écoute pas et qui regarde dans son assiette :

— Moi, monsieur, j'avais fait tout mon possible pour former ma femme, et je croyais avoir tout lieu de m'applaudir de mes efforts. Je lui avais donné à lire les *Contes de Boccace* et une quantité d'autres livres de ce genre, pensant qu'étant ainsi au courant des ruses et des stratagèmes à l'usage des galants, elle ne serait point d'une conquête aisée pour ces muguets qui mettent si justement martel en tête aux maris. Mais toute cette science que je lui avais donnée, elle l'a tournée contre moi ; et elle s'est servie pour me tromper des ruses que je lui avais enseignées moi-même... Ah! Monsieur, il n'y a point à se fier aux chèvres; ce sont bien les animaux les plus capricieux de la création.

Chacun des convives raconta à son tour son histoire, comme firent les sept rois du cabaret de Venise. Nous n'osons affirmer que ces récits aient eu tous le même intérêt; les détails ont pu varier, mais il n'y a eu qu'une conclusion.

Au surplus, nos animaux ont bien la mine de prendre leur mal en patience, sauf le bouc, qui semble s'être posé ce problème : Pourquoi la chèvre varie-t-elle? Et le taureau, blessé dans son amour-propre, qui se dit : Une bête de superbe prestance comme moi! cela se peut-il! Cette pensée est le crève-cœur du sot; les autres, plus raisonnables, ne partagent point l'opinion du vulgaire sur l'accident qui les réunit, et ils répéteraient volontiers après le fabuliste :

> Quand on l'ignore, ce n'est rien;
> Quand on le sait, c'est peu de chose.

VIII.
A votre droite est le signe du Capricorne.

VIII

Depuis La Fontaine on n'avait pas entendu dire que l'amour des astres eût fait de nouvelles victimes. L'astrologue du naïf conteur était resté au fond de son puits comme le premier et le dernier exemple, l'alpha et l'oméga d'une grande infortune due à la passion de lire les destinées humaines dans les signes du zodiaque.

Il était réservé à Grandville, cet autre fabuliste au crayon, de connaître et de révéler au monde le pendant de l'astrologue du bonhomme. Ce pendant vous l'avez devant vos yeux.

Remarquez tout de suite que ce n'est pas un être complétement humain, et, à la corne qui pare son front, déclarez hardiment qu'il appartient à l'espèce dite rhinocéros. Que si vous vous étonnez, sachez qu'en vertu de la loi du progrès, qui régit les êtres animés, l'astrologie judiciaire, en abandonnant les hommes, est passée chez les créatures classées à un degré inférieur dans la hiérarchie de la nature. Depuis, les animaux en raffolent. Sur tous les points du globe et dans les villes bâties par leurs architectes, les castors, on ne voit que lunettes et télescopes, incessamment braqués vers les régions célestes, comme disent les humains ; partout des chaires publiques se sont élevées pour l'enseignement de la science nouvelle, et la foule accourt se ranger avide et empressée autour des aigles chargés d'en propager les principes. Les aigles ont tout naturellement le monopole de la doctrine, à cause du privilége que Dieu leur a exclusivement attribué de considérer le soleil sans être ébloui par ses rayons.

Grandville, qui a obtenu la faveur, qu'il méritait d'ailleurs à tous égards, d'assister à ces cours, ne cessait de vanter la supériorité magistrale avec laquelle était fait cet enseignement. L'aigle professeur que vous voyez ici a été peint sous l'impression que l'initié avait rapportée de la leçon qu'il avait entendue. Par la perfection du crayon vous pouvez juger de l'excellence du modèle.

Toutefois, parmi ces fanatiques de la science, Grandville avait distingué un adepte dont la passion n'avait point d'égale chez ses concitoyens. Cet adepte était le rhinocéros dont nous avons déjà parlé. Tous les phénomènes que la monomanie produit chez les hommes, l'amour des astres les causait chez lui. Il n'en dormait pas, il n'en mangeait pas, mais il en vieillissait avant l'heure. Ses affaires, ses plaisirs, ses affections, il négligeait tout pour s'absorber dans cette préoccupation qui s'était emparée souverainement de son existence. Lorsque la nuit était venue, ses yeux et sa corne étaient incessamment dirigés vers l'objet de sa passion, et, fantaisie bizarre, il avait totalement répudié la société de ses pareils pour vivre au milieu des aigles, dont il suivait régulièrement tous les cours.

Bonhomme d'ailleurs et de mœurs douces, il était pour sa femme d'une complaisance qui s'arrêtait néanmoins là où commençait son culte pour la science. Tolérant pour tous les caprices de sa moitié, il devenait intraitable dès qu'il s'agissait de satisfaire les imaginations que lui suggérait sa maladie. Ainsi il voulait absolument faire participer sa famille à ses études et à son enthousiasme. Cette famille, qui ne se composait que de sa femme et de son petit-cousin, était obligée de le suivre dans toutes ses excursions scientifiques; il n'entendait pas raison sur cet article, et bon gré mal gré la femme et le cousin figuraient toujours dans les mille scènes auxquelles son excentricité ne manquait pas de donner lieu.

Il est probable que cette tyrannie de notre rhinocéros ne fut pas d'abord du goût de sa femme et du petit-cousin; mais il paraît qu'ils finirent par s'y habituer, et si l'on en juge par les résultats, on doit croire qu'ils ne s'en trouvèrent pas trop mal.

Chose singulière, et que Grandville n'a jamais pu s'expliquer, toutes les fois que notre bête à corne s'avançait vers un télescope, avec l'air bonasse et heureux qu'on lui voit ici, son dos voûté recouvert d'une grande redingote à la propriétaire, sa main gauche tenant son chapeau et son bras droit recevant celui de sa moitié, qui recevait à son tour le bras de son petit-cousin, toutes les fois que le rhinocéros appliquait son œil au verre de la lunette, et quelle que fût la planète vers laquelle cette lunette était dirigée, l'aigle lui disait invariablement et avec un geste noble et majestueux : *A votre droite est le signe du Capricorne.*

Nous avons su depuis, ce qui semblera étrange, que malgré cette indication, notre amateur n'a cependant jamais pu voir le signe du Capricorne.

IX.

— Va t'en donc en chercher comme ç̧a avec ta sacr..... face d'ablète.
— N' m'avalez pas!

IX

Vous connaissez sans doute, cher lecteur, cette branche de la littérature à laquelle Vadé, de joyeuse mémoire, a donné un nom et une célébrité ? Il n'est pas permis de se dire au courant de l'esprit de son temps et de son pays si l'on est étranger à ces formes de langage, à ces tours, à ces vocables traditionnels sans cesse enrichis de néologismes qui nous font un autre idiome à côté de la langue du dictionnaire, idiome riche comme la pensée du peuple, varié comme ses impressions, expressif, coloré comme son imagination, libre comme ses allures, et, disons-le, quelque peu sans gêne comme ses manières et ses habitudes.

Les deux siècles qui ont précédé le nôtre avaient leurs centres littéraires; cénacles où se donnaient rendez-vous les beaux esprits de l'époque, conférences littéraires où la langue se formait, où le goût s'épurait, où les mœurs gagnaient aussi quelque chose à cette constante recherche du beau, et si l'hôtel de Rambouillet était resté ce qu'il fut pendant une assez grande partie du xvii° siècle, Molière n'aurait pas fait ses *Précieuses ridicules;* ce qui serait grand dommage, vous en conviendrez.

D'où je conclus que Voiture n'a pas mal fait de jeter dans la recherche et l'affectation les tendances de cette réunion de beaux esprits et d'en pervertir le goût. L'hôtel de Rambouillet aurait passé avec beaucoup d'autres choses, et *les Précieuses* ne passeront jamais.

La littérature à laquelle appartient le spécimen que Grandville nous met sous les yeux a aussi son hôtel de Rambouillet; aréopage en plein vent, tenant séance tous les jours depuis le lever jusqu'au coucher du soleil, conservant et augmentant avec une verve sans cesse renaissante des trésors de linguistique depuis longtemps accumulés; les préservant avec une fervente sollicitude de tout mélange hérétique; écartant les profanes, et n'admettant que les initiés aux mystères de cet autre hiératique langage. Voiture n'y est pas possible.

Là aussi vous trouverez Ménage, Desmarets, Chapelain, Balzac et toute la fine fleur des adeptes; là vous verrez briller les Deshoulières, les La Fayette, les Sévigné, tout l'hôtel de Rambouillet, vous dis-je; seulement avec un peu plus d'abandon dans le costume, plus d'énergie dans le geste, de pittoresque dans l'expression, et surtout plus de sonorité dans l'organe des personnages; cela doit être, les dissertations ont lieu en plein air !

Vous est-il arrivé quelquefois de faire une excursion dans les environs de la halle, et de pénétrer dans les rangs pressés des divinités littéraires du lieu ?

Dans ce cas vous connaissez l'Académie dont je veux vous parler.

Que dites-vous de ce pêle-mêle, de ces dialogues, de cette action oratoire, de cette pantomime, de ces apostrophes? Que dites-vous surtout de cet empire exercé avec un despotisme qui s'impose et se fait craindre?

Que voulez-vous! c'est le propre des savants d'être chatouilleux sur les questions d'amour-propre. Ces dames sont savantes, et elles abusent un peu de leur supériorité. Pauvres cordons-bleus! Que j'en ai vu n'aborder qu'en tremblant ce trône redoutable où siége dans toute la majesté de l'omnipotence, l'une des cent reines de cette cour de nouvelle espèce!

— Dis donc, ma petite, t'es bien fière aujourd'hui! Excusez! Pas frais, le poisson! Voyez-vous ça! Eh ben! prends toujours, et dis à ta maîtresse que le frais est hors de prix!

Mais si le cordon-bleu ne se rend pas à la puissance de cette exhortation, malheur à lui! Alors commence une série de moyens oratoires développés dans un langue qui ne ressemble à aucun idiome connu, accompagnée de gestes et de jeux de physionomie dont aucune scène ne peut donner l'idée. Le poing sur la hanche, l'œil écarquillé, et déployant dans un rictus immense deux effrayantes mâchoires, la terrible souveraine menace d'engloutir dans ce gouffre béant le pauvre cordon-bleu et de n'en faire qu'une bouchée, son panier compris. La victime se redresse sur ses petits pieds et relève bien la tête; mais elle n'a ni l'audace, ni la force, ni, disons-le, la science philologique de son adversaire; elle n'a pas lu Vadé, et n'est pas versée dans le secret du *genre pois-*

sard; aussi ne tente-t-elle pas une lutte impossible, et se borne-t-elle à conjurer ironiquement l'abîme de ne pas l'engloutir. « *Ne m'avalez pas! ne m'avalez pas!* » s'écrie-t-elle. Je ne voudrais pas répondre que sa prière sera entendue.

Les cordons-bleus
Sont des gens heureux.

Le poëte, sans doute, a de bonnes raisons pour le dire; mais il faut avouer que l'anse du panier a de fâcheuses compensations.

Pardon, Monsieur; mais on m'a dit que j'étais toujours sûr de vous trouver à cette heure-ci.

X

Lucullus dîne aujourd'hui chez Lucullus. Tout le monde connaît cette formule favorite du grand Romain, quand il voulait que son cuisinier se surpassât lui-même ; ce qui ne devait pas être facile, attendu que, depuis les patriarches jusqu'à nos jours, on n'a guère connu que l'auteur du fameux plat de lentilles qu'Ésaü paya de son droit d'aînesse, Carême et Flicoteaux, qui pussent lui être comparés, et encore !

Or Lucullus dînait très-souvent chez Lucullus, et l'hospitalité de sa table était large et généreuse. Les prodiges qui s'accomplissaient sur les fourneaux de ses cuisines n'étaient pas pour lui seul ; il en faisait splendidement les honneurs à ses amis, et vous devez penser s'il en avait. Excellent calcul d'ailleurs ; car jamais le nom de Lucullus n'aurait franchi l'enceinte de son triclinium, si ses convives n'avaient chanté partout la fastueuse recherche des mets et l'opulente munificence de l'amphitryon.

Tel n'est pas, tel ne sera jamais, le goinfre qui s'étale égoïstement sur cette table qu'il embrasse tout entière, de peur qu'un intrus ne vienne en réclamer un coin. Mais aussi c'est un loup, c'est tout dire.

Ne craignez pas que la gloire du Romain trouve jamais en lui un rival capable de la balancer. Autant l'un était recherché dans le choix de ses mets, autant il avait soin de relever la variété des provenances par des préparations délicatement savantes et des condiments exquis, autant l'autre, plus jaloux de la quantité que de la qualité, dédaigne les raffinements, se moque des combinaisons appétissantes de la gastronomie, et méprise le haut goût de l'art. En dépit de Brillat-Savarin, il se repaît comme une brute. Ne lui parlez pas de varier ses morceaux ; il est loup, donc il ne veut que du mouton, rien que du mouton.

Voyez à son côté ce large plat rempli d'os réduits à l'état de squelette, et devant lui un formidable gigot qu'il va dévorer en attendant le tour de celui qu'apporte son cuisinier, qui connaît ses goûts et le sert en conséquence. Qu'on le laisse faire, et bientôt le mouton tout entier y aura passé, en compagnie de ces trois énormes pains, reste de sa ration de tous les jours.

Mais qu'a-t-il donc à prendre cet air revêche et à ouvrir sa gueule comme s'il voulait avaler ce personnage qui se présente humblement, le chapeau à la main, et dans l'attitude de quelqu'un qui vient solliciter un service?

Ah! j'y suis. Ce pauvre caïman n'a pas dîné, il a flairé l'heure et le repas du loup, et il arrive dans une intention facile à deviner.

Le goinfre ne s'y trompe pas, lui. La vue de ce crocodile famélique le met en fureur ; il tremble pour son dîner, dont il ne veut pas offrir un atome. Meure plutôt l'affamé et toute l'espèce humaine avec lui! Ce n'est pas de sa table que tomberont les miettes nécessaires à la vie de ce nouveau Lazare. Voyez-le plutôt se mettre en défense, attirant à lui le plat qu'il couvre de son large corps, et les deux coudes vigoureusement appuyés sur deux pains qu'il protége, montrant au solliciteur un museau peu fait pour l'encourager.

Et cependant le pauvre hère a une mine si soumise, si piteuse et si propre à attendrir le cœur le plus dur! Oui, mais l'estomac, ça ne s'attendrit pas, et moins encore l'estomac d'un loup! Décidément ce crocodile à jeun est mal tombé. Et quand on songe à ce qu'il lui a fallu de courage, de ruse et de combinaisons machiavéliques pour aborder cette terrible minute qui va décider de son sort, c'est-à-dire de son dîner! Tant de souplesse, tant de soumission, unies à tant d'appétit, et tout cela dépensé en pure perte! La vue et le fumet, se dit-il avec désespoir! La vue et le fumet! Oh! à côté de moi, Tantale était sur un lit de roses!

— J'en conviens, estimable caïman; mais aussi n'êtes-vous pas un peu puni par où vous péchez? Vous n'êtes pas mal goulu, si j'en crois la réputation qu'on vous fait. Alors, puisque vous aimez à manger beaucoup, vous devriez beaucoup travailler, et peut-être êtes-vous beaucoup fainéant? Qu'en dites-vous, là, entre nous? Certes, je n'excuse pas ce loup égoïste de ne pas donner un peu de son superflu; mais vous me faites l'effet d'être un parasite, mon cher caïman, et alors je ne vous plains pas; vous avez ce que vous méritez.

Je sais bien que vous allez me citer l'histoire, et vous targuer d'une illustre descendance : sans doute, il y avait à Rome des parasites qui se faisaient honneur de cette profession, car c'en était une ; mais les mœurs de Rome comportaient bien d'autres excentricités qui ne seraient plus de mise aujourd'hui ; il paraît même qu'on finit par s'y lasser de celle-ci, si j'en crois Plaute, qui, dans sa comédie des *Captifs*, fait figurer un parasite comme vous, qui gémit sans cesse sur la perte des bonnes habitudes, se plaignant que le métier s'est gâté, et qu'on n'invite plus à dîner les gens dont la profession est de dîner chez les autres.

Et parbleu ! voulez-vous un bon conseil ? Vous aimez les morceaux fins et copieux, n'est-ce pas, surtout quand ce n'est pas vous qui les payez ? Quittez-moi donc cet habit étriqué comme votre corps ; laissez de côté ce chapeau uniquement destiné à des salutations qui vous humilient sans vous nourrir ; prenez-moi veste, tablier, et bonnet de coton ; faites-vous cuisinier comme ce gros gaillard de dogue qui s'est mis bravement au service du loup. En voilà un qui n'est pas fier non plus. Lui, chargé par la nature de chasser le loup et de garder le mouton, le voilà qui fait manger le mouton au loup ! Ce n'est pas édifiant, mais au moins c'est engraissant ; qu'en dites-vous ? Cet embonpoint ne vous fait-il pas envie ?

Allons donc, passez aux fourneaux ; vous aurez l'avantage de goûter de tout, même avant votre maître ; et quand il se présentera un importun comme vous, vous pourrez imiter cet effronté qui, pendant que le loup vous fait l'accueil que vous savez, prend un avant-goût du bon morceau qu'il vient de tirer tout fumant de la broche !

XI. — Pour ma part, moi j'en réponds,
Bienheureux sont les chapons.

XI

> Pour ma part, moi j'en réponds,
> Bienheureux sont les chapons.
> BÉRANGER.
>
> Qui n'est pas sage maigrira,
> Cette histoire vous le dira.
> GRANDVILLE.
>
> Si vous habitez la campagne,
> Pour les villes n'en sortez pas;
> A trop courir souvent on gagne
> Ce qu'on ne cherchait point, hélas!
> LA BRUYÈRE OU LA ROCHEFOUCAULD.
>
> Il aimait trop courir, et courir l'a perdu!
> VICTOR HUGO.

La belle affaire que vos maximes et vos vérités comme en disait M. de Lapalisse, quand vivait ce moraliste profond et qu'on n'a jamais remplacé! Quel rapport peut-il donc y avoir entre ces bavardages plus ou moins renouvelés des Grecs et la préoccupation de ce grand lévrier que j'aperçois depuis un bon moment, collant ses lunettes sur les affiches de Paris et enregistrant sur son calepin avec un soin minutieux le résultat de ses lectures murales? Vous qui moralisez si bien avec l'esprit des autres, monsieur l'Anglais (car à votre petit chapeau et à vos longues guêtres de cuir, sans parler de votre gros ventre et de votre grosse tournure, je vous reconnais pour un enfant d'Albion), vous feriez bien mieux de satisfaire ma curiosité et de m'apprendre pour quelle importante publication, votre compatriote (car à son visage pointu, à ses épaules pointues, à ses coudes pointus, à ses genoux pointus, je le reconnaissais aussi pour un enfant d'Albion), votre compatriote, dis-je, collectionne ces matériaux de nouvelle espèce.

— Apprenez, Madame, que cet infortuné jeune homme, pour lequel vous manifestez un intérêt qui me touche, était naguère aussi frais, aussi bien portant, aussi dispos que vous le voyez aujourd'hui pâle, étiré et se soutenant à peine sur ses jambes. C'est le seul parent qui me reste, et je l'aime comme mon fils. Il vivait heureux, du moins je le croyais, dans une magnifique terre que je possède dans le comté de Surrey. Habile à la chasse, pour laquelle il semblait né, mes grandes plaines étaient le théâtre de ses triomphes. Rien n'était négligé par moi pour le retenir loin du monde; il avait tout à souhait, et lorsque le soir il rentrait au logis, il trouvait, après un bon dîner pour restaurer son corps, les conseils de mon expérience pour élever son esprit et fortifier son âme.

Hélas! Madame, la jeunesse est partout la même; vous me paraissez avoir assez vécu pour ne pas l'ignorer. Tout le bonheur de mon cher John n'était qu'un mensonge. Ces courses vagabondes, ces chasses effrénées, ce dîner régulièrement dévoré de si bon appétit, ces leçons de morale reçues avec tant de déférence apparente, tout cela cachait une passion qui, trop longtemps contenue, finit par éclater furieuse et irrésistible, et m'entraîna moi-même loin des joies tranquilles que j'avais préparées à mes derniers jours.

John avait la passion des voyages; il voulait voir le monde, et de même que Dieu ne suffisait plus à Fernand, de *la Favorite* (vous devez avoir connu Fernand, Madame), la chasse et ma morale ne suffisaient plus à John : il fallut tout quitter et partir, car le laisser aller seul, mon cœur ne le pouvait pas. Nous partîmes donc, lui radieux comme un prisonnier qui recouvre sa liberté, moi triste et résigné comme un père qui se sacrifie aux folies de son fils. Nous passâmes quelques jours à Londres, où John fit certaines connaissances. Toutefois son imagination franchissait l'espace et rêvait les grandes chasses dans les immenses forêts du Nouveau-Monde. On s'embarqua ; mais à peine eûmes-nous fait quelques milles, que John ressentit les premières atteintes du mal affreux qui le ronge, et qui, se développant à mesure que le navire s'éloignait de la terre, s'empara de tous ses organes au point de le réduire à l'état de dépérissement où vous le voyez aujourd'hui. Oui, Madame, John avait le mal de mer, puisqu'il faut l'appeler par son nom ; mais le mal de mer comme personne ne l'a jamais eu et ne l'aura jamais, le mal de mer se révélant sous un aspect inconnu jusqu'à ce jour : le mal de mer chronique, le mal de mer incurable.

Notre séjour à New-York fut bien triste, comme vous le pensez, Madame. John dépérissait à vue d'œil ; adieu la chasse, adieu les forêts vierges. Nous passions notre temps, lui à souffrir et moi à chercher partout des médecins impossibles et des remèdes qui n'existaient pas. Le courage m'abandonnait, les plus noirs pressentiments venaient m'assiéger, lorsqu'un bienheureux journal français me tombe sous la main et m'offre une quatrième page tout émaillée de recettes diverses et d'annonces miraculeuses promettant la guérison que je n'osais plus espérer. L'espèce de mal de mer dont John était affligé me semblait, d'après le journal en question, avoir spécialement éveillé l'attention du corps médical de Paris; on y citait tel praticien qui avait acquis à le traiter fortune et réputation; aussi, sans rechercher les causes de cette préférence bizarre, je quittai l'Amérique pour conduire John dans votre capitale.

Nous voici arrivés depuis hier, Madame, et ces recherches inquiètes de John, cette préoccupation que vous attribuez à des projets littéraires (Dieu merci, John est bien assez malheureux comme cela), vous annoncent tout simplement le désir ardent qu'il éprouve de se débarrasser d'un mal dont il demande la guérison à toutes les affiches collées aux murailles.

Voilà notre histoire, Madame; puisse-t-elle bientôt se terminer par le soulagement de mon pauvre John; ce que j'espère, si je m'en rapporte à l'abondante récolte d'adresses et de topiques qu'il fait en ce moment. Décidément, pour cette fois, le journal ne mentait pas.

— Vous ne pouviez mieux rencontrer, monsieur l'Anglais; le sort de votre John me touche, et j'y veux compatir. Je ne fais pas personnellement de la médecine, je suis marchande de volailles vivantes; mais mon mari s'est fait une spécialité de la cure de ce genre d'affection dont souffre votre jeune homme; venez chez nous, il s'en trouvera bien et vous aussi.

Grandville, en passant, avait entendu l'histoire et le dialogue, il en a fait un dessin bien plus fin et plus spirituel que le dialogue et que l'histoire; seulement il n'a jamais pu savoir si la marchande de volailles vivantes avait tenu ce qu'elle avait promis.

XII.
— Arrivez, arrivez, nourrice.
— Dieux! comme y ressemble à Mosieu.

XII

Heureux dix-cors ! Quelle gloire et quelle jubilation ! Comme il exulte, comme il porte avec l'orgueil du triomphateur ce qu'il prend pour le trophée de sa vaillance ! Il en est fier ; il voudrait le montrer à tout le monde ; il voudrait que l'univers entier partageât ses transports. Comme la foi brille dans ses yeux, pure et sans mélange ! Depuis longtemps il n'était qu'époux, depuis longtemps son bonheur était empoisonné par le désir inassouvi d'être père, et maintenant il l'est !.... Il l'est ! et sa tête se relève radieuse et toute resplendissante de sa couronne de prédestiné !

Plus de soucis, plus de tourments à propos de sa fortune si péniblement amassée, et qu'il craignait tant de voir recueillie par des collatéraux détestés ! Qu'ils en fassent leur deuil, car voici l'héritier qui vient de lui naître ; l'héritier de son nom, qu'il demandait, qu'il voulait à tout prix, on le lui a donné, enfin ! Ses biens n'iront donc pas à des étrangers ! Désormais il pourra considérer d'un œil plus calme et plus serein l'avenir qui jusqu'alors s'offrait à lui sous les sombres couleurs d'une vieillesse triste et abandonnée. La solitude, pour les vieillards, n'est-ce pas le commencement de la mort? Mais il vivra, il vivra longtemps, car un fils, le soutien et le charme de ses derniers jours, lui arrive comme un don inespéré du ciel. Cette récompense de ses vertus conjugales, ce dédommagement à ses désirs si souvent déçus, il en était digne; et si l'on veut que ce soit un miracle, ce miracle est encore une justice; le dix-cors y avait des droits!

Ainsi, toutes les joies, tous les bonheurs, toutes les espérances se trahissent sur la physionomie de ce père fortuné. Il se sent reverdir, l'allégresse de son âme décuple ses forces et permet à ses jambes grêles de porter sans faiblir un double fardeau : le nouveau-né et son propre corps à lui, chargé du riche édifice de sa tête majestueuse.

Mais que ne peut l'héroïsme paternel uni à l'amour conjugal! Depuis l'heureux moment, ce modèle des pères et des époux va, vient et se multiplie, pour ainsi dire, avec l'ardeur d'un jeune homme. Sa sollicitude se partage entre le lit où repose celle qui désormais lui est doublement chère, et le berceau qui a reçu son trésor, sa seconde vie.

Tout à l'heure assis sur son fauteuil vert, il berçait doucement de son pied le premier sommeil du nouveau-né, pendant que sa main, appuyée sur le dossier du lit, semblait protéger le repos de la mère. Parfois il se lève et va ramener soigneusement sur la tête de l'intéressante dormeuse les draperies destinées à la protéger contre la lumière importune d'un trop grand jour; et puis il retourne à sa place en se disant que son meuble vert a d'ores et déjà fait son temps, et qu'il va le remplacer par un meuble cramoisi, le rouge étant à ses yeux l'emblème de la victoire, la nuance de la difficulté vaincue ; comme le vert était le symbole de l'espérance, la couleur de la foi qui combat.

Que lui faut-il encore, et que manque-t-il à son ivresse pour être complète? Est-ce l'arrivée de cette bonne chèvre cauchoise qui vient prodiguer au poupon les sucs nourriciers dont les herbages de Normandie ont rempli ses mamelles? Sans doute, elle était attendue ; sans doute sa vue le réjouit, puisque c'est à elle qu'il adresse ces paroles d'empressement et de sollicitude : *Arrivez, arrivez, nourrice.* Mais ce qui met le comble à son bonheur, ce qui vient délicieusement caresser son orgueil de père, c'est l'ébahissement plein de naturel de la Cauchoise, c'est cette exclamation spontanée et comme intuitive : *Dieu! comme il ressemble à Mosieu!*

Dans sa joie, le bon dix-cors n'avait même pas pensé à ce couronnement de l'idéal paternel. Sa femme venait de l'enrichir d'un petit être qui devait grandir et porter son nom ; il n'avait pas vu au delà ; le rêve de ses jours et de ses nuits était réalisé, et il bénissait l'ange qui lui faisait un si doux réveil, sans songer à rechercher sa propre image dans les traits de son fils que d'instinct il trouvait superbe, et qu'il adorait de confiance.

Mais voilà que le cri de la Cauchoise appelle son attention sur un objet charmant qui résume en quelque sorte les mille sensations qui agitent son cœur. En effet, c'est bien cela, un air de famille à frapper les moins clairvoyants. C'est ainsi que je devais être au maillot, dit le bon père, je devais vagir ainsi ; ainsi je devais ouvrir ma bouche altérée.

Certes, cette petite tête a beaucoup à faire pour acquérir le développement de la mienne ; mais patience, mon cher trésor, tu grandiras et ta tête aussi ; et, à ton tour, tu n'auras rien à envier à ton bienheureux père.

Tout en prononçant cet horoscope flatteur, notre dix-cors confie son autre lui-même à la nourrice, qui l'emporte et se met en devoir de le rendre digne un jour des hautes destinées que son père vient de lui promettre. Quant à ce dernier, il se retourne religieusement vers sa moitié (*placens uxor*), qu'il remercie pour la centième fois dans l'effusion de la plus tendre reconnaissance.

En historien véridique, nous devons dire que les méchantes langues du quartier se sont exercées sur cette scène de bonheur intérieur. Elles ont prétendu que le petit, étant un oiseau, ne pouvait ressembler à son père, qui est un véritable cerf ; elles ont ajouté que toutes les nourrices avaient l'habitude d'y voir aussi clair que notre chèvre du pays de Caux, et mille autres choses encore tout aussi mensongères.

Mais ne vous y arrêtez pas, ce sont des calomnies ; et s'il vous arrive un pareil bonheur, faites comme notre dix-cors, qui n'en crut jamais un mot, et qui passa le reste de ses jours dans la béatitude des *embarras charmants de sa paternité.*

XIII.

Quelques-unes de nos bêtes de somme.

XIII

Buffon prétend que la plus belle conquête de l'homme c'est le cheval.

Interrogez un mécanicien de notre temps, il vous dira que la plus belle conquête de l'homme c'est la vapeur.

Adressez-vous à un physicien, il vous soutiendra que l'électricité est la conquête la plus admirable que l'homme ait accomplie.

Quant à moi, je m'inscris en faux contre tous ces savants de différentes espèces, et je dis :

— La plus belle conquête de l'homme, c'est l'homme.

— Belle conquête en vérité, me direz-vous, qui n'a coûté ni peine, ni travail, ni génie ; qui a été la première de toutes, qui a passé même avant la conquête de la matière, puisque aussitôt qu'il y a eu deux hommes sur la terre, l'un des deux a opprimé l'autre et en a fait sa bête de somme. C'est bien longtemps après seulement que certains particuliers ingénieux ont pensé que de temps à autre on pourrait avantageusement ajouter à la force de l'homme celle de divers animaux robustes ; alors ont été inventés le cheval, le bœuf, l'âne, le mulet, le chameau, le dromadaire, l'éléphant, etc. Ce qui n'a pas empêché, toutefois, de continuer à employer l'homme presque sur toute la surface de la terre à porter, à traîner son semblable, à le servir, à suer et à s'éreinter pour lui.

Les savants, les penseurs, les moralistes, ont touvé toutes sortes de belles maximes pour encourager et perpétuer cet usage, afin de prouver à ceux qui en étaient les victimes bénévoles qu'ils accomplissaient une mission sacrée, un véritable devoir ; c'est pour cela qu'ils ont fait du travail, de la patience, de la résignation, autant de vertus :

« Lorsque vous travaillez pour les autres, a dit Confucius, travaillez avec la même ardeur que si vous travailliez pour vous-même. »

Et La Rochefoucauld, ce spirituel égoïste qui faisait si peu de cas des hommes, a écrit :

« Le travail du corps délivre des peines de l'esprit, et c'est ce qui rend les pauvres heureux. »

Faut-il dire toute la vérité? Eh bien! la vérité, c'est que l'homme prend infiniment de plaisir à voir et à faire travailler son semblable.

Il y a encore un grand nombre de pays où la distinction et la richesse des personnages se mesurent à la qualité, à l'espèce de bêtes de somme qu'ils emploient pour le service et pour le transport de leurs personnes. Il n'y a que les gens de première volée qui aient le privilége de se faire porter à bras ou à épaules d'hommes, en chaise ou en palanquin. On a reconnu que la chaise et le palanquin portés par des hommes bien dressés étaient infiniment plus doux et plus favorables à la digestion et au repos que n'importe quelle voiture traînée par des chevaux, des mulets ou des bœufs, de même que les fins gastronomes de l'empire romain avaient observé que les murènes nourries avec la chair des esclaves étaient préférables à toutes les autres; et aussi ne s'en faisaient-ils point faute.

Il y a pourtant des gens qui prétendent que l'homme n'est point fait pour ce vil emploi de bêtes de somme, et qu'un jour viendra où la vapeur et l'électricité rempliront toutes les fonctions jusqu'à présent assignées à la seule force de l'homme.

Qui est-ce qui fera la guerre et portera les armes? — La vapeur.

Qui est-ce qui labourera la terre? — La vapeur!

Qui est-ce qui fera des commissions? — L'électricité!

Qui est-ce qui cirera les bottes? — La vapeur, à moins que ce ne soit l'électricité!

Mais qui est-ce qui produira la vapeur? — L'électricité vraiment!

Et qui est-ce qui produira l'électricité? — La vapeur, parbleu!

Je vous le dis en vérité, braves gens, ne croyez pas à toutes ces belles promesses. L'homme est ici-bas pour porter sa charge; il la porte, et ne s'inquiète pas du reste : *dum clitellas portem meas*, comme dit l'âne de Phèdre.

Nous sommes tous plus ou moins bêtes de somme, depuis le cheval et le bœuf du coin de la rue qui portent un fardeau soit de chair humaine, soit de malles et de cartons; depuis le baudet qui porte ses enfants, ses provisions et son parapluie, jusqu'à la commère bien nourrie qui ne porte que les splendeurs de son corsage et de son embonpoint, jusqu'au rêveur qui porte ses pensées, à l'oisif qui porte ses ennuis, au débauché qui porte ses vices et ses passions.

— Vous n'avez point de famille, disait un grand personnagne politique à un cynique exploiteur qui lui demandait beaucoup d'argent?

— Point de famille, Monseigneur, mais j'ai mes vices et mes passions à satisfaire, et je vous jure que c'est une famille dont l'entretien est un fardeau plus grand que l'éducation de douze enfants!

Oui, nous portons tous quelque chose, peu ou prou, et le trait de l'homme qui ne porte rien dans la *Chanson de Malbrough* est aussi invraisemblable que plaisant.

Celui-ci porte ses chagrins, celui-là ses remords, un autre ses espérances; Pierre porte son passé, Jacques porte sa fatuité, Antoine son ineptie... Et, je le dis par expérience, il n'est pas de plus lourd fardeau à porter qu'un cerveau vide.

Celui-ci ne porte que son ventre, c'est déjà trop. Plaignez-le, car il ne se porte pas bien, puisqu'il est obligé de se faire porter.

Enfin le dernier se porte bien, mais ce n'est pas une petite affaire que d'avoir la force nécessaire pour porter avec grâce et facilité ce fardeau qu'on appelle soi-même.

XIV.

Je n'y suis pour personne.

XIV

Si un homme s'éloigne du monde, s'il veut vivre seul, si, résumant en lui les qualités peu aimables de Timon et de Diogène, il n'a pour les autres que paroles dures et boutades de mauvaise humeur, pourquoi dit-on de lui que c'est un ours?

Qu'est-ce donc qui a valu à ce quadrupède les honneurs d'une assimilation qui attaque son caractère, et qui, pour se perdre dans la nuit des temps, n'en est assurément pas plus flatteuse?

Est-ce une erreur, un préjugé passé par la consécration du temps à l'état de vérité universelle? Question difficile à résoudre, et qu'en tout cas nous ne voulons pas discuter.

Nous mettrons cependant sous les yeux du lecteur jaloux de s'éclairer, les pièces de ce procès, nous rappellerons le pour et le contre : le lecteur décidera.

L'ours est d'une humeur sombre et farouche, disent les naturalistes ; il a l'instinct de la solitude et fuit la présence de l'homme. Ces messieurs auraient pu ajouter :

> Cet animal est fort méchant,
> Quand on l'attaque il se défend.

Voilà le réquisitoire ; il est brutal comme un fait.

Mais quel est cet artiste déployant ses grâces sur la place publique et se balançant en cadence sur ses pattes de derrière au son du galoubet et du tambourin ? Comme il est bon apôtre au milieu de ces badauds qu'il amuse ! Comme il est docile au commandement du conducteur qui lui fait faire l'exercice avec un bâton ! S'il grogne parfois, c'est quand un gamin le tourmente au passage ; s'il montre les dents à travers les losanges de sa muselière, c'est parce que les agaceries des spectateurs, lui faisant manquer la mesure, peuvent nuire à sa réputation chorégraphique.

Que dites-vous de la défense ? Ne vaut-elle pas le réquisitoire ?

Est-ce que par hasard l'ours ne serait pas si ours qu'on veut bien le dire ?

Et cependant, nous doutons qu'il se relève jamais de cet arrêt qui pèse sur sa destinée ; car, erreur et préjugé, si par aventure le génie les touche du bout de son aile, il les consacre pour toujours.

Aussi c'est bien affaire terminée pour la réputation de

l'ours. Grandville vient de lui donner le coup de grâce. Voyez celui qu'il nous montre seul au coin de son feu, les pieds dans de chaudes pantoufles, les mains croisées sur ses genoux et détournant à peine son museau refrogné pour donner cet ordre égoïste et péremptoire : *Je n'y suis pour personne!* Ce sont bien les petits yeux chagrins, le front soucieux, l'attitude morose de l'ennemi des hommes! Celui-ci, comme pour se protéger mieux contre leur approche, se retranche derrière un immense paravent et s'enfonce jusqu'à la nuque dans une vaste houppelande de couleur fauve. Autour de lui, rien qui révèle la présence de la civilisation ou le contact de ses semblables. Sur son bureau deux livres ouverts : l'un est *le Misanthrope*, l'autre a pour titre *les Douceurs de la Solitude;* devant lui une feuille de papier, sur laquelle on retrouverait sans doute les savants commentaires dont il enrichit avec délices ces deux productions si chères à son cœur désabusé ; à côté, le jeu qui dispense d'un partner, le jeu qui n'amène avec lui ni relations, ni liaisons, ni débats, ni querelles, ni déceptions, le jeu qu'on joue seul enfin, et qui doit à cette singularité le nom de *jeu du solitaire!*

Toutefois, que Molière y prenne garde, car notre ours ne doit pas avoir une bien grande vénération pour Alceste, un peu misanthrope à l'eau de rose, on en conviendra : des manchettes de dentelles, des bas de soie bien tirés, une perruque artistement frisée, un habit et des manières de cour, un langage choisi et sentant son monde, tout cela fait d'Alceste un ours trop bien léché, bon tout au plus à faire pitié à un ours de la trempe du nôtre. Et puis, doit-on bien détester les hommes quand on est si sensible aux charmes des femmes?

Parlez-moi du misanthrope de Grandville! Ce n'est pas lui qui s'exposera jamais à l'attendrissement. En fait de Célimène tentatrice, il ne donne accès qu'à sa portière, vieille pie qui se présente un balai sous le bras, des bottes à la main, des lunettes sur le nez, et dont l'accoutrement fait de toute sa laide personne une infaillible sauvegarde pour les principes du bourru qui veut rester incurable.

La pie ouvre le bec : parler, pour elle est un besoin; mais notre ours veut être seul, elle n'est là que pour entendre l'injonction sacramentelle : *Je n'y suis pour personne!*

XV.

Orgueil et bassesse.

XV

Nous voici devant un tableau qui soulève tout ce qu'il y a de nobles instincts et de sentiments haut placés chez l'honnête homme. Il résume de la manière la plus visiblement saisissante tout un côté de la nature humaine, le plus vil, selon nous, et rappelle à l'esprit les chutes innombrables de cet être que Dieu avait créé grand et fier, et qui met toute sa liberté à se faire humble et petit. Singulier et malheureux privilége, il y réussit mieux qu'en aucune autre chose !

Si l'homme dépensait à l'étude et au soin de sa dignité la centième partie des efforts qu'il fait pour trouver des formules serviles, pour composer des attitudes soumises et bassement obséquieuses, l'humanité, se rapprochant de Dieu, serait bientôt complétement transformée. Mais l'homme ne le veut pas, et voilà, sans remonter plus haut, près de trois cents ans qu'un moraliste a fait un livre intitulé *de la Servitude volontaire*, et que ce livre a toujours le mérite de l'à-propos. Il ne mourra jamais ; la sottise humaine le fait immortel.

Ce Paon qui se rengorge et fait la roue, ce superbe personnage qui jette du haut de sa vanité un regard de mépris et de dédain sur ce solliciteur besoigneux, c'est un homme qui a passé sa vie à paraître ce qu'il n'était pas. Son existence a été, est et sera un déguisement perpétuel. Il a bien vite compris que lorsqu'on ne peut pas *être* il faut *paraître ;* et comme il trouvait une société fort éprise des apparences; comme il a su, à son tour, se faire humble et valeter auprès des gens dont il avait besoin pour monter, il a fini par se donner l'importance que vous lui voyez, et qu'entretient le très-grand nombre de ceux qui éprouvent incessamment le besoin de se créer des idoles.

A son entrée dans le monde, il avait vu s'attacher à certains noms glorieusement historiques la considération et le respect que commandent toujours les vertus plus encore que les titres héréditaires; alors il s'est mis à changer le nom roturier de son père contre le nom de son village, que tous ses compatriotes avaient aussi bien que lui le droit de porter. Ignorant autant qu'ambitieux, il a emprunté à d'autres les idées qu'il n'avait pas, les discours qu'il ne pouvait pas faire; et comme il devait à un hasard mélangé de beaucoup d'astuce servile, une fortune considérable, il a pu, s'entourant d'une grande existence matérielle, se grandir aux yeux des imbéciles, et se rendre nécessaire à la troupe famélique des intrigants sans vergogne et sans moralité.

Il est de toutes les grandes affaires où il y a beaucoup d'argent à gagner sans faire dépense d'esprit ou de savoir. Il est associé à tout ce que nous connaissons de plus aristocratiquement industriel parmi les hommes du jour. Aussi, voyez comme il pose insolemment! comme il se pavane! Jamais sottise s'étala-t-elle avec plus de complaisance orgueilleuse? Et vit-on jamais tomber de plus haut la morgue impertinente d'un parvenu? Ses anciens amis, dont il s'est servi autrefois pour faire un peu de bruit autour de son nom d'emprunt, il ne les connaît plus. Il paraît qu'à présent, il n'a plus besoin d'avoir de l'esprit. Heureux mortel!

Du reste, sachez-le bien, cet homme tout rogue qu'il vous paraît est encore une variété de la bassesse. En ce moment, il se venge sur ce pauvre hère qu'il force à s'avilir devant lui, de toutes les humiliations qu'il a lui-même essuyées pour arriver à son but. En effet, il n'a jamais eu un principe dans le cœur, et il les a tour à tour affichés tous; il a successivement adoré tous les pouvoirs; il s'est servi de tous pour faire son chemin; il leur a pris à tous quelque chose; il est resté debout au milieu des ruines qu'ils ont accumulées dans leur chute; que dis-je? il a toujours gagné à l'arrivée d'un régime nouveau. Et dans ce moment, il est en train de conquérir, à sa manière, une distinction qui a toujours été l'un des rêves de sa vie.

Il l'aura, gardez-vous d'en douter.

En attendant, il fait faire antichambre, et quand il daigne admettre quelqu'un dont il n'a pas besoin, voilà les airs qu'il prend; et voilà aussi la dégradante position que se donnent les malheureux qui descendent à solliciter quelque chose de lui.

En voici un qui est dans toutes les conditions de l'emploi. On ne peut être plus souple, plus humble, plus platement obséquieux. Il rampe comme un reptile. Il appartient à cette variété si nombreuse de mendiants que la loi tolère, sans doute, parce qu'ils n'exercent pas leur industrie dans la rue. L'aumône d'une place, d'une faveur, d'un sourire, il est permis de la solliciter; et Dieu sait cependant à combien d'ignobles calculs ce genre de mendicité donne lieu! Dieu sait combien plus elle est avilissante! Elle abaisse bien autrement le caractère de ceux qui s'y livrent, tandis qu'elle entretient dans la société, qu'elle démoralise, ce déplorable exemple d'hommages adressés à des êtres qui n'en sont pas dignes, et qu'elle consacre la plus révoltante des usurpations : l'usurpation de l'estime et de la considération publiques.

L'orgueil existerait-il sans les adorateurs de l'orgueil?

Est-ce, au contraire, l'orgueil des uns qui engendre la bassesse des autres?

Questions désespérantes, hélas! qui appellent une réponse encore plus désolante. En effet, ces deux fléaux se donnent mutuellement naissance; ils sont tour à tour effet et cause, l'un à l'égard de l'autre, et pour en délivrer la terre, il faudrait les arracher du cœur humain tous les deux à la fois. Où est l'hercule au berceau qui doit étouffer ces deux serpents?

Quant à ce dindon qui s'enfle pour imiter le paon dont il n'est que la caricature, il est là pour figurer l'importance bête et la suffisance du laquais bien nourri. Ce suisse si gras et si vain personnifie la réunion des deux vices : insolent dans l'antichambre, il redevient souple valet en mettant le pied au salon!

Et vous, lecteur, permettez-moi, quoique vous n'en ayez pas besoin, de vous rappeler cette belle parole de Diderot : *Prosternez-vous pour refuser.*

XVI.

— T'u veux m'empêcher d' siffler, grand serin !
— J' te dis d' te taire, vilain merle !

XVI

> Rendez-moi ma patrie,
> Ou laissez-moi mourir.

Ainsi chantait, aux rives brumeuses de la Seine, un oiseau des Canaries, accompagnant sur le mélancolique instrument auquel il a donné son nom, ce refrain désolé de l'exil. Les passants s'arrêtaient attendris, et se prenaient à regretter pour l'étranger le beau soleil qu'il avait perdu et les riants paysages de la patrie absente. Afin de mieux lui faire oublier les douceurs du nid paternel et pour tempérer l'amertume de ses plaintes, chacun s'empressait de jeter à ses pieds bon nombre de pièces de monnaie, témoignage non équivoque d'une hospitalité compatissante; la recette était abondante, et, s'il est vrai que dans le monde des oiseaux l'argent ait, comme dans le monde des hommes, la vertu de cicatriser toutes les blessures et de calmer toutes les douleurs, notre virtuose exotique pouvait désormais épancher en joyeuses vocalises les inspirations de son âme consolée.

Seul de tous les assistants, un jeune merle n'avait rien

donné ; non pas que son cœur fût resté insensible aux accents de l'artiste, tout le monde sait que le merle est bon de sa nature ; mais celui-ci était plus pauvre encore qu'il n'était généreux ; à le voir on n'en pouvait douter. Il portait un habit dont l'ampleur et la longueur attestaient suffisamment qu'il avait été fait pour une taille plus riche et plus élevée que la sienne ; son pantalon, descendant sur les talons et montant jusqu'à la place ordinairement réservée à la cravate, était conçu de manière à tenir lieu de bas et de gilet, et je ne sais quelle façon de bonnet, ramassé je ne sais où, couronnait, dans une pose abandonnée, cet échantillon varié d'une friperie ambulante. Et cependant, sous cette livrée de la misère, battait un grand cœur de merle ; il sympathisait avec l'étranger, et ne pouvant faire mieux, il voulut au moins lui donner de bonnes paroles pour ses chagrins, des compliments pour son talent : il attend donc que la foule se soit dispersée, et s'avançant, modeste comme il convient à un amateur qui a vu le spectacle gratis, il hasarde timidement des félicitations à l'artiste et des encouragements à son malheur.

Tout à coup la scène change : l'œil du chanteur s'allume, sa voix s'élève, il se dresse furieux, et avec ce geste académique, inconnu sans doute aux Canaries, mais qu'il a pu apprendre, grâce à son séjour dans la capitale des arts et de la civilisation, il veut imposer silence au pauvre merle, qui reste d'abord tout ébahi.

— Pourquoi donc toute cette colère, dit alors un troisième personnage témoin de la scène? Pourquoi répondre à une action louable, après tout, par des paroles dures, et d'où vient tant d'ingratitude? Sans contredit, monsieur l'artiste, vous êtes de belle taille et vous avez une voix charmante! Il est évident que vous êtes coiffé d'une magnifique casquette, que vous étalez un col superbe, que vous êtes chaussé de bottes élégantes, que vous êtes parfaitement nippé des pieds à la tête, je vous accorderai même que tout cela a été fait sur mesure exprès pour vous et payé sur vos économies; mais est-ce une raison pour dédaigner un bon procédé, parce qu'il vient de plus pauvre que vous? Vous étiez tout à l'heure si humble et si dolent, et voilà maintenant que vous prenez un air fier et casseur et que vous vous écriez : *J' te dis d' te taire, vilain merle!* Prenez garde, bel étranger, votre adversaire est petit, mais il est bien pris dans sa taille, il semble vigoureux, et à votre place je ne serais pas très-rassuré en le voyant serrer ses poings solides et répondre en regardant de travers : *Tu veux m'empêcher d' siffler, grand serin!* Au fait, quelle singulière prétention est la vôtre, de vouloir empêcher un merle de siffler! ou vous êtes bien ignorant, ou vous êtes bien difficile à vivre. Quand le merle veut blâmer, il siffle; quand il veut approuver, il siffle encore ; le merle siffle toujours; ce désagrément ou cet avantage, comme vous voudrez l'appeler, Dieu le lui a donné, il faut bien qu'il le garde, et c'est tant pis pour vous si votre ridicule amour-propre vous attire quelque mauvaise affaire ; car, voyez-vous, la meilleure nature s'irrite par l'injustice, et alors le plus faible en apparence devient souvent le plus fort! C'est encore Dieu qui l'a voulu ainsi, et Dieu a bien ses raisons : j'ai lu ça sur un précieux feuillet que j'ai rencontré un jour par hasard au milieu des ordures de toute espèce qui font la fortune de ma hotte; vous pouvez donc m'en croire. D'ailleurs vous avez mieux à faire qu'à vous disputer sans raison ; malheureux tous les deux, restez amis aujourd'hui, afin de mieux vous secourir demain si l'occasion le veut.

Ce sage discours venait d'un petit chiffonnier, philosophe comme le sont tous les chiffonniers, que la Providence avait mis à portée des deux champions, pour leur faire entendre la leçon qu'elle voulait leur adresser. Sans se déranger, sans abandonner un moment son œuvre, à laquelle il se livrait avec une sorte de contentement répandu sur toute sa personne, sans même se retourner vers les deux auditeurs, notre philosophe avait mis à leur service l'expérience et la morale qu'on acquiert toujours dans la profession de chiffonnier, tant dédaignée, parce qu'elle est trop peu connue.

Grandville a toujours pensé que les deux oiseaux en avaient fait leur profit.

XVII.

Pour une dame qui n'a encore rien eu. — Moi aussi, pour une dame.

XVII

Pour une dame qui n'a encore rien eu ! — C'est Grandville qui a inventé le mot, et le mot est resté ; le monde l'a consacré : les voraces eux-mêmes, dont l'artiste a si bien caractérisé la gourmandise, s'en servent encore journellement dans les salons, où ils continuent à fournir une nombreuse et indestructible famille.

La population masculine d'un bal à Paris, comme en province, se compose de quatre espèces bien distinctes d'individus : les danseurs, les joueurs, les causeurs et les gourmands.

Le gourmand de salon a un aspect tout particulier : avide comme un requin, friand comme un barbet, ou vorace comme un loup, il se place volontiers du côté de l'antichambre, dans les environs de la cuisine plutôt que dans le salon. C'est de là qu'il peut, le nez au vent, l'œil animé, la bouche ouverte, comme le démon de qui l'Écriture a dit : *It quærens quem devoret*, flairer les plateaux, les voir arriver, et prélever son premier gâteau, sa première glace, son premier verre de punch ; je dis son premier, car il faut à tout gourmand un peu bien constitué, que chaque tournée rapporte au moins une double moisson de ces friandises variées que l'on promène sous prétexte de rafraîchissements. Aussi est-ce dans l'antichambre, dans la salle à manger peut-être, en avant du salon enfin, que Grandville a placé ses trois héros, avec trois dames, qui paraissent lutter sans trop de désavantage avec ces Messieurs. Vous le savez : les femmes, quand elles se mettent à être gourmandes, ne le sont pas à demi ; elles envient les jambes, les bras et l'audace des flaireurs de petits-fours ; elles vont même jusqu'à s'associer avec eux pour les lancer à la chasse à courre du sorbet ou de la tasse de chocolat.

A les voir se jeter sur les pâtisseries, on dirait que ces gens-là n'ont pas mangé depuis quinze jours ; — de fait, j'en ai connu un qui dînait à moitié les jours où il allait au bal, et prenait un verre d'absinthe après son demi-dîner ; — à peine ont-ils réussi à enlever leur proie, qu'ils l'emportent dans quelque coin obscur et se hâtent de la dévorer, en se préparant à ce qu'ils appellent la récolte du *regain*. La manœuvre est très-simple : elle consiste à tourner autour du salon et à passer dans la salle de jeu, de manière à se trouver auprès des joueurs au moment où l'on vient leur présenter les plateaux. Quelquefois, entre la première coupe, qu'ils ont eue comme gourmands, et le regain, qu'ils fauchent à titre de joueurs, ils ont trouvé moyen, en traversant le salon, de glaner quelques morceaux de brioche ou de baba en qualité de danseurs.

Un maître de maison, qui avait beaucoup observé, voulant mettre obstacle à la consommation immodérée que provoquait l'excellence du punch qu'on faisait chez lui, avait imaginé de le faire servir excessivement chaud; il était impossible de le boire immédiatement, et les plateaux s'en allaient complétement dégarnis, que le punch n'était pas encore assez refroidi pour être buvable. Qui se trouva bien empêché? Ce fut la gent buveuse, qui, ne pouvant plus obtenir qu'un verre de punch à chaque tournée, voua aux dieux infernaux le maître de la maison et son chef d'office. Mais un gourmand inventif découvrit une combinaison pour déjouer les mesures de son hôte; un grand verre à vin, dissimulé dans un coin, lui servait à transvaser et à faire refroidir le liquide brûlant qu'il ne pouvait boire, puis il courait à la conquête d'un second, d'un troisième verre de punch, dont le contenu venait se joindre à sa première réserve. La difficulté était levée avec avantage pour le *consommateur*.

Les petits-fours, qui le croirait, sont dangereux, et renferment en eux des éléments de discorde qu'on n'aurait jamais soupçonnés; ils ont brouillé, il y a quelques années, toute la population dansante et dévorante d'une petite ville avec une respectable dame dont le mari occupait une haute position dans l'administration de cette cité, très-amie du plaisir et très-exigeante en matière de représentation.

Cette brave dame, qui avait le travers d'être un peu plus économe qu'il ne convenait en raison de la fortune, des fonctions et des appointements de son mari, et qui avait vécu jusque là sans donner ni bals, ni soirées, s'était avisée de conclure avec un des principaux pâtissiers de la localité un marché, aux termes duquel elle lui rendait le lendemain de chaque réception les gâteaux non consommés, pour le prix en être porté en déduction de la facture générale. Le pâtissier, que le marché ne satisfaisait pas complétement, en raconta les clauses à quelques-uns de ses habitués. On peut se faire une idée de l'effet. Aussitôt danseurs, gourmands, plaisants, ennemis du pouvoir, de se coaliser pour nettoyer absolument les assiettes et les plateaux de madame la fonctionnaire. Au bal qui suivit il ne resta pas un croquet. Grande colère de l'harpagon femelle ; ses soupçons se portèrent sur les domestiques ; elle en chassa trois. Enfin la semaine suivante elle se mit en devoir de surveiller elle-même ses chers gâteaux, qui furent mis littéralement au pillage. Une liste de proscription fut dressée, transmise au mari et approuvée par lui : tous les mangeurs y figuraient. Mais quand arriva la nouvelle soirée, danseurs et mangeurs étaient tous absents. Alors vinrent les lettres anonymes, les épigrammes, les cancans. Un petit journal osa faire allusion à la parcimonie du fonctionnaire et à quelques autres vilenies ; il fallut capituler, et se résigner à inscrire une somme assez ronde au chapitre *Gâteaux* dans le budget de la maison. Puis tout rentra dans l'ordre.

O maîtres de maison, apprenez à respecter les mangeurs de vos salons ; ne les évitez pas, et fermez-leur la bouche en la leur remplissant !

XVIII.
École de Natation.

XVIII

Il n'y a pas de caricature !

Qu'est-ce à dire? et voulons-nous prétendre par hasard que rien, dans la nature, ne s'écarte des types éternels du beau, qu'aucune exagération n'y fait dévier la forme humaine de l'idéal universellement accepté?

Bien loin de là ; je suis au contraire tellement convaincu de l'existence propre de ces anomalies, que ma protestation n'est pas autre chose qu'un témoignage en faveur de leur réalité. Ce que je veux dire, c'est que la caricature n'existe pas dans l'acception généralement reçue de ce mot. Il y a le laid, il y a le difforme, il y a le grotesque, il y a le ridicule au moral comme au physique ; mais tout cela court le monde, tout cela vit, se promène, mange, boit et nage à l'occasion ; tout cela est dans la nature au même titre et en plus grand nombre, hélas! que le beau, que le gracieux, que l'aimable, que le charmant.

Et que croyez-vous que sont tous ces spirituels auteurs, ces artistes, si fins observateurs, dont le génie vous amuse et vous étonne? Vous vous figurez que vous avez touché juste quand vous les avez appelés d'un nom consacré, quoique menteur, quand vous avez dit d'eux : « Caricaturistes! » c'est-à-dire inventeurs de sujets bizarres et fantastiques, créateurs de monstres chimériques, peintres, dessinateurs, auteurs comiques, historiographes hyperboliques des travers du caractère et du cœur humain, collectionneurs fantaisistes des travers de la forme humaine ; eh bien, non. Vous en faites des Prométhées, ni plus, ni moins ; vous leur faites usurper l'attribut dont ils ne sont, après tout, que les très-humbles esclaves ; vous en faites des inventeurs, tandis qu'ils ne sont que des copistes. Tout leur mérite, et Dieu me garde de vouloir le rabaisser! c'est de vous faire illusion, c'est de saisir la nature au point de se l'approprier, c'est d'attacher vos yeux et votre esprit sur la copie jusqu'à vous empêcher de voir le modèle qui pose sans cesse devant vous-mêmes. Prestidigitateurs habiles, ils escamotent la nature à votre barbe ; il leur suffit, pour cela, d'un mot, d'un coup de crayon, et le tour est joué.

Voilà des siècles que ces enchanteurs facétieux vous font des malices qui, pour être bien vieilles, n'en sont pas moins neuves et conservent toujours le privilége de vous tromper. Tel qui rit de Polichinelle comme d'une caricature, oublie peut-être qu'il en compte plus d'un parmi ses ancêtres. Pourrait-il répondre, en tout cas, qu'il n'en surgira pas quelque spécimen en nez et en bosses dans la lignée de ses descendants? Qui oserait soutenir que Mayeux n'a pas existé? que dis-je! qui oserait douter qu'il soit encore plein de vie? Je le connais, moi qui vous parle.

Et si l'on ne me voit jamais arrêté sur le seuil de la porte de la maison que j'habite, y a-t-il un seul de mes amis qui ne sache que c'est à cause du nom de mon propriétaire ? Vous riez ! eh bien, apprenez que cet homme s'appelle

M. Vautour! Après cela, comme il n'a du vautour que le nom, j'aime mieux, par déférence pour le refrain du vaudeville, me condamner à ne jamais prendre le frais devant la maison, et rester fidèle à son propriétaire.

Enfin, voulez-vous me permettre de résumer mon opinion dans un aphorisme bien guindé, bien sentencieux, mais fort peu paradoxal?

Ce que vous appelez caricature n'est pas autre chose que l'histoire du cœur et du corps humain.

Et maintenant dispensez-moi de pousser plus loin mes démonstrations et mes exemples; ou plutôt vous pouvez tout aussi aisément que moi vous livrer à cet utile et amusant passe-temps. Je me bornerai à vous mettre dans la main le fil qui vous guidera dans votre excursion à travers ce nouveau labyrinthe.

Commencez par Adam et finissez par vous, et vous me direz ensuite des nouvelles de mon aphorisme.

Mais en attendant, la première fois que vous visiterez ces quelques pieds cubes d'eau où va se baigner la burlesque foule des amateurs parisiens, ne perdez pas de vue ma formule et faites-en l'application sur place. Pénétrez-vous bien du tableau que vous offre notre ami Grandville, que vous offenseriez si vous le preniez pour un faiseur de caricatures; *Ardez ces beaux museaux*, comme s'écrie Marinette en parlant de Gros-René; décomposez ces types, rapprochez les espèces, et si vous persistez, après cet examen, à croire à la caricature, je me condamne à trouver la quadrature du cercle, c'est-à-dire à découvrir une difformité physique et morale qui ne soit pas déjà sortie de cette bonne et féconde mère qu'on appelle la nature.

A propos, savez-vous nager? — Oui. — Eh bien, pas moi ; je n'ai jamais voulu l'apprendre, et voici pourquoi :

J'étais autrefois pas mal fort en thème, et à ce titre très-versé dans la connaissance de mes classiques. J'appris un jour que les anciens Grecs tenaient l'art de nager dans un tel honneur qu'ils stigmatisaient le cancre par ce mot foudroyant : *Il ne sait ni lire ni nager;* que nous traduisons, nous, citoyens de la décadence, par cette formule : Il ne sait ni lire ni écrire.

Comme c'était un devoir de se proposer pour modèles les grands hommes de la Grèce et de Rome dont on nous inculquait l'histoire, je voulais leur ressembler par leurs beaux côtés ; j'allais donc commencer mes études de natation, lorsqu'on me donna pour sujet de thème la triste aventure de ce grand nageur appelé Léandre qui traversait l'Hellespont à la nage pour aller trouver une dame Héro sur le bord opposé, et qui un vilain jour resta fâcheusement en chemin.

Du coup, je renonçai à l'imiter.

Quelques années plus tard, lord Byron ayant eu la fantaisie de faire la même traversée par le même procédé, et y ayant gagné une fièvre qui faillit l'enlever, je persistai de plus belle dans mon hydrophobie.

Ce qui ne doit pas vous empêcher d'aller à l'école de natation, quand ce ne serait que pour vous convaincre que le jour où Grandville y a fait son apparition il y a réellement trouvé le *plongeur,* le *rat d'eau,* le *grenouillard,* etc., et n'en a pas rapporté des caricatures.

XIX.
L'as de cœur m'annonce qu'il y a du trèfle dans votre affaire.

XIX

> Tant va la cruche à l'eau qu'à la fin..
> BEAUMARCHAIS

Les oiseaux de nuit, et en général tous les oiseaux de proie, passaient chez les Romains pour avoir la propriété de pronostiquer l'avenir.

Sœpè sinistra cavâ prædixit ab ilice cornix...

a dit Virgile.

C'est pour cela, sans doute, qu'une vieille chouette de mon voisinage a la réputation d'être une tireuse de cartes de premier ordre.

Aussi suis-je allé lui faire part de l'embarras dans lequel me jetait le dessin de Grandville avec sa brebis, sa chouette et son trèfle, et la prier de m'en expliquer la signification cabalistique.

En me voyant entrer, la sorcière au bec crochu s'est affublée d'un capuchon et a caché ses yeux sous des lunettes vertes dont les verres rayonnaient comme les pupilles d'un chat. A cet aspect, je n'ai pu m'empêcher de sourire.

— Vous venez me consulter, et vous ne croyez pas à mon

art, me dit-elle aussitôt; ignorez-vous donc que je ne puis, que je ne veux dire la vérité qu'aux croyants?

— Vous vous trompez, lui répondis-je; je ne viens point vous demander de me prédire ce qui doit m'arriver; j'en ai assez de votre art; la confiance que j'ai eue en lui m'a coûté le bonheur de ma vie...

— Que voulez-vous dire?

— Hélas! oui, sans votre art je serais probablement aujourd'hui notaire, marié, et père de plusieurs enfants.

— Expliquez-vous plus clairement.

— Mon Dieu! la chose est bien simple; j'étais jeune alors; j'avais vingt-quatre ans, et je faisais l'apprentissage monotone et abrutissant de la profession de notaire dans un chef-lieu de département; j'eus le bonheur de ne point déplaire à une jeune personne que j'aimais beaucoup; une proposition de mariage fut faite par ma famille et agréée par celle de la demoiselle : toutes les convenances s'y trouvaient; plus riche que moi, sa dot devait suffire à m'acheter une étude; je rêvais déjà une existence semée de roses, de contrats de vente, d'enfants et d'hypothèques, lorsque j'eus la fatale idée d'aller consulter une de vos pareilles; or, ma future était brune; la sorcière me la montra bientôt sous les apparences de la dame de pique...

— Et bien! de quoi vous plaignez-vous? Pallas, la Sagesse, Jeanne d'Arc!...

— Cette abominable dame de pique, si Jeanne d'Arc que vous la disiez, s'obstina pendant trois quarts d'heure à se montrer, bras dessus, bras dessous, avec le valet de carreau, tandis que moi j'étais le valet de cœur. Après un pareil pronostic, ma devineresse conclut de là que ce mariage serait de ma part une haute imprudence, dont les suites pourraient m'occasionner les plus vifs désagréments. A cette époque j'étais un *croyant*, comme vous disiez tout à l'heure ; je crus, je n'épousai pas, je quittai la ville habitée par celle que j'aimais, pour venir à Paris manger mon fonds avec mon revenu, et rester probablement jusqu'à la fin de mes jours apprenti grand écrivain.

— Votre prétendue tireuse de cartes était ignorante comme une mule d'Espagne et bête comme une oie bretonne, me répondit ma vieille chouette avec un ricanement aigu et sinistre ; elle ne vous a point fait le *Livre de Thot*, qu'elle ne connaissait peut-être seulement pas, ce livre miraculeusement échappé à l'incendie de la bibliothèque d'Alexandrie, ce livre dont se servait Marie Ambruget, la fameuse cartomancienne du temps de Louis XIV, ce livre qui était le *vade mecum* de Mlle Lenormand, et qui est aussi le mien. Ce *grand jeu* des grands mages, inventé par les Égyptiens, se compose de soixante-dix-huit tarots, et n'a absolument aucun rapport avec les cartes que vous connaissez. Si vous voulez...

— Non, grand merci ! je ne crois pas...

— Mais, alors, qu'êtes-vous donc venu faire chez moi ?

— Vous demander, en qualité de voisin, ce qu'a voulu dire Grandville avec ce trèfle.

— Votre Grandville n'y entend rien, ni vous non plus, s'écria-t-elle en faisant voler mon estampe avec le dos de sa main ; les tireuses de cartes du coin de la borne vous diraient que le trèfle signifie de l'argent ; moi, je vous dis que le trèfle est le fourrage de l'armée, comme le cœur en est la bravoure, comme le pique et le carreau en sont les armes.

Voilà tout ce que j'ai à vous dire, et laissez-moi tranquille avec votre insolent dessinateur, qui s'avise de représenter les cartomanciennes en oiseaux de nuit, comme si au contraire la cartomancie n'était pas le rayon de lumière qui éclaire l'avenir, comme si nous n'étions pas toutes magiciennes et descendantes du soleil...

La brave chouette commençait à s'exalter : son bec s'agitait, ses ongles se dressaient. Je lui fis la révérence, et descendis les degrés quatre à quatre.

En rentrant chez moi, je rencontrai un agronome. Il me prit le dessin des mains et se mit à rire en s'écriant :

— Oh! le trèfle est bon!

— Pourquoi donc est-il bon? lui demandai-je.

— Mais, parbleu, pour faire enfler les brebis!

Jeunes brebis, gardez-vous du trèfle et de la fougère, et de bien d'autres herbes encore. Aller au trèfle est presque aussi dangereux pour vous que d'aller au bois!

— XX.
— Allons! lambin..... de l'eau..... de l'eau!
— Et j' peux pas aller plus vite.

XX

MADAME CARPIER, riche veuve de 45 ans.
LE BARON FRINGANT.
LE COMTE ALEZAN.
FINETTE, femme de chambre de madame Carpier.
COLIMAÇON, domestique.

SCÈNE I

MADAME CARPIER, FINETTE.

FINETTE, entrant.

Madame a sonné?

MADAME CARPIER, avec embarras.

Oui, je voulais savoir... je n'ai pas de lettres?. Personne n'est venu?...

FINETTE.

Non, Madame, pas encore !...

MADAME CARPIER.

Pas encore! qu'est-ce à dire?

FINETTE.

Oh! mon Dieu, rien, Madame! (Jouant la timidité.) C'est que voyez-vous, je suis bien sûre qu'ils viendront aujourd'hui ces deux beaux messieurs qui viennent si souvent depuis quelque temps. Vous savez bien !... Et ce n'est pas pour dire, mais quoiqu'ils vous sachent très-riche, je suis sûre que ce n'est pas pour ça qu'ils vous en veulent; j'en mettrais ma main au feu. Des jeunes gens si bien! (A part.) et qui donnent de si belles étrennes!

MADAME CARPIER.

Taisez-vous, bavarde. Parce que j'ai des bontés pour vous, et que dans l'isolement où j'ai voulu rester depuis la perte cruelle que j'ai faite (Elle s'essuie les yeux) j'ai bien voulu vous traiter mieux que je ne devrais peut-être, vous abusez de ma bienveillance, et vous parlez à tort et à travers de choses que vous ignorez, et qui d'ailleurs ne vous regardent nullement. Où donc avez-vous pris toutes les sornettes que vous venez me raconter? Sans doute, M. le baron Fringant et M. le comte Alezan m'ont été présentés par la seule amie que j'aie voulu voir depuis la mort de mon pauvre M. Carpier (Elle s'essuie les yeux); mais est-ce une raison pour que vous vous montiez follement la tête, et que vous supposiez des choses qui ne sont pas, qui ne peuvent pas être, qui ne seront jamais? J'ai juré de garder éternelle fidélité à la mémoire de mon premier mari (Elle s'essuie les yeux); ce serment je le tiendrai malgré tout. (Elle pousse un profond soupir.)

FINETTE.

Mon Dieu, Madame, ne vous fâchez pas. Je croyais, moi, qu'on pouvait être fidèle à la mémoire de son premier mari, comme vous dites, et en épouser tout de même un second; il paraît que je me trompais, puisque Madame pense le contraire. Il suffit, on n'en parlera plus; et si Madame le désire, on fermera même la porte au nez de ces beaux messieurs. Oh! mon Dieu! ce n'est pas plus difficile que ça : Madame est sortie; Madame est trop indisposée pour recevoir : et puis ce sera toujours ainsi. Madame sera sortie ou indisposée.

MADAME CARPIER, à part.

Voyez donc la petite sotte. (Haut.) Mais non, mais non, vous allez d'un extrême à l'autre. En vérité, vous me faites frémir avec vos extravagances. Y pensez-vous, des impolitesses! Ne serait-ce pas d'ailleurs faire une injure indirecte à cette chère Laure, qui me donne tant de preuves d'amitié, et qui serait en droit de se plaindre de mes mauvais procédés envers ses deux protégés! Ne peut-on pas, après tout, recevoir quelqu'un sans être obligé d'en faire son mari? Et puis ils sont deux....., et je ne sache pas que vous vouliez me les faire épouser l'un et l'autre à la fois.

FINETTE.

Madame veut rire de moi sans doute. Ce n'est pas l'embarras, et si Madame ne tenait pas tant à la mémoire de son premier mari (Madame Carpier soupire), comme dit Madame, et qu'elle voulût se remarier avec l'un de ces deux messieurs, ça ne serait pas bien facile d'arranger la chose; car ils m'ont l'air furieusement montés l'un contre l'autre, à preuve que hier, quand ils sont sortis d'ici, ils se regardaient de travers, et que même ils parlaient de se battre au bois de Boulogne! que les jambes m'en tremblent encore!

MADAME CARPIER.

Oh! mon Dieu! que me dites-vous là, Finette? Serait-il possible? un pareil scandale à mon occasion! je n'y survivrais pas! Et s'ils allaient se tuer tous les deux! Je veux les voir, Finette; je veux m'assurer de la vérité de vos paroles, et, s'il le faut, si les choses en sont arrivées au point que vous dites, je saurai mettre fin à ces débats; je me dévouerai; je déclarerai hautement que je veux rester veuve, et alors....

On sonne.

FINETTE.

Justement, Madame, j'entends sonner. C'est peut-être l'un de ces Messieurs.

COLIMAÇON, annonçant.

M. le baron Fringant, M. le comte Alezan.

MADAME CARPIER, bas.

Tous les deux ensemble! Oh! je me sens défaillir. (Haut.) Messieurs...

SCÈNE II

Les Précédents; LE BARON FRINGANT, LE COMTE ALEZAN, *portant une boîte de pistolets.*

LE BARON FRINGANT ET LE COMTE ALEZAN, parlant ensemble.

Madame, la singularité de notre démarche se justifie par la situation exceptionnelle où nous sommes vis-à-vis de vous. L'un et l'autre nous prétendons à votre main; l'un et l'autre nous sommes décidés à remettre au sort des armes le prix qu'il nous est impossible de partager, et qu'aucun de nous ne veut céder à l'autre. L'un de nous deux mourra aujourd'hui, Madame, et puis....

MADAME CARPIER, en proie à la plus vive agitation.

Au nom du ciel, Messieurs, par pitié pour moi, déposez ces armes, et abandonnez votre fatal projet. Moi seule suis coupable; je ne le vois que trop; j'ai eu tort peut-être de vous laisser concevoir certaines espérances... Mais votre combat serait inutile; mon parti est pris; je veux rester veuve!...

LE BARON FRINGANT.

C'est impossible, Madame; une pareille résolution.....

LE COMTE ALEZAN.

Serait un sacrifice que nous saurons empêcher. Baron, partons.

LE BARON FRINGANT.

Comte, je suis à vos ordres.

Ils sortent. Le comte se retourne pour juger de l'effet.

MADAME CARPIER, se pâmant.

Finette, Finette, je me meurs.

FINETTE, soutenant madame Carpier. A Colimaçon.

Allons! lambin, de l'eau! de l'eau!

COLIMAÇON, se hâtant.

Et je peux pas aller plus vite.

MADAME CARPIER, revenant à elle.

Finette, Finette, où suis-je!... (Elle pousse un cri.) Oh! mon Dieu! et peut-être en ce moment!... Colimaçon, Colimaçon! Vite, vite; cours; non, prends une voiture; vole après ces Messieurs au bois de Boulogne; avertis le commissaire de police; qu'on empêche cet affreux duel. Oh! mon Dieu! ma tête se perd; dis tout ce que tu voudras pour les arrêter; dis que je ne veux pas qu'ils se battent; que je les épouserai tous deux!... Non, non, je ne sais plus ce que je dis.... Pars, pars.... (Elle tombe sur son fauteuil.)

SCÈNE III

(Deux heures plus tard.)

MADAME CARPIER, FINETTE, COLIMAÇON, arrivant tout essoufflé.

MADAME CARPIER.

Eh bien! où sont-ils? Parle, parle. Oh! que tu es lent!

COLIMAÇON.

Oh! ne vous inquiétez pas tant, Madame. Ils sont bien tranquilles, eux, allez. Figurez-vous que j'arrive, que je demande si on n'a pas vu dans le bois de Boulogne M. le baron Fringant et M. le comte Alezan qui doivent se battre; et voilà qu'on me dit qu'ils sont entrés dans le restaurant voisin. Tiens! que je dis, c'est encore pas mal drôle cette façon de se battre. Enfin, j'entre tout de même; et puis j'entends des éclats de rire, et qu'on parle de Madame. J'écoute; c'étaient ces deux messieurs qui s'alignaient avec des ailes de canard, et qui disaient comme quoi ils avaient fait semblant de se battre, afin que vous en choisissiez un des deux après qu'ils ne se seraient pas tués, attendu qu'il y en avait assez de votre fortune pour les contenter tous deux, et puis....

MADAME CARPIER.

Assez, assez! les ingrats! Finette, vous ne me parlerez plus que de mon pauvre M. Carpier; je reste veuve!...

FINETTE.

Nous verrons bien!

Que diable, Monsieur, on ne recule pas comme ça.

XXI

Le porc-épic, de l'ordre des rongeurs, proche parent du lapin, pas très-fort, pas très-gros, mais revêtu d'une pelure armée de pointes dures comme du fer, aiguës comme un stylet italien, qui le rend d'un accès fort difficile, et lui permet de faire l'insolent, surtout vis-à-vis des faibles, licence dont il se passe de temps en temps la fantaisie.

L'écrevisse, de l'ordre des décapodes, famille des macroures, tribu des homards; elle est douée de la faculté de s'avancer en reculant. On est sûr de la rencontrer à la condition de la prendre par derrière.

Le renard, rusé, fin, passé maître en fait de tours, n'aimant pas à batailler, mais habile à faire battre les autres, grand croqueur de poulets, comme dit La Fontaine, et très-expert quand il s'agit de satisfaire ses goûts au détriment des imbéciles qui se laissent duper ou des poltrons qui se laissent intimider.

Autrement pour le Français :

Le fier-à-bras, matamore d'estaminet, spadassin de bas

étage, héros de la tierce et du demi-cercle, toujours à la recherche de quelque niais, fils de famille timide et riche, lequel se trouvera fort heureux de rapporter d'une rencontre ses membres au complet et sa bourse considérablement diminuée par les frais d'un copieux déjeuner et les largesses sous toutes formes qui lui auront été imposées :

L'innocent jeune homme faisant son entrée dans le monde sous le double patronage, dangereux pour lui, d'une inexpérience éprouvée et d'un portefeuille meublé convenablement, presque toujours porteur d'une figure douce et agréable, mais qui déplaît invariablement à son ennemi naturel, le duelliste de profession; l'échappé du collége s'avance timidement, et, les yeux baissés, tient ses coudes près du corps et n'effleure qu'à peine la terre de ses pas mal assurés; c'est pourquoi il ne manque jamais d'avoir heurté violemment son chatouilleux adversaire, de lui avoir marché sur les pieds, ou de l'avoir regardé de travers.

Les compères du duelliste, fricoteurs émérites, entremetteurs intéressés, témoins jurés de ces sortes de rencontres, revêtus du costume de l'emploi : pantalon à plis et polonaise à brandebourgs passementés. Pourvus d'un odorat exercé et de jambes alertes, ils sont au fier-à-bras ce que le chien est au chasseur; ils sentent le gibier, le découvrent et le lancent. La curée, quand le cerf est aux abois et se rend, voilà leur mobile et leur but. Au reste, personnages prudents, et sachant jusqu'où il faut aller pour que le métier dure, il est rare qu'ils laissent couler le sang de leur victime; ils ne lui font que des blessures d'argent. A cela près, ils sont sans pitié; une fois l'affaire engagée, ils font merveille pour qu'elle aboutisse à la fin marquée d'avance ; et toujours elle aboutit comme celle que vous avez sous les yeux, c'est-à-dire à une conférence culinaire entre l'un des compères et le gâte-sauce, qui, dans le costume et les attributs traditionnels, écoute religieusement le menu du déjeuner confortable dont vous devinez qui sera l'amphitryon.

Cette scène tragi-comique est empruntée à des temps qui sont passés, pour ne plus revenir, il faut l'espérer. Elle n'est pour notre société actuelle, que le reflet de mœurs dont l'opinion publique et les progrès de la raison ont fait justice plus encore que les prohibitions légales. Héritage des époques barbares où les notions du droit ne pouvaient pas encore servir de contre-poids à la force, le duel était devenu, pendant les deux siècles qui ont précédé le nôtre, le passe-temps de grands seigneurs désœuvrés, qui, sous le plus futile prétexte, dégaînaient, quelquefois à la lueur d'un réverbère, et se tuaient le plus élégamment du monde pour l'honneur équivoque d'une coquette de la cour. Le duel est le triomphe de la mode, disait alors La Bruyère. En effet, c'était une affaire de mode, et comme la mode fut de tout temps la souveraine par excellence, rien n'y faisait ; les édits et les ordonnances les plus sévères demeuraient sans puissance contre un mal que la mode abritait sous son sceptre de droit divin.

La mode passe vite sans doute quand il s'agit d'habits et de colifichets, mais elle dure quand elle a pour objet de faire tuer les gens : on n'est pas pour rien le peuple le plus spirituel de la terre, que diable ! Mais Jean-Jacques, qui avait l'esprit chagrin et mal fait, et qui d'ailleurs n'était jamais content de rien, se prit d'humeur contre celle-ci, et se mit à ferrailler à sa manière, lui tout seul contre tous les duellistes de son temps. Il trouva, ma foi! ses plus éloquentes pages sur ce sujet de morale et de philosophie ; et je ne crois pas que le duel se soit jamais relevé des passes brillantes et des terribles bottes que lui porta son rude adversaire, témoin son apostrophe si connue : *Et qu'en veux-tu faire de ce sang, bête féroce? Veux-tu le boire?*

Après les duels des grands seigneurs et des raffinés, les duels des *piliers de café* et des spadassins faméliques; mais aussi après La Bruyère et Jean-Jacques, Grandville; après la dialectique et la parole, la satire mordante et le crayon.

Désormais la mode homicide a fait son temps. Entamée par les moralistes qui l'ont attaquée dans les hauteurs de la société, elle fut peu à peu rejetée dans les bas-fonds, où elle trouva la caricature qui lui donna le coup de grâce ; elle ne s'en relèvera pas. On se bat peu aujourd'hui, et si l'on se bat, ce n'est au moins que pour des causes sérieuses, et encore parce que, dans notre organisation sociale, l'honnête homme n'est pas toujours suffisamment protégé contre l'insulteur. En tout cas, le duel n'est plus une mode, le duel ne peut plus être une spéculation, et c'est de presque tout le monde que l'on peut dire aujourd'hui avec le poëte Lebrun :

Jamais l'affreux duel, monstre impie et farouche,
N'arma tes mains d'un glaive au meurtre préparé.

XXII.
De l'ensemble donc f.......!

XXII

Il n'existe pas de plus bel état que celui de soldat, ainsi que cela nous a été victorieusement prouvé par M. Scribe, qui s'est même entendu à cet égard avec Boïeldieu pour la musique.

Eh bien ! malgré cela, il y a encore chaque année un certain nombre de conscrits qui n'embrassent cette agréable profession qu'en rechignant : cela tient probablement à ce qu'ils n'ont pas vu jouer *la Dame blanche*.

Pour ne pas prendre goût à l'état de soldat dès l'arrivée à la caserne, il faut n'aimer ni la gloire ni le pain de munition.

Je passe sous silence les succès que tout jeune homme est sûr d'obtenir auprès du beau sexe, dès qu'il endosse le pantalon garance, si toutefois le verbe endosser est ici mis à sa place.

Ce qui sourit le moins à certains néophytes, lorsqu'ils débutent dans la vie de régiment, c'est l'exercice; ils trouvent que c'est monotone : il y a des gens qui ont le caractère si mal fait !

Rien au contraire ne devrait sembler moins monotone que l'exercice, surtout à des gens de labour habitués dès leur enfance à conduire des bœufs du matin au soir, en chantant la romance de Pierre Dupont, quand ils savent chanter.

La seule distraction de cette journée champêtre consiste, de temps en temps, à recevoir un coup de corne ; trouvez-vous cela gai ?

L'exercice du fantassin français a été combiné, au contraire, de telle sorte que la variété la plus grande règne dans une leçon de quatre heures ; ce n'est même pas une leçon, c'est un divertissement.

Rien que la charge du fusil est décomposée en douze temps, tellement on cherche la variété, tellement on veut désennuyer le conscrit.

Aussi ne voit-on jamais bâiller dans les rangs pendant la durée de l'exercice ; et cela, parce que le soldat s'amuse véritablement, et non, je vous prie de le croire, par la crainte d'être fourré pour cinq jours à la salle de police, s'il se permettait d'écarter démesurément les mâchoires sans commandement.

De même pour le pas ; il semble que rien ne soit plus facile que de marcher. Eh bien ! ce n'est qu'en arrivant au régiment que le conscrit apprécie toutes les nuances du pas ordinaire et du pas accéléré ; cela ne demande pas moins de trois mois. Il est vrai que certains élèves ont la tête dure et le pied raide. Il est surtout certains mouvements qu'ils n'exécutent pas d'abord avec facilité ; nombre de fois, on en a vu hésiter lorsque l'instructeur lui disait avec la voix de basse-taille qui appartient à cette institution :

— *Au commandement de* ARCHE, *vous rapprocherez vivement le pied qui est à terre à côté de celui qui est en l'air, et vous resterez fixes et mobiles !*

Les bas Bretons surtout font le désespoir des sergents qui sont chargés de leur donner une brillante éducation, et quelques Alsaciens excitent aussi de temps en temps des mouvements d'impatience chez leur professeur.

C'est alors que le sergent se permet de les traiter de *crétins*, ce qui est une inconséquence, attendu que l'Alsace ne produit pas de ces phénomènes : c'est dans le Valais seulement qu'on peut s'en procurer.

L'instructeur lance aussi certains petits jurons ; mais on a bien pardonné ce petit défaut à *Vert-Vert*, qui n'était pourtant qu'un simple perroquet, et qui n'avait pas l'excuse d'avoir les nerfs agacés par des serins.

Après cela est-ce un grand crime que de dire *fichtre !* Car telle est l'exclamation qui m'a l'air de sortir de la bouche du sergent instructeur au moment où il a été daguerréotypé par Grandville. Les Auvergnants disent bien perpétuellement : *Fouchtra*, et ils n'en sont pas moins reçus dans la meilleure société : pas un hôtel du faubourg Saint-Honoré, et même du faubourg Saint-Germain, où vous ne rencontriez au moins un Auvergnat sur les escaliers, de huit à neuf heures du matin.

Nous disions qu'en général les conscrits ne connaissent pas assez *la Dame blanche*, et notamment l'air de George Brown ; mais en revanche ils connaissent beaucoup trop, au moins de réputation, l'hôtel des Invalides ; et c'est-là ce qui refroidit leur enthousiasme pour la belle carrière des armes.

On croit encore, surtout dans les campagnes, qu'on ne peut aller à la guerre sans en revenir avec une jambe de bois, ou un nez en argent; c'est là un préjugé qu'il serait bon de déraciner dans l'esprit des villageois.

D'après des calculs authentiques, et que l'on trouve relatés dans des ouvrages non moins instructifs que rassurants, on a acquis la preuve que, sur dix mille coups de fusil tirés à la guerre, un seul coup porte et abat un homme : vous conviendrez qu'il faut avoir furieusement de malheur pour être cet homme-là.

Voilà des notions qu'il serait bon de répandre parmi les conscrits. De plus, ceux que l'on dirige sur les garnisons de Paris pourraient être conduits à une représentation du théâtre du Cirque, boulevard du Temple; ils y verraient des batailles terribles dans lesquelles des régiments entiers se couvrent de gloire sans qu'un seul combattant soit blessé.

En sortant de là, les conscrits les plus timorés auraient repris toute leur assurance, et le lendemain, lorsqu'on leur commanderait d'aller à l'exercice, ils s'y rendraient gaiement, mais en emboîtant régulièrement le pas : même dans les moments de la plus grande allégresse, le pas doit être respecté.

De même lorsqu'on commande : *Fixe*, personne ne doit plus bouger. Car, ainsi que l'a dit un ancien militaire : *L'immobilité est le plus beau mouvement du soldat !*

XXIII.

L'attente d'un convive.

XXIII

Le *pique-assiette* est un de ces types qui commencent à se perdre en France, à l'instar des carlins, famille naguère si nombreuse, et dont le dernier membre a été bourré de foin par un aide-empailleur du Muséum en l'an 1817 ; grâce à cet ingénieux procédé de conservation, ce carlin est encore, à l'heure qu'il est, un des principaux ornements de la grande galerie du Jardin-des-Plantes, où il est visible les mercredi et vendredi de chaque semaine.

Si le pique-assiette tend à disparaître, cela ne tient pas à ce que l'appétit des hommes diminue sensiblement, ainsi que le prétendent certains vieillards, qui ont plusieurs motifs pour ne pouvoir plus manger, même du bout des dents ; la raison de la rareté des pique-assiettes en 1853, vient uniquement de ce que rien n'est plus rare aujourd'hui que ce qu'on appelait naguère une *table ouverte*. Maintenant, la plupart des logis sont fermés, et parfaitement fermés, au moment solennel où la cuisinière sert le potage. Sous ce rapport je regrette le bon vieux temps.

Mieux vaudrait aller carillonner à la porte d'un bourgeois de Paris après minuit que de le déranger au moment où il se met à table.

Le pique-assiette, l'homme qui vient s'asseoir malgré vous à votre table, est désagréable ; mais un convive qui se fait attendre est encore cent fois plus insupportable.

Qu'il soit maudit des dieux et des cuisiniers le flâneur qui, invité pour six heures précises, arrive à sept heures moins un quart, parce que, ayant rencontré un ami dans le passage Jouffroy, il s'est cru obligé de causer avec lui pendant trois quarts d'heure de la question d'Orient, ou bien parce qu'il a jugé à propos, au moment où il traversait le Pont-Neuf, de faire un léger détour pour aller voir la frégate-école amarrée auprès du pont d'Iéna.

Et pendant ce temps le potage déjà servi se refroidit, et le rôti rôtit outre mesure.

On dit que l'attente est cruelle quand on attend sa belle, mais elle est cent fois plus pénible encore quand c'est un convive qu'on attend, surtout si le maître de la maison a croyance aux vieux dictons, et vous a fait asseoir à table dans l'espoir que cela ferait arriver plus vite le retardataire.

Être à table et ne pas manger, c'est le supplice de Tantale, et même pis encore, car Tantale savait que tous les efforts qu'il ferait pour attraper une tranche de pâté ou une portion de melon n'aboutiraient à rien : c'était donc à lui d'avoir la raison de se tenir tranquille ; tandis que les invités qui sont dans l'attente d'un convive n'ont que le bras à allonger pour mettre la main sur une sardine ou sur une olive farcie, et il faut qu'ils aient la force de se retenir !

Rien n'est plus curieux à étudier que la physionomie de convives non moins affamés que civilisés, attendant un retardataire mal élevé. Chacun imagine un moyen plus ou moins ingénieux pour tuer le temps et pour tromper son appétit.

L'un regarde le fond de son assiette et cherche à étudier des détails d'ornements qui n'existent pas.

L'autre relit pour la vingtième fois le nom du coutelier d'Oxford qui est censé avoir fabriqué le couteau parfaitement français qu'il tient entre les mains.

Celui-ci enlève les petites tares imperceptibles qui se trouvent sur le pain, dans lequel il voudrait bien pouvoir mordre à belles dents.

Celui-là, enfin, c'est le maître de la maison, passe son temps à déboucher les bouteilles et à en essuyer convenablement le goulot, — et le convive se fait toujours attendre !

Il serait à souhaiter, dans l'intérêt des gastronomes ou même simplement des gens qui craignent les gastrites, de rendre une loi qui punirait d'une amende de six francs à cent louis tout individu qui, invité à dîner, n'arriverait pas à l'heure juste.

On punit de onze francs d'amende des méfaits bien plus légers !

Je n'ai pas besoin d'être plus explicite.

Il va sans dire que le convive en avance sur la pendule ne serait sujet à aucune pénalité, car je ne demande pas que tous les convives se précipitent simultanément dans la salle à manger au coup de six heures.

Si l'exactitude est la politesse des rois, à plus forte

raison doit-elle être celle des individus auxquels on fait la gracieuseté de les engager à venir prendre part à un bon dîner, car j'admets que tout dîner offert à un ami doit être bon.

Je demande une pénalité bien plus grande encore pour les individus qui, sous prétexte qu'on est leur ami, vous invitent à venir partager un affreux petit morceau de bœuf bouilli caché dans un buisson de persil.

Ils appellent cela la *fortune du pot!*

Si c'est ainsi qu'ils traitent leurs amis, que feraient-ils donc manger à leurs ennemis!

XXIV.

Oh! le monstre d'homme! y nous suit toujours.

XXIV

Il y aurait une charmante comédie à écrire, une comédie de mauvaises mœurs peut-être, avec *le Monsieur qui suit les femmes*, un de ces *Monsieur* que l'on pourrait appeler les péripatéticiens de l'amour. Mais j'y songe, cette petite comédie a été faite, dans le cadre d'une bouffonnerie spirituelle. N'en parlons plus.

En général, les péripatéticiens de l'amour, les marcheurs de la galanterie, ne sont plus tout à fait jeunes, et fort souvent ils sont déjà vieux. La jeunesse, quand elle suit une femme, se fatigue très-vite; il n'y a que la vieillesse qui soit infatigable en pareil cas. Elle est pressée par le temps; elle a besoin d'illusions et de succès faciles; comme elle désespère de réussir à faire l'amour, elle ne demande pas mieux que de le trouver tout fait. La vieillesse galante sait à quoi s'en tenir sur la galanterie; elle sait que la galanterie ressemble à l'esprit : elle court les rues. Il faut croire qu'elle finit par rentrer dans les maisons; la grande question est de la suivre jusque-là, en marchant dans ses petits souliers. On risque de monter un peu haut; mais on ne regrette ordinairement sa peine qu'en descendant; et, chose étrange! chose profonde! malgré la fatigue de la course, dans un véritable voyage à Cythère, on descend plus vite qu'on n'était monté !

J'ai connu autrefois un vieux galantin, moitié bouc et moitié notaire, qui a peut-être posé devant le crayon et devant l'observation de Grandville. Il avait toujours le temps de suivre les femmes, et il en avait aussi la manie. Il courait, il cherchait, il furetait, du matin au soir ; il s'efforçait d'attraper le plaisir, et jamais il ne se fâchait contre le plaisir qui l'avait attrapé. Il était l'homme de l'heure et du moment, voulant connaître toutes les femmes, et n'en voulant pas reconnaître une seule ; grand faiseur de promesses, et s'en tirant au meilleur marché possible, mais toujours trop cher.

Ce bouc, ce notaire, ce coureur, ce galantin, comme il vous plaira, excellait véritablement à suivre les femmes, et il nous disait que c'était là tout son esprit, toute sa vocation. Il ne suffit pas, pour suivre une femme, de marcher derrière une robe qui passe ; on ne la suit pas davantage en marchant tout près de cette robe, en l'effleurant, en la chiffonnant, comme si on la tutoyait déjà. Suivre une femme est, en effet, une vocation ou un talent, une qualité ou un artifice, avec quelque chose qui ressemble à un jeu de patience. Notre homme avait le génie de ces sortes d'affaires : il faisait son petit métier, en public, avec une façon de mystère, avec une habileté secrète qui l'empêchait de se donner en comédie. Il y mettait à la fois de la diplomatie et de la stratégie : il parlait et il agissait ; il négociait et il combattait en même temps. Il connaissait les mots qui font parler, il trouvait les questions qui font répondre. Il montrait à propos ce qui reluisait dans sa personne. Quand il avait glissé quelque parole périlleuse, il s'arrêtait tout court pour saluer. Il ne se contentait pas de suivre : il savait poursuivre. Il ne se rebutait de rien : il souriait à la mauvaise humeur, il pardonnait à l'impertinence, et il faisait fi de la colère. Quand on l'appelait *monstre*, du bout des lèvres, avec une petite moue de dédain et d'impatience, il se persuadait volontiers qu'on devait finir par l'appeler *mon ange!*

Le galant dont il s'agit imagina, dans un moment désespéré, le fameux expédient de la *robe déchirée;* voici cet expédient, que je recommande à tous les **Monsieurs qui suivent les femmes**, dans l'intérêt de la galanterie et du commerce.

Une brebis passait : le bouc n'était pas loin. La brebis était jeune, presque modeste, simple et jolie : le bouc se prit à la suivre. La brebis ressemblait à une de ces filles charmantes qui sont déjà parties, mais qui ne sont point encore arrivées ; elle trottait menu, baissant les yeux et les levant aussi, cherchant sa route et son étoile ; pour mieux faire son chemin, elle portait des souliers neufs qu'elle venait d'acheter d'occasion. La brebis n'était point riche : on le voyait à sa toison, pauvre toison, une robe et un mantelet de mérinos! N'importe; elle avait une grâce qui relevait sa jeunesse et sa beauté ; on devinait qu'elle était faite pour réussir, et qu'elle attendait l'occasion de briller : elle avait déjà des diamants dans les yeux.

Le bouc continuait à la suivre, sans trop d'espoir ; il y perdait son meilleur génie : il avait compté sans la timidité d'une brebis qui n'avait pas encore le courage de ses opinions. Il épuisait en vain le vocabulaire qui lui avait tant réussi en de pareilles rencontres ; il semblait tirer aux moineaux la poudre de la galanterie parisienne. Il avait beau parler du bruit et de la cohue, de la ville et de la campagne, des bals et des spectacles, des modes et des bijoux, de l'hiver et de l'été, de la pluie et du soleil ; il avait beau lui souffler qu'il avait de l'honnêteté en portefeuille, du sentiment en billets de banque, de la considération en rentes sur l'État, rien n'y faisait vraiment, et le bouc avait raison de crier au miracle !

La brebis allait tout droit son chemin et son orgueil : pas un mot, pas un regard, pas un sourire. Elle ne daignait pas même s'effrayer et s'écarter. Le bouc résolut de réussir, à tout prix ; il se mit à jouer avec sa canne, qui n'était pas précisément une *badine;* il en joua si mal, ou plutôt si bien, qu'il accrocha la robe de la jeune fille, et voilà la robe toute déchirée ! Le dénouement se devine : on s'excuse, on veut réparer sa faute, on profite du trouble de la brebis, on l'entraîne dans un magasin, on la couvre de soie, et le tour est fait,... des deux côtés. Il faudrait n'avoir pas trois louis dans sa poche, pour se priver du plaisir d'habiller une jolie brebis un peu tondue.

Le grand tort des adolescents, des naïfs et des jeunes, quand ils s'exercent à suivre les femmes, c'est de ne savoir point offrir ce qui est acceptable : ils offrent des soupirs inutiles, et ils ne reçoivent que des espérances lointaines. Il faut étudier le système du bouc, jusqu'à la robe inclusivement.

C'est odieux ! c'est affreux ! c'est grotesque ! mais ce qui est certain, c'est qu'on suivra les femmes dans tous les temps. Il me paraît juste d'ajouter qu'il y aura, dans tous les temps, des femmes qui ne demanderont pas mieux que d'être suivies.

XXV.
Leçons de danse.

XXV

Il s'appelle Oscar ou Alfred ; il est soigné de sa personne, verni, frisé, ganté, parfumé, tiré à quatre épingles, et bête comme un chou. Il est danseur.

Le soir, à l'Opéra, il se déshabille en berger. Pompadour, il fait des effets de cuisse, il sourit, il se décollète, il montre sa poitrine, il bat des entrechats, il bondit, il tourne sur lui-même, comme une toupie d'Allemagne ; il ravale la nature humaine au plus triste, au plus absurde niveau. Le jour, en ville, il court le cachet, il enseigne les grâces, il professe le maintien ; ou bien il fait un cours chez lui, et il initie les fils de bonnetiers, de charcutiers et de lampistes aux mystères de la valse, aux séductions de la schotisch, de la rédowa, de la mazurka et de la polka.

Tous ces jolis messieurs que vous rencontrez dans le monde, pendant l'hiver, glissant sur les parquets, pareils à des sylphes, avec de petits habits, de petits souliers, de petites moustaches et de petites intelligences, c'est lui qui les a formés ; ils sont sa gloire, son triomphe, son honneur ; et l'on peut dire que le maître est digne des élèves, tout comme les élèves sont dignes du professeur.

A ce métier, non-seulement il vit dans l'aisance, ne se refuse aucun caprice, se passe ses moindres fantaisies, mais encore il s'enrichit, achète du trois pour cent, spécule à la Bourse, et fait construire dans la banlieue parisienne une villa à deux étages, ornée d'un paratonnerre, d'une girouette, d'une marquise, de jalousies peintes en vert, et de statuettes en plâtre, représentant, ou peu s'en faut, Camargo et la Guimard.

L'Oscar ou l'Alfred, mis en scène par Grandville, est le type du genre, le prototype de l'espèce, l'archétype de la corporation. M. et Mme Durognon l'ont fait appeler, et le voilà introduit dans cette famille non moins idiote que grotesque. M. Durognon est un ex-boucher, qui s'est retiré des affaires avec une fortune très-grasse et deux filles très-maigres. Il s'agit de procurer une tournure gracieuse à ces deux sauterelles; et ce n'est pas une mince besogne, il faut en convenir. Le père et la mère, en gens qui connaissent *la nouvelle Héloïse*, assistent aux leçons, et leur présence a ce double avantage, qu'ils surveillent de près le trop séduisant professeur, et qu'ils s'initient par-dessus le marché aux difficultés d'un art qui leur est complètement étranger. Même Mme Durognon prend goût à la chose, à ce point qu'elle ne serait pas éloignée d'induire son époux en une polka posthume et sexagénaire. Malheureusement, l'ancien boucher est un peu ours de sa nature; et ce n'est qu'en grognant qu'il se prête au caprice de son effroyable moitié.

Assurément, voilà une famille ridicule de tout point. Les filles sont laides, les parents sont absurdes; chez ces quatre personnes, le moral est juste au niveau du physique, c'est-à-dire au-dessous de zéro.... Mais tout cela est riche !

A force de fourrer adroitement des os dans ses balances, le sieur Durognon a économisé plusieurs millions ; il donnera de grosses dots à mesdemoiselles ses filles ; on le sait dans la ville, et tenez pour certain que les galants ne feront pas défaut, au contraire :

Il s'en présentera, gardez-vous d'en douter.

Et j'entends des plus nobles, des plus distingués, des plus jolis, des plus mignons et des mieux titrés. Mademoiselle Durognon l'aînée sera comtesse si elle le désire ; la cadette fera peindre le manteau doublé d'hermine de la pairie sur les panneaux de sa voiture. Elles feront les beaux soirs de l'Opéra français et de l'Opéra italien ; elles iront à la cour, et il se trouvera quelqu'un pour affirmer qu'elles sont belles comme des anges et spirituelles comme des démons. — Tant nous sommes un peuple lâche, toujours à plat ventre devant le dieu Cent-Sous !

En attendant qu'elles s'accomplissent, ces destinées glorieuses, mesdemoiselles Durognon ne sont encore que deux filles sans charmes, sans grâces, sans tournure, etc. On les croirait habillées avec un fourreau de parapluie. Aussi il fait beau voir comme le pauvre professeur s'agite, s'essouffle, se démène, joignant l'action à la parole, l'exemple au précepte, la pratique aux théories. Il me semble lui entendre dire comme au maître à danser, d'*Il ne faut jurer de rien* : « Mais, Mademoiselle, vous regardez à gauche et vous allez à droite ; vous regardez à droite et vous allez à gauche ; il n'y a rien de plus naturel ! » O raisonnement superbe, mirifique, et bien digne de la cervelle creuse de ce maître crétin !

Et dire que pour arriver à être un danseur à peu près supportable, il faut se livrer à de véritables travaux d'Hercule, se broyer les pieds dans des instruments de torture, se briser le corps par des exercices odieux, se martyriser soi-même durant de longues années... et tant de sueurs, tant de supplices, pour aboutir où?.. je vous le demande! A occuper dans l'échelle des êtres humains une place inférieure à celle du singe!

Dieu créa l'homme à son image; soit! mais alors le danseur n'est pas un homme. C. Q. F. D., comme disent les professeurs de mathématiques. *Ce qu'il fallait démontrer,* — explication à l'usage des Oscar et des Alfred.

Disons avant de finir qu'il n'est pas de règle si absolue qui ne souffre d'exception. Mabile, Petipa, Saint-Léon, sont des hommes distingués à tous égards, quoique danseurs; et s'ils s'élèvent au-dessus de leurs confrères, ce n'est pas uniquement par l'énergie de leurs entrechats et par l'élasticité de leurs jetés-battus.

XXVI.
Misère. — Hypocrisie. — Convoitise.

XXVI.
Misère. — Hypocrisie. — Convoitise.

XXVI

Au banquet de la vie, infortuné convive,
J'apparus un jour, et je meurs.
Je meurs, et sur la tombe où lentement j'arrive
Nul ne viendra verser des pleurs.

GILBERT.

Le poëte s'en allait seul, abandonné, après avoir passé sur cette terre comme s'il avait traversé un désert. Pas une larme de regret ne devait tomber sur son lit d'agonie, pas une douleur d'ami ne devait l'escorter dans ce dernier trajet de l'hôpital à la tombe; le poëte n'avait pas de caniche, ce pleureur désintéressé du convoi du pauvre. Seul il avait vécu, seul il allait mourir.

Voici un de ses confrères qui ne peut pas en dire autant; son grabat de douleur est suffisamment entouré. Il meurt en compagnie, celui-là; mais quelle compagnie! mieux vaudrait mourir dans l'abandon le plus absolu. Désolant spectacle que l'artiste a trouvé dans son cœur, et qui n'en est pas moins empreint d'une réalité saisissante! Drame et comédie, comme dans presque toutes les choses d'ici-bas: le grotesque à côté du terrible, le rire fou après les larmes et le désespoir, Falstaff et Richard, l'éternelle antithèse de la vie humaine se résumant dans ce tableau, groupe où le malheureux qui vient d'expirer n'est pleuré que par l'ennemi acharné de toute sa vie, et dont la dépouille mortelle est attendue par les oiseaux sinistres qu'attire l'odeur des cadavres.

La vie n'avait été pour lui qu'une longue et cruelle déception. Crédule et bon, il avait cru aux protestations menteuses de ceux qui, faisant tourner ses qualités à leur profit, le délaissaient après s'être servis de lui. Sans ambition et dénué de l'esprit d'intrigue, il s'était toujours payé des belles paroles qu'on lui prodiguait, monnaie qui n'a cours que dans le monde des rêves, et dont la possession vous ouvre à deux battants les portes de l'hôpital.

Notre pauvre rat poëte avait préféré un grenier, lui. Il avait l'âme fière. Il était d'ailleurs comme tous les nobles cœurs, il aimait l'indépendance, et de même que la liberté dans une mansarde lui avait toujours semblé préférable à l'esclavage dans certaines domesticités opulentes, de même il avait choisi pour théâtre de sa dernière lutte avec cette vie d'épreuves, l'asile où il s'était réfugié.

Du reste, sa pauvreté avait toujours été inquiète et troublée : *à vingt ans il n'avait pas été bien dans son grenier*, et plus tard, lorsque tout meurtri par ses rencontres avec le malheur, il s'était résigné à vivre pour souffrir, il n'avait pu chanter ces vers qui certes n'étaient pas faits pour lui :

> Dans ma retraite, où l'on voit l'indigence
> Sans m'éveiller assise à mon chevet,
> Grâce aux amours, bercé par l'espérance,
> D'un lit plus doux je rêve le duvet.

Ces quatre vers étaient une affreuse mystification que lui envoyait sans le savoir un poëte, grand philosophe sans doute, mais qui n'avait jamais connu l'indigence, la vraie, celle qui veille à vos côtés sous la forme tantalesque d'un dîner que vous ne mangerez jamais. En revanche, ce même poëte philosophe avait, dit-on, beaucoup connu l'amour, et rien ne prédispose au hamac de l'Espérance comme le bonheur en amour; or, ce hamac étant un lit délicieux, je ne vois pas trop pourquoi on peut éprouver le besoin d'en rêver un plus doux. Mais l'indigence des chansonniers est une muse si fantasque !

Bref, le spectre décharné qui s'asseyait au chevet de notre pauvre poëte, chassait le sommeil de ses paupières; l'amour était pour lui quelque chose qui pouvait avoir existé avant le déluge, mais qui, n'ayant pas été recueilli par Noé dans l'arche, n'avait jamais pu se reproduire; l'Espérance, sur ses ailes dorées, volait à des hauteurs si grandes que l'œil du malheureux n'avait jamais pu l'apercevoir; et quant au duvet d'un lit plus doux, voici le rêve, suivi cette fois de la réalité :

Deux X supportant une planche dont l'édredon moelleux servait de couche au pauvre diable; le tout recouvert par une chose antique dont l'étoffe et la couleur primitives avaient depuis longtemps disparu sous les mille pièces juxtaposées à l'aide desquelles on avait voulu panser ses blessures, œuvres du temps.

Du reste, tout était à l'avenant dans cette retraite; comme dit le spirituel chansonnier, on y voyait régner l'harmonie de la misère : un guéridon délabré, supportant des bocaux et autres vases pharmaceutiques; un débris de meuble qui avait dû être primitivement une chaise, et dont les ais rompus de toute part, les bâtons tombés à terre, et la paille du siége s'épanouissant tout autour, semblaient grimacer ironiquement aux yeux de qui aurait voulu s'y asseoir. Le moribond, la tête appuyée sur une vieille valise qui lui servait d'oreiller, avait vu accourir, au premier bruit de sa maladie, son voisin des gouttières, et ce concours empressé dans ce moment extrême avait bien paru quelque peu suspect à la victime; mais l'hypocrite avait si bien fait patte de velours, il s'était montré si attendri, si dévoué, que le pauvre rat, toujours confiant, s'était abandonné à ses soins.

Et voilà pourquoi sur le guéridon s'étale ce flacon vidé dont l'inscription dit assez ce qu'il contenait. Le malade n'y a pas résisté. Le fourbe le savait bien quand il a conseillé le remède. Traiter un rat par un topique exceptionnellement fait pour les chevaux! Aussi le voilà qui s'applaudit. Ce mouchoir qui semble essuyer des larmes, cache mal le ravissement où la mort de l'infortuné jette son éternel ennemi; le drapeau de la victoire sort triomphalement de sa poche, portant sa devise infernale : Mort au rat!

En effet, il est bien mort; le voilà dans l'attitude consacrée. Son meurtrier l'a disposé pour le dernier voyage!

Il n'est plus, car j'aperçois au pied de son grabat la troupe noire des oiseaux de la mort! Il n'est plus... Priez pour lui!

XXVII.
La mienne est assurée aussi, j' m'en moque.

XXVII

Ma parole d'honneur, si je n'étais homme de lettres je voudrais être pompier.

Le pompier, de Paris du moins, jouit de tous les agréments du civil et du militaire : il ne change jamais de garnison ; il est vu d'un bon œil par les hommes et d'un œil meilleur encore par les femmes ; il est logé, nourri, blanchi, tuniqué, chaussé et casqué par le gouvernement. Que peut-il désirer de plus ?

Ajoutons que le pompier qui désire un bouillon n'a pas besoin de s'adresser à la Compagnie Hollandaise ; il lui suffit de manifester son désir à la première cuisinière française qui lui tombe sous la prunelle.

On n'a pas d'exemple dans l'histoire de Paris d'un bouillon refusé par un cordon bleu à un joli pompier, et tous les pompiers sont jolis....

Ceux qui ont le nez défectueux corrigent facilement ce

léger défaut : il leur suffit de porter le casque un peu plus sur le front, et il n'y paraît plus.

Essayez d'employer le même procédé avec un chapeau Gibus, et vous n'en serez que cent fois plus laid.

En province, le pompier jouit de beaucoup moins d'agréments qu'à Paris ; il exerce cette profession gratuitement, et ses seuls avantages consistent à porter sur son casque, les jours de fêtes publiques, une chenille plus grosse que nature.

Le pompier est, jour et nuit, préparé à courir les plus grands dangers pour sauver les maisons que menacent les flammes ; et, chose singulière, au milieu des incendies les plus violents, il arrive très-souvent qu'une seule personne conserve la plus grande tranquillité d'esprit : c'est le propriétaire, surtout lorsque son immeuble a été assuré pour le double de sa valeur.

Heureux encore quand ce n'est pas cette personne elle-même qui s'est passé la fantaisie d'y mettre le feu ; ce coup de commerce, infiniment trop hardi, lorsqu'il ne mène pas notre homme à la fortune, le conduit en droite ligne sur les bancs de la cour d'assises.

Dans ce cas, il se trouve presque toujours un avocat qui, avec des larmes dans la voix, prouve aux jurés que plus son client est un gueux fini, plus il mérite qu'on admette en sa faveur des circonstances atténuantes.

« Cet homme, s'écrie le défenseur, est déjà bien assez malheureux d'avoir pris inutilement la peine de battre longtemps le briquet avant de se procurer le feu nécessaire pour allumer sa maison ; de plus, n'est-il pas déjà assez puni en se voyant ruiné par cette fausse spéculation? N'ajoutez donc pas à tous ces chagrins celui de l'envoyer pendant vingt ans à Toulon, dans une ville où il ne connaît absolument personne, et où l'air de la mer, beaucoup trop vif pour son nez, ne manquera pas de l'enrhumer du cerveau ! Rendez plutôt, rendez cet homme, un instant égaré, à une société dont il redeviendra peut-être l'un des principaux ornements; qui sait (ajoute-t-il en pleurant tout à fait), qui sait même si un jour cet homme ne se fera pas pompier ! »

Il est à remarquer que ce sont surtout les bons villageois qui aiment à brûler leur petite maison, quelques mois après qu'ils ont été faire une visite au directeur de la compagnie du *Phénix* de leur arrondissement; ils trouvent tout naturel d'essayer de rattraper ainsi ce que leur a fait perdre la maladie sur les pommes de terre, et ils ne s'imaginent pas faire mal.

O aimable candeur pastorale !

Il est vrai que c'est aussi un campagnard nommé Caïn qui le premier a eu l'idée de commettre un assassinat; puis, un peu plus tard, d'autres pasteurs vendirent leur frère Joseph pour huit francs, au comptant sans escompte.

Mais revenons à nos moutons, je veux dire aux pompiers. Grandville les montre sous la forme d'éléphants, sans doute pour mieux nous faire apprécier l'intelligence avec laquelle ils combattent les incendies ; mais pour courir sur les toits il faut que ces éléphants aient en même temps l'agilité des chats.

Lorsqu'il n'est pas de service, le pompier ne songe qu'à une chose, à incendier des cœurs ! et il y arrive facilement ; il n'est pas de cuisinière ou d'écaillère qui ne soit flattée d'être courtisée par un homme à casque.

Je suis sûr que lorsque le démon tentateur a voulu séduire la première femme, il a eu soin de se munir d'un casque, et surtout d'un casque à chenille ; et il a dû lui être d'autant plus facile de se procurer ce dernier accessoire, que la scène se passait dans un jardin.

XXVIII.

Soyez sans inquiétude, Monsieur : deux mois de traitement, et je vous renvoie votre fils aussi droit que vous et moi.

XXVIII

> Os homini sublime dedit, cœlumque tueri
> Jussit, et erectos ad sidera tollere vultus.
> OVIDE.

> Hic Polichinellus, gibboso pectore, tergo
> gibboso....
> LE PREMIER VENU.

Il est incontestable que l'homme est sorti des mains de son Créateur beau de visage et parfait de formes. Jamais on n'a entendu dire qu'Adam fût bancal, borgne ou manchot. Il marchait au contraire, dans le paradis terrestre, droit comme un I; il avait de grands yeux très-brillants, et je vous assure qu'il ne fut pas le moins du monde embarrassé de ses mains lorsqu'il voulut prendre la pomme qui nous a tous perdus! Pour lui et pour nous, que n'avait-il le bras en écharpe! Quant à Ève, on n'a jamais vu de femme plus belle; à ses côtés la Vénus de Médicis, la Vénus de Milo, et toutes les autres Vénus connues ne seraient que des laiderons indignes du regard des amateurs : le fait est certain, je l'atteste, je l'ai vu.

Si les hommes n'avaient pas trompé les vues du Créateur, s'ils étaient restés fidèles observateurs de ses lois, nous serions tous semblables à nos premiers parents; nous serions tous superbes, ce qui ne serait pas désagréable à beaucoup de personnes. Mais l'homme n'a jamais fait que des sottises : *Omnis homo mendax;* aussi l'espèce ne tarda pas à s'avarier. Il fallut inventer des mots nouveaux pour exprimer une foule de monstruosités physiques qui se produisaient; la terre était peuplée de difformités de toute sorte; et l'on ne pouvait prévoir où s'arrêterait cette pullulation hétéroclite, lorsque Dieu, se rappelant combien était beau le type qu'il avait créé, eut horreur de ce qu'en avaient fait les hommes, et résolut d'anéantir cette race dégénérée.

De là le déluge. Tout fut noyé, comme chacun sait, à l'exception de Noé et de sa famille, qui, ayant observé les préceptes divins, conservèrent leur beauté primitive; c'est pourquoi ils reçurent la mission de repeupler le globe.

Ils s'en acquittèrent assez bien; mais, par malheur, le faible de l'homme c'est de retomber et de persévérer dans le mal, comme le démon : *perseverare diabolicum.* La terre commença à oublier le ciel, et alors les humains redevinrent laids. Il y eut même des localités où les abus devinrent si intolérables que la colère céleste ne put s'empêcher de les frapper. Deux grandes villes furent brûlées, en punition des vices physiques de leurs habitants : c'était hideux à voir!

Tous ces exemples ne servant à rien, et les hommes devenant de plus en plus laids, Dieu finit par les abandonner à leurs difformités. De loin en loin, il suscitait quelque spécimen magnifique, soit pour faire honte, soit pour donner de l'émulation au plus grand nombre; tout cela était en pure perte; l'homme ne s'amendait pas. Il aurait bien voulu être beau; mais pour cela il aurait fallu changer de manière de vivre, et il ne pouvait s'y décider.

Heureusement pour lui, les savants veillaient. Certes, c'était une belle cure à tenter, un noble but à se proposer que le redressement des infirmités humaines, et une fois en chemin, les amis désintéressés de l'humanité ne s'arrêtèrent qu'après avoir découvert le topique souverain, la panacée qui devait rendre à l'homme sa forme et sa grâce primitives.

Un jour enfin, jour à jamais mémorable, et dont l'anniversaire devrait être célébré à l'égal des plus grandes époques, on apprit à l'univers charmé que le règne de la laideur allait disparaître pour faire place à l'intronisation définitive de la beauté. L'orthopédie venait de naître!

C'était un système de roues, de chevalets, de tours et autres crics ornés de cordes sur lequel on appliquait le sujet qui, après avoir souffert le martyre, entendu ses membres craquer et se broyer, senti ses os s'aplatir comme sous la pression d'un instrument de torture, sortait de ce bienheureux étau, redressé, ingambe, superbe, et capable de disputer le prix de la perfection physique à l'Antinoüs ou à l'Apollon du Belvédère!

Tout le monde y courut; et vous-même, cher lecteur, peut-être devez-vous les bonnes fortunes sans nombre dont vous faites parade à ces merveilles du traitement orthopédique, corrigé et augmenté de l'hydrothérapique, de l'hydropathique, de l'hydrodynamique, sans parler du galvanique et de toute la boutique; bienfaisantes inventions, grâce auxquelles on ne voit plus aujourd'hui ces hideuses déviations de la taille, qui rendaient impossible la lecture des deux magnifiques vers d'Ovide que j'ai cités, et que tout le monde peut désormais prendre pour devise.

Honneur aux bienfaiteurs de l'humanité! Je vote pour

qu'on leur élève un temple, et qu'au-dessous du fronton, sculpté par David, on burine ces mots immortels :

AUX ORTHOPÉDISTES,

Les ci-devant Bossus, Boiteux et autres ex-infirmes, reconnaissants.

En attendant, la révolution opérée par la science chez les hommes a mis en émoi nos frères les animaux. Leurs savants s'occupent aussi d'appliquer le traitement providentiel aux êtres de leur espèce affligés de difformités. Les perroquets, à qui ce soin revenait de droit, se sont emparés de la découverte ; et voici une intéressante famille qui se présente en corps chez un des maîtres de la science pour le supplier de redresser ce rejeton circulaire, espoir de la maison.

La tâche paraît rude ; ne craignez rien toutefois, l'oracle vous le dit, et il tiendra parole. Votre jeune fils va bientôt savoir ce qu'en vaut l'aune ; mais après deux mois de dislocation douloureuse il sortira des mains du maître aussi droit que vous et lui.

Après quoi votre tour viendra, si vous voulez, et puis celui de votre femme, et puis enfin il en sera des animaux comme des hommes : il n'y aura plus de difforme sous le ciel que Polichinelle, et encore, si on ne le redresse pas, ce ne sera qu'afin de le faire servir de point de comparaison éternelle et pour obliger les êtres créés à bénir sans cesse les bienfaits incomparables de l'incomparable orthopédie.

XXIX.

— Que pensez-vous de l'Expédition?
— Expédiez, bavard.....

XXIX

Naguère on disait : Les rois s'en vont. Tout récemment, un Allemand qui a de l'esprit comme dix Français... qui ont de l'esprit, disait à son tour : Les Dieux s'en vont. Et moi je dis : Les barbiers s'en vont. Bien plus, ils s'en sont allés ; j'ajoute : ils ne reviendront plus ; et si vous me demandez dans quelle contrée ils ont émigré, je vous répondrai que je n'en sais rien, à moins qu'ils ne soient allés

> Où va la feuille de rose
> Et la feuille de laurier,

c'est-à-dire dans le grand abîme du passé, musée universel où se collectionnent toutes les gloires éteintes, galerie monumentale où se casent depuis la création les fossiles des races perdues et des types anéantis.

Les barbiers s'en vont, ils sont partis ; je les ai vus, moi qui vous parle, au moment où ils se condamnaient à cet exil volontaire, plutôt que de subir une réforme qui bouleversait leurs croyances, et renversait les autels de leurs dieux. La savonnette venait d'être détrônée ; le plat à barbe proscrit ; la poudre ignominieusement bannie des boudoirs de nos ingrates petites-maîtresses; le scandale des nattes et des bandeaux prenait la place de la papillote sacrée; la queue, la noble queue, tombait sous les ciseaux stipendiés par le promoteur de la Titus. Il n'y avait plus qu'à fuir une terre désormais vouée à l'anarchie de toutes les innovations subversives; ils partirent, emportant leurs pénates sur les ailes de pigeons qui avaient fait leur gloire, et qui du moins leur restaient fidèles dans l'infortune.

Le moyen de vivre d'ailleurs dans une société qui rendait désormais inutile la plus importante de leurs fonctions, le plus intéressant de leurs attributs? Dans le bon temps, alors que le *Mercure galant* régnait aristocratiquement dans le royaume de la presse, le barbier était le journal quotidien, et chaque officine le laboratoire où venaient se préparer les nouvelles qui de là se répandaient dans toute la cité; le barbier était attendu, choyé, fêté; on ne savait que par lui, on ne pensait que par lui; il était l'homme indispensable; c'était le *fait divers* fait homme. Hélas! la machine de Gutenberg devait broyer sous son impitoyable rouleau cette vénérable institution! Elle en a broyé et en broiera bien d'autres! Gutenberg se doutait-il de tout ce que renfermait d'éléments destructeurs cette petite mécanique, en apparence si bonne fille! J'assure en tout cas qu'il ne pensait pas le moins du monde à faire tort à l'estimable corporation des fraters, et cependant!... Mais aussi sait-on où l'on va avec ce que l'on appelle le progrès?

Le progrès! me disait dernièrement un de ces *vieux débris* que je rencontrai chez un de mes amis, le progrès, Monsieur! voyez-le, chez nous, voyez qui nous a remplacés: les coiffeurs! Monsieur, les coiffeurs! Et alors commença un dithyrambe en l'honneur du passé suivi d'un ïambe vigoureux contre le présent. J'écoutai non sans émotion la tirade du dernier des barbiers, m'inclinant avec respect devant sa douleur comme je fais toujours en présence d'une auguste ruine qui me montre ses colonnes abattues et ses tours démantelées; mais quand mon Cassandre eut mis fin à ses oracles lugubres, je hasardai timidement cette question : Veuillez m'expliquer, vénérable étranger, pourquoi, seul de votre nation jadis si renommée, vous vivez au milieu d'une société qui ne vous comprend pas, et pourquoi vous n'avez pas suivi vos frères?

— Monsieur, me répondit-il, c'est par héroïsme. Oui, Monsieur, c'est par héroïsme. Je ne partageais pas la manière de voir de mes confrères; je ne voulais pas fuir devant le combat; je voulais soutenir l'honneur de nos antiques usages; je voulais élever drapeau contre drapeau, et s'il fallait succomber, succomber avec gloire; seul, je refusai de partir, en jurant de protester par ma présence contre des innovations fatales; seul..... !

— Mais il me semble, lui dis-je, que vous ne protestez pas du tout, du moins par vos actions; car si vos paroles ont conservé les saines traditions des principes qui firent jadis la grandeur de votre école, il me semble que vous vous livrez, dans la pratique, à des opérations qui doivent faire gémir les mânes de vos ancêtres? Que signifient, je vous prie, cette orthodoxie dans vos discours, et cette idolâtrie dans votre conduite?

— De grâce, Monsieur, n'ajoutez pas à mes regrets; plaignez-moi au contraire. En effet, Monsieur, j'ai trop bien auguré de mon énergie, et mal mesuré mes forces.

J'ai lutté, Monsieur, j'ai lutté longtemps de toute la puissance de mes convictions contre cette marée montante qui, malgré mes efforts, m'envahissait moi-même ; je me retranchais dans des positions que je croyais inaccessibles ; je m'élevais sur des hauteurs où je défiais le flot de m'atteindre ; mais le flot montait toujours ; il montait si bien qu'il a fini par m'entraîner dans son irrésistible courant ; et me voilà, moi, Monsieur, moi, réduit pour vivre, à suivre des systèmes que je déteste, à me servir d'instruments que je maudis, et à laisser se rouiller dans le fond de mes armoires les antiques armes que portèrent si vaillamment des artistes dont je ne suis plus digne, de même que je refoule au fond de mon âme les souvenirs d'un passé qui fait aujourd'hui ma honte.

A ce moment entra mon ami, tenant un journal à la main. Il s'assit dans un fauteuil et livra à l'artiste une véritable crinière de lion. La vue du journal avait provoqué chez le représentant du passé un mouvement qui tenait tout à la fois du regret et de la curiosité ; je le voyais s'agiter comme un homme vivement sollicité de parler, et qui n'ose pas ; enfin prenant une résolution énergique, il se hasarde à demander à mon ami ces nouvelles que jadis, hélas ! il aurait faites lui-même : *Que pensez-vous de l'expédition ?* dit-il avec timidité.

— *Expédiez, bavard !* répondit une voix foudroyante.

Je recueillis alors un regard navrant qui exprimait tout un monde perdu.

Notre homme vit encore. Il prêche toujours le passé, ce qui ne l'empêche pas de pratiquer toujours le présent.

XXX.

J' t'ai déjà dit d'examiner le monde.... Tu vois bien que c'est des artistes.

XXX

Certes, ce n'est pas la bonne volonté qui lui manque à ce fidèle compagnon du pauvre aveugle. Il tend de ses deux mains la sébile aux passants, le nez en l'air, le regard quêteur, sans se préoccuper le moins du monde du négligé de sa toilette, digne de figurer dans le vestiaire où puisaient Callot, Murillo et autres peintres de la Bohême en guenilles. S'il pèche par un endroit, c'est par excès de zèle; il a pour principe qu'il vaut mieux essuyer un refus que de manquer une occasion; il demande toujours, et, comme il est convaincu que son maître est un grand artiste qu'on ne saurait trop payer, il a sa conscience de caniche honnête à l'abri. Tant pis pour ceux qui passent vite, ils n'ont qu'à s'arrêter pour écouter le maestro; car il ne tient pas précisément à ce que les amateurs s'en donnent pour leur argent : la monnaie avant tout, voilà son affaire; donnez, donnez, estimables citadins, donnez beaucoup, et puis faites place à d'autres, si vous êtes pressés, le caniche s'en inquiète peu; seulement repassez par ici, c'est le chemin du bon Dieu. Ces belles paroles, il ne les dit pas, mais certainement il les pense, et ses petits yeux intelligents les traduisent aussi bien que pourrait le faire sa langue si elle n'était pas muette.

Et puis il s'échauffe à l'ouvrage; le violon du maître agit sur lui comme un fluide qui l'anime; il va, il vient, ses mouvements semblent suivre le crescendo de l'exécutant, et, sous l'empire de cette exaltation musicale, il veut des choses extravagantes et provoque des aumônes impossibles.

En ce moment, par exemple, voyez jusqu'où son ardeur l'emporte. Qu'a-t-il à espérer de ces trois personnages dont il méconnaît si étrangement la position sociale et les ressources? Une boîte de violon, un cadre et un crâne, ces insignes auxquels on doit reconnaître infailliblement ceux qui sel portent, ne lui disent-ils pas que son instinct est en défaut et qu'il s'adresse à plus pauvre que lui? Mais ce sont trois rats, mon bon caniche, trois rats, gueux comme ton maître; l'espérance de l'art et de la science, et à ce titre appelés peut-être à une grande célébrité dans l'avenir, mais pour le quart d'heure n'ayant ni sou ni maille, et vivant d'air et de beaux rêves en vrais artistes qu'ils sont.

Ton maître ne s'y trompe pas, lui; il faut dire aussi qu'il est de la partie, et qu'il n'a pas besoin d'y voir pour être convaincu que tu te fourvoies. Il sait fort bien que tu es en présence du rat d'atelier, du rat d'orchestre et du rat d'amphithéâtre, les plus râpés, les plus misérables de tous les rats, y compris même le rat d'église, et sa mercuriale t'annonce que tu te fatiguerais inutilement à leur tendre ta sébile. Oh! s'ils avaient la bourse aussi bien garnie qu'ils ont le cœur généreux et plein de bonnes intentions, la moisson serait abondante; mais, hélas! le chemin de la gloire est ardu, et ce n'est pas en carrosse ni la bourse pleine qu'on le parcourt ordinairement. Demande-le plutôt au rat d'atelier, qui voudrait bien te donner quelque chose, mais qui ne peut t'offrir qu'une mine compatissante et te faire un geste où se trahit l'impuissance de son vouloir. Et cependant, il sera grand un jour ; son nom, que tu vois écrit sur cette toile, se répandra partout où l'art et le génie sont en honneur, tandis que lui seul saura jamais les tourments et les épreuves qui lui sont réservés, les agitations de sa vie laborieuse, les angoisses de son âme ; et puis, ô comble de l'outrage ! il viendra un jour où, sans respect pour sa mémoire, une plume indigne osera coudoyer son inimitable crayon, s'exposant à défigurer son œuvre sous prétexte de la traduire.

Laisse-les donc passer à l'avenir, lui et ses confrères, sans leur rien demander ; apprends à les reconnaître ; et qui sait, bon caniche ! vous vous rencontrerez peut-être un jour ; ton maître se fait bien vieux et la vie est longue !

Mais, à propos de ton maître, est-il vrai qu'il n'y voie pas ? Ne serait-ce pas par hasard un faux aveugle ? Il y en a, j'en connais, et je voudrais bien savoir si tu es sa dupe ou son complice. Tu n'en serais pas moins un caniche fort respectable ; car, je vois bien que ton maître, aveugle ou non, est malheureux, et qu'après tout tu ne serais que le serviteur de l'infortune ; mais que ton rôle soit celui d'un complice ou d'une dupe, je tiens à constater que tu le joues admirablement, et j'avoue que le sérieux comique avec lequel tu t'acquittes de tes fonctions me touche et me charme.

Autre question, mon brave caniche ! Ton maître est-il réellement bien malheureux, et n'est-ce point aussi un faux pauvre ?

Tu t'indignes, je le vois bien, et tu me fais des yeux qui veulent dire ceci ou à peu près : « Croyez-vous, monsieur le questionneur, qu'on joue du violon au coin d'une borne pour le plaisir de ramasser quelques rouges liards par la froide bise d'hiver ou le soleil brûlant de la canicule? Je voudrais bien vous y voir, vous. »

Cette indignation part d'un bon naturel et d'un cœur fidèle, ô caniche! Mais n'importe; j'ai des doutes, et voici pourquoi. Il n'y a pas bien longtemps encore, je fus appelé par un notaire dont je suis le voisin pour assister à l'ouverture d'un testament; je m'empressai, et voici ce que j'entendis :

TESTAMENT
d'une clarinette en si en faveur d'une clarinette en la.

« Au nom de la Très-Sainte Trinité, etc., etc., moi, clarinette en *si*, domiciliée aux Champs-Élysées, jouissant de toutes mes clefs, saine de corps et de ton, je donne et lègue à mon amie la clarinette en *la*, présentement domiciliée sur le pont des Arts, la somme de quatre-vingt mille francs pour, par elle, en jouer après mon décès comme elle l'entendra, voulant expressément, etc., etc... »

Tu vois donc, mon cher caniche, que ton maître pourrait fort bien n'être pas si malheureux qu'il en a l'air, et qu'un de ces jours le testament du violon pourrait servir de pendant à celui de la clarinette.

Je ne te dis pas cela pour te refroidir à l'endroit de ton patron; au contraire, car je sais que pour une clarinette affligée de rentes, il y en a des centaines qui ont l'avantage de *vivre de privations*. Je te préviens seulement afin que, s'il y a lieu, tu te fasses réserver une petite place dans le testament, et ce sera justice.

Et maintenant, souviens-toi que le magot n'augmentera pas si tu perds le temps à tendre la patte aux rats d'orchestre ou autres artistes également favorisés de la fortune; la clarinette en question ne les importuna jamais.

XXXI.

Pour qui qu' vous m' prenez ?.....

XXXI

Quand on a fait partie de la 32ᵉ demi-brigade, quand on a été contemplé du haut des Pyramides par quarante siècles, quand on est allé boire les *flots glacés* de la Bérésina pour éteindre les ardeurs du sirocco castillan, quand on a été frère d'armes des braves lanciers polonais, quand enfin, à Waterloo, on n'est pas mort quoiqu'on ne se soit pas rendu, a-t-on, oui ou non, le droit de se proclamer *vieux lapin*?

Vieux lapin! quel titre, et que d'héroïques travaux, que d'efforts sublimes pour en acquérir les parchemins! Vieux lapin! Cela veut dire : partir volontaire en 92, faire le tour du monde le sac au dos, le fusil sur l'épaule, couchant à la belle étoile, stationnant dans les marais, allant bien souvent pieds nus à la rencontre des balles, des boulets et de la mitraille, vivant de viande de cheval et autres comestibles tout aussi appétissants quand on peut s'en procurer, heureux et fier d'avoir dans sa giberne le bâton de maréchal qui n'en doit jamais sortir, et après avoir dépensé vingt-cinq ans à ce métier glorieux et lucratif, rapporter comme fruits de la victoire une barbe grise, des équerres de laine rouge appelés chevrons de grenadier, et le grade superbe de simple soldat !

Quelle admirable chose ! et qu'il fait bon, après cette longue odyssée de horions et de malencontres, se croiser philosophiquement les jambes et conter des gaudrioles aux bouquetières voisines de la caserne ! Mais aussi on peut avec autant d'orgueil que de vérité se dire vieux lapin ! et on se le dit, et on le dit aux bouquetières qui veulent faire les prudes avec vous comme si vous n'étiez que des conscrits !

— Allons, allons, ma petite mère, ne faisons pas tant notre tête ! Vous avez beau être pas mal expérimentée et très-versée dans les *couleurs* de toute espèce, n'espérez pas abuser des vieux de la vieille, qui ont appris à connaître sur les lieux le blanc d'Espagne, le bleu de Prusse, le vert de Russie, sans compter la couleur dite *de la bête*, nuance généralement bien portée et qui se trouve partout. Vous tombez mal, ma petite fleuriste, si vous croyez que votre air bégueule et votre mine pincée pourront donner le change sur le mérite de votre marchandise à des gaillards qui ont été cueillir toujours sur place les roses d'Allemagne, l'iris de Florence, les tulipes de Hollande, les violettes de Parme, les fleurs d'oranger de Portugal, les lotus d'Égypte. Passe pour les roses du Bengale ; celles-là nous ne les connaissons que de réputation, et pour cause. Si, dans notre jeunesse, nous n'avons pas fait des bouquets de cette fleur d'Orient en compagnie de nombreuses et charmantes bayadères, c'est par cette seule raison que nous n'avons pas été nous promener de ce côté-là. Après ça, nous aurions pu y aller ; nous étions en chemin, et l'Égypte était une étape. On dit même que le général en chef en avait quelque envie. Mais voilà-t-il pas qu'un beau jour il lui prend fantaisie d'aller faire un tour à Paris! Il part sans rien dire, allongeant un pied de nez à l'Anglais qui voulait l'empêcher de passer. Il arrive à Paris, il fait son affaire, et puis, on a eu tant d'occupation ailleurs, qu'on n'a pas trouvé un moment pour aller faire connaissance avec les roses du Bengale. C'est guignonant tout de même; avoir tout vu, tout vaincu à la suite de l'ancien, tout, excepté ces incomparables bayadères qui dansent si bien. Et penser que cette chance est pour les Anglais, eux qui n'entendent rien à la danse légère du guerrier français et ne pratiquent en fait de pas de caractère, que leur affreuse *gigue* nationale bonne tout au plus à faire briller les grâces des bœufs de la Grande-Bretagne! En ont-ils du bonheur, ces Anglais, que nous n'ayons pas été par là! quel renfoncement! Mais il n'y a pas eu moyen. Après ça, les consolations n'ont pas manqué; pas vrai, la petite mère?

— Et qu'en sais-je, moi, de vos consolations? Ne dirait-on pas qu'on les a aidés à se consoler? *Pour qui qu' vous me prenez?* Vous vous trompez complétement sur mon compte. Vieux lapins tant que vous voudrez; mais halte-là sur les principes; nous n'en manquons pas, Dieu merci; car moi aussi, j'en ai été de la 32e; moi aussi j'ai fait le tour du monde; seulement je ne suis pas partie le sac au dos; non, je suis née en route; enfant, j'étais le sac que chacun de vous portait à son tour, et probablement je me suis bien souvent balancée sur vos épaules, au son du tambour, dans les longues marches dont vous parliez tout à l'heure. Ma mère était votre cantinière, et alors!....

— Oh! suffit; nous nous rappelons cette bonne mère et ses petits verres. Terrible femme pour les principes! Fallait pas plaisanter avec elle; toujours au port d'armes! mais sachant rire dans l'occasion. Comment! c'est toi qui es sa fille! Ah bien, alors tu dois en avoir vu du pays, et tu peux te vanter d'en connaître des couleurs. Fière femme que ta mère!

> Elle prit part à nos exploits
> En nous versant à boire,
> Et combien elle a fait de fois
> Rafraîchir la Victoire!

En a-t-elle donné de ses petits verres à tout l'univers? Donné, oui, car, après la bataille, elle versait à même aux prisonniers ennemis, et jamais elle n'a refusé la goutte sous prétexte qu'on ne pouvait pas la payer! Fallait voir aussi comme on l'aimait! Eh bien, puisque tu es notre enfant d'adoption, les vieux lapins connaissent leur devoir; ils aimaient la mère, ils aimeront et protégeront la fille comme autrefois, lorsque nous triomphions ensemble du Russe, du Prussien, de l'Autrichien et tout le tremblement!

Allons, voilà que nous allons recommencer! Mais c'est si bon, quand on ne fait plus rien, de se rappeler le temps où on travaillait dur. Les vieux lapins aiment à parler de leur gloire; autrefois ils parlaient moins: les temps se suivent et ne se ressemblent pas.

XXXII

On lisait dernièrement dans un journal anglais :

« Une députation de dames anglaises s'est présentée aux portes du palais de la Chambre des Communes, pour remettre à MM. les Députés une pétition tendant à provoquer un bill contre l'abus en vertu duquel les maris d'Angleterre se permettent de vendre leur moitié. »

On a été généralement étonné de cette détermination, car on sait que la plupart de ces actes de commerce avaient lieu du consentement des deux parties; on dit même que ces dames n'étaient pas fâchées de voir se perpétuer un usage qui remplaçait avec des formes plus simples et moins dispendieuses les lenteurs systématisées du divorce.

On s'est demandé pourquoi ce revirement d'opinion, et, comme toujours, le caractère de *la plus belle moitié du genre humain* a fait les frais de l'incident. On a rejeté la chose sur l'humeur capricieuse du beau sexe, sur son amour du changement, sur la mobilité de son esprit; on a repris enfin l'éternel chapitre des accusations banales, dont la fausseté est d'autant mieux démontrée que le caractère des filles d'Ève n'a pas varié depuis le commencement du monde.

En tout cas, rien de cela n'est vrai dans la circonstance. Je connais le véritable motif de la réclamation des belles insulaires, et je vous assure qu'il fait honneur à leur sagesse, à leur bon sens, et aussi beaucoup à leur dignité.

C'est encore une sorte de protestation nouvelle contre le despotisme qu'elles sont obligées de subir de la part de leurs époux, sur un sol qui méconnaît le pouvoir de leurs charmes; c'est le cri du désespoir poussé par ces victimes de l'autocratie maritale; c'est la revendication du droit de partage dans les fruits de l'association, et pas autre chose.

Figurez-vous que messieurs les maris anglais faisaient d'excellentes affaires à l'aide de ce noble trafic. Ils avaient d'abord l'avantage de se débarrasser de leurs femmes, ce qui n'était déjà pas mal gentil, et puis ils ne manquaient jamais de retenir tout ou presque tout le prix de la vente, ne laissant à leurs associées que cette portion du bénéfice qui consistait à les séparer d'eux.

Sans doute ceci n'était pas indifférent; mais ces dames prétendaient, avec raison, entrer en participation du prix de la denrée. Elles voulaient bien être vendues; mais elles voulaient aussi retirer de la vente un profit égal à celui que faisaient leurs maris.

Dans un pays où la femme jouirait de la considération qui est due au rôle si utile qu'elle remplit dans la société, cette prétention n'aurait été que juste; mais c'est bien à tort que Duclos a dit qu'en Europe les femmes sont des enfants gâtés. Ce mot n'est pas toujours vrai en Angleterre; car elles n'y ont pu avoir raison de leurs tyrans, et voilà qu'elles se voient forcées de demander la suppression d'un usage dont tout le produit est accaparé par leurs maris.

Leurs vœux seront-ils exaucés? Il faut l'espérer; car enfin,

Pour n'être pas *Anglais* on n'en est pas moins homme,

et l'on ne peut rester froid à ce spectacle d'une pauvre brebis traînée la corde au cou par son mari, vieux coq avare, qui la conduit au marché. Brebis allant à l'abattoir n'a pas l'aspect plus malheureux et l'air plus résigné que cette victime devant ce gros bouledogue, espèce de maquignon trafiquant pour le compte de ces deux superbes coqs, amateurs de friands morceaux, et qui, le lorgnon sur l'œil, s'apprêtent à juger de la valeur de celui qui leur est offert. Cette fois, du moins, l'acquisition ne peut les ruiner.

Que si des raisons de haute politique s'opposaient à ce que l'humble requête des dames anglaises fût accueillie par le gouvernement de leur pays, nous leur conseillons d'émigrer en masse, de passer le détroit et de venir en France, sur cette terre faite exprès pour le bonheur de leur sexe. Je leur garantis une hospitalité généreuse; car nos dames, s'élevant au-dessus des petites préoccupations de la jalousie, s'empresseront de les admettre au partage de leur souveraineté et de leur céder une bonne portion des hommages dont elles ne cessent d'être environnées.

Venez parmi nous, pauvres insulaires outragées! La France est le paradis de la femme; c'est ici que vous serez réellement en possession de l'influence qui appartient à vos charmes. Ici vous régnerez et vous gouvernerez, ici vous aurez des esclaves; ici, même quand vous voudrez, vous trouverez des maris qui se laisseront vendre. Quelle belle vengeance! Grandville a bien l'air d'insinuer que ces messieurs pourraient ne pas en être fâchés, mais n'en croyez rien ; Grandville se trompe.

Ne savez-vous pas que l'auteur du *Mérite des Femmes* était un Français?

Et ce quatrain de Voltaire, le connaissez-vous? Retenez-le bien, car il dit exactement ce que vous serez en France :

> Ou fille, ou femme, ou veuve; ou laide, ou belle,
> Ou pauvre, ou riche, ou galante, ou cruelle,
> La nuit, le jour, veut être, à mon avis,
> Tant qu'elle peut, la maîtresse au logis.

XXXIII.

Un mariage suivant les lois.

XXXIII

Elle l'avait rêvé jeune, beau, spirituel, passionné; il devait chérir la gloire et les grandes choses qui la donnent; rien de vulgaire, rien de commun ne devait obscurcir les attributs brillants dont son imagination se plaisait à le doter; sa pensée, digne compagne de la sienne, s'élèverait sublime au-dessus des mesquines préoccupations, et leurs deux âmes, sœurs inspirées, s'élanceraient sur les ailes de la poésie, par delà les horizons bornés des jouissances sublunaires!

Quel bonheur ici-bas pourrait alors égaler son bonheur? N'allait-elle pas réaliser cet hyménée, vainement cherché sur la terre, et dont les types célestes lui étaient apparus à travers les prismes charmants d'une littérature enchanteresse! Ipsiboë, Malvina, Fœdora, et vous toutes, créations inimitables et inimitées, voici enfin une émule digne de vous comprendre, qui fera croire en vous et vengera vos cœurs méconnus. Du haut de vos sphères radieuses souriez à ses premiers pas dans la voie que vous avez ouverte, encouragez ses efforts, et si son sort doit un jour ressembler au vôtre, si, comme vous, elle ne doit faire qu'un magnifique rêve et passer incomprise sur cette terre de déceptions, recevez-la dans le ciel que vous habitez, comme une lumineuse étoile digne d'enrichir votre pléiade d'astres incomparables.

Hélas! le rêve a été court!

Un père barbare l'a voulu; elle l'a épousé.

Il est vieux, laid et chauve; tout ce qu'il y a de plus prosaïque, de plus bourgeois; une intelligence de crétin et des habitudes d'épicier retiré. L'air hébété de sa physionomie se marie parfaitement avec l'ensemble de sa désespérante toilette; son front est innocemment couronné d'un bonnet de coton monumental que retient le nœud providentiel d'un ruban de couleur non équivoque. De cette coiffure de prédilection sort triomphalement le seul et dernier échantillon des cheveux d'autrefois, roulé en queue dont la pointe narquoise, acérée comme le ridicule, perce à toute heure le cœur désolé de la victime.

Elle le voulait agité par de grandes passions; il en a une, une seule qui remplace toutes les autres, une seule qui absorbe et domine son existence. Il lui appartient corps et âme, femme et biens, car il sacrifierait tout pour l'assouvir, et, la loi à la main, il oblige notre infortunée à cohabiter avec lui sur les berges où il a immobilisé son domicile.

Oui, il pêche à la ligne. Il ne vit, il ne respire que pour cette fonction qui suffit à son âme et mesure son intelligence. Très-versé dans la science des asticots, il prépare admirablement ses engins, il perfectionne les procédés connus, en cherche de nouveaux, et tout fait espérer qu'au premier jour il enrichira l'art qui fait ses délices de quelque merveilleuse découverte.

La gloire, la gloire, démon tentateur des esprits d'élite et des fortes natures !

Ses horizons, les voilà : ceux que peut atteindre la longueur de sa ligne. Pour lui, c'est le monde, c'est l'empyrée. Il les peuple de fantastiques images, de poissons innombrables, de pêches miraculeuses. Comme toujours, ce sont des rêves ; mais que lui importe ? L'essentiel pour lui n'est pas de prendre du poisson, c'est de croire qu'il en prend, et il le croit. Le bonheur de beaucoup de gens est-il souvent autre chose ?

Aussi, voyez avec quelle affection, avec quelle volonté calme et tenace, l'œil ouvert, son long bec en avant, ses deux mains rivées à l'arme bien-aimée, il guette son éternel et toujours imprenable ennemi ! Voilà de longues heures qu'il est dans l'eau jusqu'à la cheville ! bagatelle. Le fleuve, par une crue subite, viendrait à l'envahir, qu'il se laisserait submerger plutôt que d'abandonner son poste. Il y a vécu, il y mourra.

Et la pauvre Amanda, pendant ce temps que fait-elle !

— Ah ! vous le devinez, des pensées amères tourmentent son âme ; elle maudit les absurdes conventions sociales qui l'ont enchaînée à un être indigne d'elle ; elle se désespère et pleure sur ses rêves évanouis. Son beau corps penché en arrière, dans l'attitude de l'indignation qui vient de haut, elle foudroie d'un regard de pitié dédaigneuse la chétive créature qui fait de sa vie un incessant désenchantement. Adieu la poésie, adieu les ravissements d'une existence à deux cimentée par la double sympathie de la pensée et du sentiment ; adieu l'amour, adieu le bonheur !

A ses pieds repose sa lyre abandonnée, et désormais inutile ; et sur le sol gît inoccupé l'album dépositaire de ses chants harmonieux que personne n'entendra jamais, car deux voix devaient les redire et elle est seule.

Autour d'elle tout est désolé et prend les teintes sombres de son âme. Si elle porte encore les couleurs éclatantes et les ondoyants panaches dont elle aimait à se parer naguère, c'est pour se rattacher par quelque chose à ce passé d'illusions si cruellement remplacées. C'est tout ce qui lui en reste, avec ce médaillon suspendu à son cou et qu'elle ouvre de temps en temps pour y contempler d'un œil mélancolique un portrait idéal, éclos jadis de son imagination en délire.

Amanda venait de jeter un regard sur ces traits, éternel aliment de ses douleurs ; et, comme toujours, elle commençait à se répandre en imprécations bruyantes, lorsque son époux, tremblant que l'éclat de sa voix n'éloigne le poisson, se retourne et lui dit :

Y songez-vous, m'amie ! qu'avez-vous donc tant à accuser et votre père et les lois ? Regardez-vous donc un peu. Vous vous croyez de la famille des cygnes ? Allons donc, vous n'êtes qu'une oie, et une oie peut bien, sans déroger, épouser un cormoran.

XXXIV.
Famille de Scarabées.

XXXIV

Vers la fin d'une magnifique et chaude journée de l'été de 1825, Grandville errait à travers champs sans but déterminé, sans autre itinéraire que celui qu'il plaisait à sa fantaisie de lui tracer. Comme ses jambes, son génie allait à l'aventure bercé par de fantasques rêveries. Sous l'influence fécondante d'une atmosphère tiède et parfumée, il animait la nature en la peuplant de mille créations bizarres auxquelles son œil finissait bientôt par donner les formes arrêtées d'une existence matérielle. Le génie c'est la faculté de créer ; c'est une parcelle de l'essence divine, transmise à quelques êtres privilégiés, qui leur permet de voir des choses qui n'ont rien de réel pour la foule et les initie à des mystères.

A ce moment, Grandville voyait des choses impossibles. Si deux ramiers s'envolaient devant lui, c'étaient deux âmes qui montaient au ciel après une longue vie d'amour et de fidélité sur la terre ; deux formes vagues à l'horizon devenaient à ses yeux celles de deux époux, couple heureux et sentimental, venu là tout exprès pour contempler le coucher du soleil ; d'un troupeau de moutons conduit par un berger, il faisait une troupe d'hommes heureux d'obéir au maître qui les commandait ; plus loin, deux arbres qui entrelaçaient leurs branches figuraient deux amis qui, depuis l'enfance, s'étaient fraternellement appuyés l'un sur l'autre sans jamais se trahir ; et si plus près de lui deux musiciens emplumés échangeaient des roulades brillantes ou dialoguaient mollement leurs tendres inspirations, il croyait entendre deux amateurs chantant juste les partitions de quelque maestro en réputation. Tout enfin se transformait sous l'action de ce mirage trompeur ; mais, du moins, en passant par la trame dorée de ses hallucinations, le monde se faisait beau ; ce n'était qu'un rêve, il est vrai, mais le rêve du génie n'est-ce pas la réalité dans l'avenir ?

Tout à coup, notre promeneur s'arrête, son regard se fixe pendant quelques instants sur un point du paysage, comme absorbé par une vision dont il semble vouloir arrêter les lignes et préciser le caractère.

Puis enfin, saisissant crayons et album, il se met à esquisser l'objet qui vient d'appeler son attention.

Peu à peu l'œuvre magique avance, et bientôt se déroule sur le papier la longue spirale d'une procession au grand complet, qui, bannières en tête, serpente à travers la campagne, accomplissant peut-être quelque pieux pèlerinage d'actions de grâces ou de requête intéressée.

Les voilà bien défilant deux par deux, néophytes, diacres, abbés, chanoines, chantres chantant bien et se portant de même, évêque crossé et mitré, tous couverts de leurs chapes, dalmatiques, étoles, rochets, surplis offrant à l'œil comme une gamme des tons les plus variés et des couleurs les plus éclatantes; l'illusion était complète, ou plutôt ce n'était pas une illusion, le crayon de Grandville était sincère, l'imagination qui le guidait sur son album était de bonne foi, et plus tard, quand descendu des hauteurs de la fantaisie, son esprit a voulu soumettre à l'épreuve de la réalité les effets du mirage, l'artiste a dû respecter l'œuvre du rêveur.

Grandville avait copié la nature.

Ce qui lui était apparu, sous l'empire d'une sorte de fascination, comme une procession composée de son personnel humain, n'était pas autre chose qu'une réunion nombreuse de scarabées, se livrant aux douceurs de la promenade et saluant à sa manière les derniers feux du jour splendide que Dieu venait de donner à la terre.

Mais, que l'erreur était facile, et combien ces scarabées ressemblent à ce que Grandville avait cru voir! Fut-il jamais en effet ressemblance extérieure plus frappante, et l'identité du costume ne donne-t-elle pas lieu tous les jours à des erreurs autrement dangereuses?

Si le vice, par exemple, réussit trop souvent à nous tromper, n'est-ce point parce qu'il n'a pas de livrée qui lui soit propre, et qu'il lui est permis de se déguiser sous le manteau de la vertu?

Observateur profond et plein de finesse, Grandville a su découvrir dans les êtres les plus opposés par l'espèce, les mœurs et les habitudes physiques ou morales, des analogies que personne n'avait entrevues avant lui.

La scène que nous avons sous les yeux n'est pas autre chose qu'une piquante preuve de cette puissance d'observation, et si l'on se figure les rayons du soleil couchant se jouant sur toutes ces carapaces de scarabées et les revêtant diversement des plus riches couleurs, on comprendra combien est naturelle et vraie la charmante fantaisie du spirituel artiste.

XXXV.
Ah! elle te plaît, monstre!.... Eh bien, je la chasse!

XXXV

> Placens uxor !.....
> HORACE.

Pourvu qu'elle ne le dévore pas, et puis la bonne après ! Mais il me semble que c'est un peu la faute de cet innocent époux. Eh quoi ! il se donne pour compagne une tigresse ! lui la douceur et la faiblesse même, il se condamne par avance à toutes les fureurs de la jalousie ! Il sait que la lutte est impossible entre lui et sa redoutable moitié, néanmoins il ne craint pas de s'exposer à sa colère, et il ose lui donner des sujets de mécontentement !

Il n'est pas toujours prudent d'être infidèle, en tout cas ce n'est jamais moral ; mais quand on est mouton et qu'on a fait la folie de se mésallier de la sorte, il faut de toute nécessité devenir un dragon de vertu et proposer pour but à sa vie l'imitation des plus parfaits modèles de fidélité conjugale ; il faut avoir le courage d'être Philémon sans Baucis, le plus méritant des maris, le mari qui souffre sans se plaindre, le mari qui ne se venge pas, qui courbe la tête, se résigne, et ne médite pas la moindre représaille sournoise en guise de dédommagement et de consolation.

Voilà bien, ce me semble, l'attitude de notre mouton en présence de sa rugissante tigresse. Et comment à l'aspect de tant d'humilité, de soumission et de terreur, ne sent-elle pas sa bile se tempérer? pourquoi cet œil en feu? pourquoi ces poings crispés par la rage et fermés comme pour frapper? Qu'a-t-il donc fait pour attirer sur lui cette tempête devant laquelle il plie timidement, croisant ses mains sublimes d'abnégation impuissante, et tendant le cou comme si, par une réminiscence d'abattoir, il se croyait arrivé au dernier moment de son existence?

Ah! c'est qu'il y a bien quelque petite chose à dire, et que, tout mouton qu'on est, on n'en a pas moins certaines peccadilles sur la conscience!

En vérité! Mais ce n'est pas possible! C'est donc un mouton enragé quand il ne se trouve pas sous la griffe de sa trop tendre compagne. Certes, on ne s'en douterait guère, et jamais on ne voudrait croire qu'il puisse jouer un autre rôle que celui de victime.

Ah! il ne faut pas toujours se fier à ces airs de bon apôtre. Et puis il semble que quand on est condamné à passer sa vie avec une tigresse, on doit éprouver le besoin de se soustraire quelquefois à sa présence. Le fruit défendu a d'autant plus d'attraits qu'on rencontre plus de danger à le cueillir, et l'on ne sait pas assez de quoi sont capables les natures en apparence les plus simples et les cœurs les plus pusillanimes. L'occasion fait souvent les héros, et rien ne s'oppose, que je sache, à ce qu'un mouton devienne un lion, surtout quand il a pour stimulant une tigresse à fuir et à oublier, et une bonne et gentille petite levrette à cultiver, comme moyen de se distraire et de se consoler.

Eh mon Dieu, oui ! Le mouton est sensible par nature ; son cœur s'ouvre facilement aux affections calmes et douces ; il ressemble, sous ce rapport, à beaucoup d'hommes qui lui empruntent même son nom pour se mieux caractériser. Mais lorsque, par suite d'une erreur ou d'un entraînement malheureux, homme ou mouton sont unis à une tigresse, ils font bientôt mauvais ménage, et alors on devine aisément lequel des deux époux est le souffre-douleurs.

C'est ce qui était arrivé à notre innocent mouton. A peine au pouvoir de son tyran femelle, il avait été en butte aux soupçons de tous les instants, à des scènes violentes de jalousie ; ses gestes, ses paroles, ses actes les plus innocents donnaient lieu à des interprétations malveillantes. La vie lui était devenue insupportable ; il avait beau opposer le calme à cette passion furieuse, rien ne pouvait ramener son irascible moitié ; encore si l'avenir avait pu lui faire entrevoir un terme à ses tourments ! mais, hélas ! les tigres ne changent pas de nature, et notre infortuné s'était vu contraint de chercher ailleurs un remède à ses maux.

Il avait fait alors ce que font les esprits faibles, incapables tout à la fois de résister et de subir leur destinée : il avait essayé de la tromper, en introduisant sous le toit conjugal une jeune levrette dont le caractère, plus en rapport avec le sien, lui faisait espérer quelques moments heureux dans cet enfer auquel il était condamné ; mais la tigresse n'avait pas tardé à découvrir le manége et à s'apercevoir que, sous prétexte de faire les affaires du ménage, la petite bonne s'occupait plus particulièrement de celles de Monsieur. Oh! alors, doublement furieuse, elle s'était fait aussi deux victimes. La pauvre levrette avait eu sa part des injures et des mauvais traitements; mais, fidèle aux traditions de sa race, elle avait tout bravé pour rester attachée à son maître. Il était si bon, si doux, et si malheureux!

Un jour enfin, soit que l'époux eût besoin de plus tendres consolations, soit que la petite levrette se fût oubliée à le prendre en pitié, l'épouse arrive fort mal à propos, et donnant cours à toute sa rage, elle traite le pauvre mouton de monstre, et chasse impitoyablement la petite bonne, qui, fondant en larmes, se décide, bien malgré elle, à porter ailleurs ses consolations.

La tigresse était tellement aveuglée par sa jalousie, qu'elle ne craignit pas de porter une accusation incroyable contre son époux, absolument comme s'il n'avait pas été un mouton. Cette accusation était d'autant moins fondée que, bientôt après, notre petite levrette s'unit avec un jeune bélier du voisinage dont elle recevait les hommages depuis longtemps. Elle servait son maître, dit-on, tout en travaillant à son futur mariage; mais nous n'y pouvons croire : pareille chose s'est-elle jamais rencontrée !

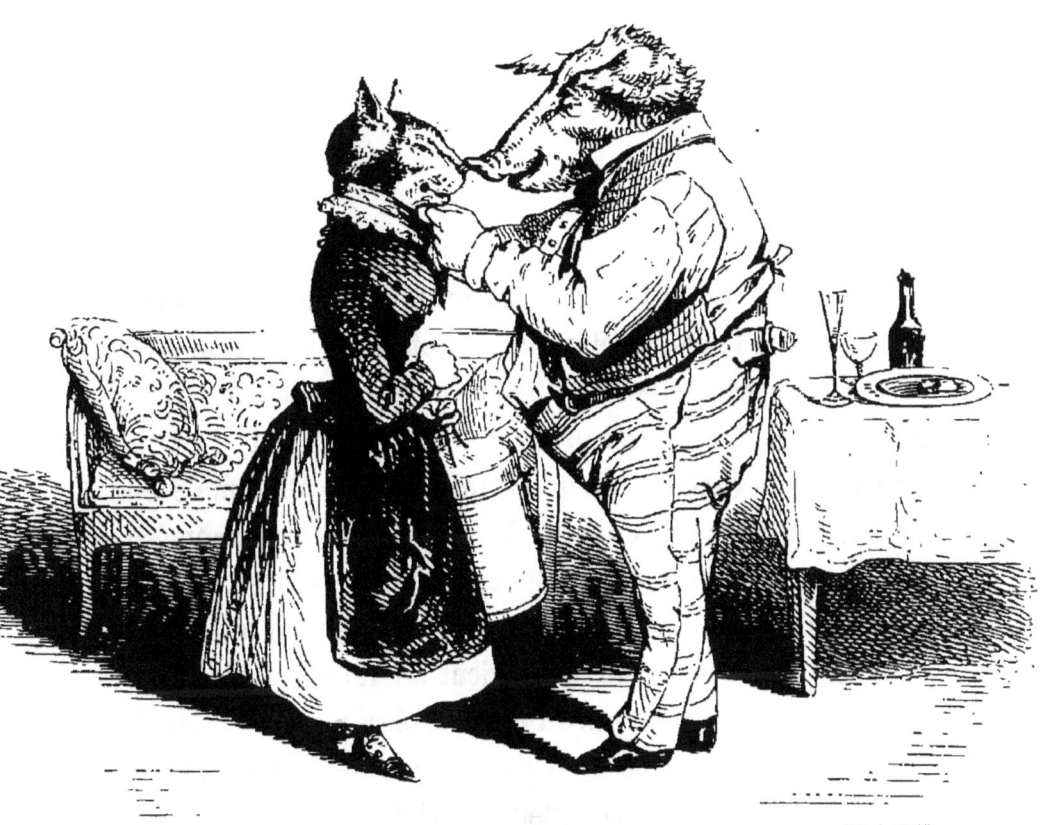

XXXVI.

Ma femme est sortie, ma petite chatte.... Hi!..... hi!..... hi ...

XXXVI

Pauvre petite chatte égarée et presque perdue ! si jeune, si timide et si faible, quel moment a choisi sa maîtresse pour l'envoyer en course hors du magasin ! C'est *Madame* qu'elle demande, et c'est *Monsieur* qui se présente et qui vient lui dire avec une exclamation de galantin ravi : « Ma femme est sortie... ma petite chatte !... » Et quel Monsieur ! comme il est vieux et laid ! comme sa tête à demi chauve et sa physionomie enflammée par les vins chaleureux respirent la convoitise ! Le repas succulent qu'il vient de faire semble avoir ravivé pour un moment ses ardeurs passées, il se sent rajeuni, il veut sourire avec grâce, il devient égrillard et se met en bonne fortune. Qu'il est hideux et ridicule avec son gilet serin, son gros ventre qui surplombe et le débraillé de sa tenue en goguette ! Je ne sais pas ce qu'il médite, mais, à tout hasard, mieux vaudrait pour cette vertu en péril s'enfuir au plus vite, car Madame ne rentrera peut-être pas de sitôt ; son affreux mari prend trop ses aises pour ne pas le savoir. Oh ! si elle apparaissait !... Madame n'aime pas pour son mari ces sortes de tête-à-tête, et Madame serait pour notre ingénue fourvoyée une sauvegarde et un témoin bien autrement protecteur que cette table dressée et ce meuble perfide qui s'étale complaisamment à côté !...

Mais je crois, Dieu me pardonne, que je m'alarme pour vous, Mademoiselle, beaucoup plus que vous ne vous tourmentez vous-même ! Eh quoi ! vous ne criez pas, vous ne trépignez pas, vous ne jetez pas votre carton à la tête de cet audacieux ! Bien mieux, vous permettez qu'il vous caresse le menton, que sa lourde main froisse votre fichu, votre col si blanc et si fraîchement empesé ! Que signifient, je vous prie, cette petite moue satisfaite et ces paupières qui s'abaissent langoureusement sur vos yeux clignotants ? Que vous êtes bien chatte, pour aimer que le premier venu vous câline ainsi ! Serait-ce donc pour ça que vous avez mis votre jolie robe rose, votre tablier vert tout neuf et que vous avez emprisonné votre pied mignon dans ce brodequin qui dessine si bien votre jambe fine et déliée ?

Est-ce que vous ne seriez pas aussi innocente que vous me paraissiez l'être ? Cet air modeste qui m'avait d'abord prévenu en votre faveur ne serait-il qu'un masque, et votre présence en pareil lieu serait-elle autre chose qu'une surprise ! Cette table sur laquelle j'aperçois un verre rempli jusqu'au bord porterait-elle par hasard un couvert pour deux ?

Ah ! si vous ne voulez pas qu'on vous accuse, n'attendez pas davantage, arrachez-vous à ces tentations qui vous perdraient. C'est le moment de penser à votre mère et de vous rappeler ses sages avis. Pauvre petite chatte ! vous si gentille et si jalouse de la propreté de votre toilette, apprenez que le contact de cette bête immonde suffit pour vous souiller et vous rendre laide. Et comment, après un tel malheur, oseriez-vous rentrer sous votre toit et recevoir honnêtement les hommages des jeunes et aimables matous du voisinage, parmi lesquels vous pouvez encore choisir un mari? Fuyez donc! ou bientôt vous ne serez plus fraîche et pure comme les fleurs que vos soins font éclore tous les jours, vous ne serez plus gaie comme les oiseaux qui viennent chanter, le matin, à votre réveil. Fuyez !... Et si jamais vous revenez, ne restez pas quand on vous dira : « Ma femme est sortie, petite chatte. »

XXXVII

Les lumières leur font peur.

XXXVII

Le monde et l'Académie des Sciences et Belles-Lettres de Carpentras viennent de faire une perte cruelle dans la personne de Claude-Athanase-Raoul-Palamède-Gontran, chevalier de Chathuant, et de nul autre lieu.

Claude-Athanase-Raoul-Palamède-Gontran de Chathuant, naquit, en un vieux château du Comtat Venaissin, dans la dernière période du xviiie siècle, d'un père qui avait servi dans les cent gentilshommes à bec de corbin, et d'une mère qui aurait vraisemblablement fini ses jours en odeur de sainteté dans quelque chapitre de chanoinesses du Comtat sans l'amour qu'elle inspira au chevalier de Chathuant, père de celui dont nous déplorons le trépas en ce moment.

La châtellenie de Chathuant fait encore aujourd'hui, perchée sur son rocher, l'admiration des voyageurs qui vont de Carpentras à Meynerbe ; quoique pourvue de magnifiques priviléges féodaux, et donnant à son possesseur le droit de haute, moyenne, et basse justice, elle ne rapportait que de fort minces revenus. Le jeune Claude-Athanase-Raoul-Palamède-Gontran annonçait, au dire de ses parents, les plus heureuses qualités du corps et de l'esprit ; ils résolurent donc de l'envoyer à la cour, où il ne pouvait manquer de faire le plus brillant mariage.

Muni de ses parchemins constatant qu'il pouvait monter dans les carrosses du roi, et d'une lettre de recommandation pour son oncle le très-haut, très-noble, et très-puissant marquis de Vautoupet, capitaine des levrettes de la chambre du roi, Claude-Raoul-Athanase-Palamède-Gontran arriva à la cour de France, où, grâce à sa naissance et à la situation de son oncle, il fit aussitôt une grande figure. Il suivit deux fois le roi à la chasse, monta une fois dans ses carrosses, et assista au jeu de la reine. Lorsque ces nouvelles parvinrent au castel de Chathuant, la mère du jeune Claude-Athanase-Raoul-Palamède-Gontran annonça au curé et au bailli que son fils prenait le plus grand vol, et qu'il ne tarderait pas à faire de l'un un évêque, et de l'autre un sénéchal.

Le fait est que, sans la révolution française, le descendant des Chathuant pouvait espérer de succéder à son oncle dans la charge de capitaine des levrettes de la chambre du roi, dont il avait la survivance. Nous n'avons pas besoin de dire comment ses espérances furent renversées.

On sait que la cour de Louis XVI était partagée en deux partis bien distincts, l'un composé des gens passionnés pour les nouveautés, l'autre hostile à toute innovation. Le chevalier de Chathuant (il venait de prendre ce titre à la mort de son père) se rangea parmi ces derniers. Doué d'un heureux instinct poétique, comme la plupart des méridionaux, le héros de cette notice avait eu plusieurs charades imprimées dans le *Mercure de France*.

Rendons-lui justice, il refusa constamment de croire aux prodiges du baquet de Mesmer, et l'on ne parvint jamais à le convaincre qu'un manufacturier d'Annonay s'élevait dans les airs à l'aide d'une machine nommée Montgolfière.

Claude-Athanase-Raoul-Palamède-Gontran, devenu l'unique descendant de sa race, résolut de se marier, afin de perpétuer l'illustre maison de Chathuant. Il venait d'épouser Mlle Athénaïs de Sourischauve quand la révolution française éclata. Les levrettes de la chambre furent dispersées, et tombèrent en des mains roturières; lui-même se vit obligé de chercher son salut dans la fuite. Le chevalier passa à l'étranger avec son épouse.

La Restauration ayant fait la faute immense de ne point rétablir la charge de capitaine des levrettes de la chambre, le chevalier de Chathuant quitta la cour, et vint s'établir dans son château, échappé, comme par miracle, à la bande noire. C'est là qu'il a terminé ses jours, au milieu de la douleur de ses amis et des regrets de toute la population.

A peine revenu dans le Comtat, l'Académie de Carpentras s'empressa de recevoir le chevalier de Chathuant parmi ses membres. Assidu à toutes les séances, il ne manquait jamais d'y lire un bouquet à Chloris, une fable, un madrigal, ou une tirade de son poëme en douze chants, intitulé : *l'Art de mettre sa cravate*. Quelques jours avant que la Parque cruelle eût cessé de filer pour lui, il mettait la dernière main à une tragédie, dont il put encore lire, à la séance solennelle, le songe, composé de trois cent cinquante vers seulement.

Le salon de Mme de Chathuant, née de Sourischauve (elle a devancé de quelques années son mari dans la tombe) était le dernier asile de l'ancienne galanterie française, dont le chevalier avait conservé toutes les traditions. Pour être admis dans ce salon, il fallait faire preuve au moins de trente-quatre quartiers de noblesse. Aussi M. et Mme de Chathuant ne recevaient-ils qu'une société peu nombreuse. On y jouait au quinola, à pigeon-vole, et les jeunes gens s'y instruisaient dans l'art charmant et aujourd'hui perdu du parfilage.

M. de Chathuant conserva toute sa vie une répugnance assez marquée pour toutes les inventions modernes. Celui qui écrit ces lignes ne l'a vu en colère qu'une seule fois : c'est le jour où il lut dans un journal qu'on allait de Paris à Versailles en vingt minutes, au moyen d'un chemin de fer. Depuis ce temps-là, il a refusé d'ouvrir aucune feuille, et il s'est même désabonné à la *Gazette de France*.

On peut juger de l'effet qu'aurait produit sur lui l'annonce des tables tournantes, des esprits frappeurs, et des autres merveilles du magnétisme moderne. Heureusement, il est mort avant que la monomanie du fluide ait pénétré à Carpentras.

Fidèles au coqueluchon et à la douillette, on voyait naguère encore ces deux vieux époux se promenant à pas lents le soir dans l'avenue de leur château en ruine. La femme est partie la première, le mari vient de la suivre. Quelques personnes affectaient de son vivant de le traiter d'éteignoir, d'obscurantin, d'ennemi des lumières. Plus indulgents, nous nous bornons à regretter la perte de ce curieux et dernier échantillon d'une époque déjà bien loin de nous. Celui-ci fut fidèle à son temps, à son époque ; c'est un ridicule quelquefois, et souvent une vertu.

XXXVIII.
Monseigneur, je vous présente mes hommages ainsi que ma fille.

XXXVIII

Nous connaissons tous un plaisant vaudeville intitulé : *le Père de la débutante*. Ce vaudeville nous cache peut-être une grande comédie, qui se joue parfois sur un théâtre de société qu'on appelle le monde. Sur ce théâtre de la comédie réelle, la débutante n'est point une actrice; c'est une jeune fille, une enfant, qu'il s'agit de faire débuter dans la vie, le plus heureusement possible... pour monsieur son père.

Le père de cette nouvelle *débutante* se trouve fort à plaindre; son embarras est aussi grand que son appétit : que fera-t-il d'une innocente pensionnaire, qui n'est que jolie; d'une belle personne, qui n'est que charmante; d'une demoiselle à marier, qui n'a tout juste, pour le mariage, que ce que le bon Dieu lui a donné?... Ne pouvant point la doter, il voudrait absolument que la Providence dotât sa fille; d'ailleurs il se souvient d'avoir été ruiné par la mère de son enfant, et il ne demanderait pas mieux que d'être enrichi lui-même par l'enfant de sa femme.

Quand il regarde cette aimable créature, qui commence à manquer de tout... de tout ce qui plairait à son père, le bonhomme se prend à regretter le siècle, le règne et les amours des princes trop galants; Louis XV le Bien-aimé lui aurait si fort convenu! Pour ne point quitter sa fille, il serait devenu volontiers le concierge du parc aux cerfs. Excellent père!

Après cela, il ne me sied point de vous dire que le père dont il s'agit ait mérité le prix Monthyon : je le prends pour ce qu'il est dans une scène de Grandville, pour un personnage équivoque, assez affreux et assez plaisant, difficile à comprendre, difficile à définir, embarrassant et embarrassé peut-être, un je ne sais quoi, un je ne sais qui, quelque chose de laid qui me semble moitié chair et moitié poisson; le poisson domine!

Dieu merci, je ne suis pas forcé de le suivre dans les chemins de traverse, au milieu des broussailles où il a promené sans doute la jolie toison de sa fille. J'imagine qu'il a cherché le début et le succès en plus d'un endroit; je me figure qu'il a dû jouer un rôle dans le trou du souffleur, sur plus d'un théâtre de société, théâtre de la finance, théâtre de la bourgeoisie, théâtre de la noblesse, partout où se joue l'interminable comédie de l'amour, de l'argent et du hasard.

En ce moment, je devine qu'il a trouvé son public et son espérance : le voilà qui parvient, le voilà qui arrive, bras dessus, bras dessous, avec sa fille; le voilà bientôt dans je ne sais quelle petite cour de l'Allemagne de M. Scribe; le voilà qui chante victoire et fortune, en se souvenant d'une chanson populaire :

> Un grand prince à nous s'intéresse;
> Courons assiéger son séjour.
> Ah! quel beau jour!
> Je vais au palais d'une Altesse,
> Et j'achète un habit de cour!...

Oui, par la sambleu! l'habit de cour est sur son dos, habit acheté de la veille, et qui ne doit être payé que le lendemain. Enfin l'heure est venue, la scène est prête, le public attend. La fille sent battre son cœur, le père ne sent pas bouger sa conscience. On frappe les trois coups sur un tambour, l'ouverture est exécutée par une flûte, et la toile se lève, sur les mots suivants qui renferment tout le secret de la comédie : *Monseigneur, je vous présente mes hommages... ainsi que ma fille!*

Il faut croire que la pièce a réussi, car le bonhomme s'amuse à faire de bien beaux rêves, sans dormir. Il songe aux favorites du temps passé, et il se dit peut-être, le malheureux, qu'il vient d'effleurer, en passant près de sa fille, Cotillon Ier, Cotillon II, Cotillon III, ces jolis et fiers Cotillons qui ont été faits avec le mouchoir d'un roi de France! Il entrevoit déjà le manteau de duchesse sur les épaules de son enfant! Il se voit lui-même en habit de chambellan, avec une clef sur son habit, une clef qui doit ouvrir la caisse! Il sera, pour le moins, et en bonne conscience, gentilhomme ordinaire de la chambre! Ce qui peut lui arriver de plus modeste, c'est d'obtenir une position dans les menus-plaisirs de Son Altesse!

Et pourtant, voyez un peu le quasi-malheur! L'Altesse a des préjugés, des faiblesses et des caprices; il pousse la curiosité jusqu'à la manie de tout voir et de tout avoir!

Certes, Monseigneur a raffolé de notre comédie et de notre comédienne ; mais il aime le changement dans le personnel du théâtre, la variété dans le répertoire, et il ne tardera point à demander une affiche nouvelle : les représentations de la débutante seront suspendues, *par ordre.*

Il me faut rassurer ou consoler bien vite le grand chambellan de tout à l'heure : l'Altesse n'épousera point tout à fait sa jolie fille ; mais il la veut marier entièrement avec un de ses protégés. Il y aura une dot, et le père de la débutante trouvera pour lui-même quelque chose de raisonnable dans la corbeille de mariage. Monseigneur daignera signer au contrat, et l'assistance pourra chanter, avec une légère variante, le couplet de Béranger :

> Le livre où j'ai puisé ceci
> Ajoute que l'époux morose
> Faillit mourir de noir souci,
> Et que d'un dicton il fut cause :
> Dès qu'un mari peu résigné
> Prêtait à rire au voisinage,
> Le duc, disait-on, a signé
> Son contrat de mariage.

Il n'est point mauvais que la plus triste comédie finisse par une jolie chanson.

XXXIX.

Vas donc..... taupe.

XXXIX

Qu'est-ce que c'est que ce petit poisson qui paraît être si fort en colère? Où donc a-t-il pris les manières peu galantes qu'il emploie vis-à-vis de cette taupe à plumes et à falbalas? Ces mœurs et ces gestes, les a-t-il importés du fond des régions de son humide patrie? Ou bien est-ce dans la fréquentation des civilisés qu'il a contracté les habitudes gymnastiques auxquelles il se livre avec cet entrain merveilleux?

Mais oui vraiment, ce sont bien nos usages qu'il a la malhonnête prétention de copier, car je vois s'échapper la fumée du cigare qu'il tient à la main. Fuma-t-on jamais sous l'eau? Toutefois, il nous calomnie cet impertinent voyageur en terre ferme. Fumer, passe encore; qui est-ce qui ne fume pas aujourd'hui sur le globe? mais, des pointes appartenant à cette chorégraphie-là! fi donc! nos écoles de danse en frémiraient d'horreur! C'était bien la peine en vérité de prendre deux jambes comme les nôtres pour les faire servir à ce grossier manége; et ce drôle paie par de bien mauvais exemples l'hospitalité qu'il reçoit parmi nous!

— Je gagerais volontiers qu'il a été banni de sa patrie pour avoir attenté aux bonnes mœurs sous-marines.

— Dans ce cas, je demande l'extradition; ce poisson est incorrigible; il nous corromprait! L'humanité est bien un peu fragile, et lui si vicieux et si insinuant!

— Oh! il est bien connu, allez; et, si une chose m'étonne, c'est qu'il trouve encore à qui parler chez nous. Après ça, me direz-vous, s'il est proscrit il a droit à des égards.

— Oui; mais il y a proscrit et proscrit : s'il avait voulu régénérer son pays, je ne dis pas; mais le pervertir! Les bannis de cette espèce ne devraient trouver de patrie nulle part. Regardez un peu celui-ci, je vous prie. Tudieu! quelle mine de sacripant! quel air de mauvais sujet de bas étage! quelle désinvolture canaille avec cette coiffure insolemment jetée sur son oreille droite, et son col éraillé attaché comme un carcan autour de son cou veuf de linge! Et cette bouche qui, dans un rictus ignoble, laisse échapper des expressions inconnues, Dieu merci, parmi nous, et qu'on ne parviendra jamais à nous apprendre, espérons-le!

— A Dieu ne plaise qu'on répète de ces mots-là!

— Mais le nom de ce poisson? son nom est bon à connaître, ne fût-ce que pour le fuir si on l'entendait jamais prononcer.

— Sans doute; aussi vais-je essayer de vous satisfaire sur ce point important. Et d'abord je soupçonne qu'il en a changé en émigrant sur notre terre; car la dénomination sous laquelle il est connu de nous doit être complétement ignorée dans l'eau salée qui l'a vu naître : circonstance qui me confirme dans ma première opinion touchant l'infamie qui le poursuit dans ses foyers et l'oblige à chercher fortune sur la terre étrangère. Il a donc voulu prendre un nom moins déshonoré et s'est fait appeler : *à la maître d'hôtel.*

Quelle que soit l'excentricité qui lui a fait préférer ce bizarre assemblage de mots pour se défigurer, quelque inconnue que soit pour nous la secrète affinité qui existe entre cette appellation, *à la maître d'hôtel*, et le vocable qui le caractérisait dans sa patrie, toujours est-il qu'il est universellement appelé ainsi chez les civilisés ; et c'est sous ce nom qu'il a commis et commet journellement tous ses méfaits et scandalise la société qui lui donne asile.

Quant à cette taupe, que vous pourriez être tenté de plaindre en la voyant exposée aux injures et aux violences de ce garnement, réservez votre pitié pour une meilleure occasion. La taupe ne vaut pas mieux que lui, ou plutôt taupe et poisson se valent ; vous allez voir.

Il y a, dans le monde animé, des phénomènes dont les causes semblent défier les intelligences les plus habiles à lire dans ce grand et mystérieux livre qui s'appelle la nature. En vertu de quel fluide caché les êtres en apparence les plus antipathiques, les plus différents par la forme et par les habitudes, se sentent-ils attirés les uns vers les autres ? Quelle cause assigner à certaines associations anormales, hyménées monstrueux contractés en dépit des lois générales qui régissent le monde physique et moral ? Il m'est plus facile de poser ces questions que de les résoudre. Que si vous êtes plus savant que moi, cher lecteur, ce qui n'est pas difficile, faites part de votre découverte aux académies réunies de l'Institut : je ne les connais pas assez pour vous garantir un prix de 100,000 fr. ; mais vous pouvez compter sur un passe-port recommandable pour votre voyage à travers la postérité.

Toutefois, si vous tenez à ce que mes vœux vous accompagnent dans cette longue traversée, commencez par m'expliquer l'étrange loi, ou le singulier caprice qui a rapproché cette taupe et ce poisson, c'est-à-dire l'embrassement de ces deux antipodes : la taupe, qui vit généralement sous la terre, s'unissant au poisson, qui vit généralement sous l'eau. Pourquoi? Voilà la question! Cherchez, savant lecteur.

Pour moi, je n'ai qu'une chose à certifier et à prouver, c'est que l'association a existé. Elle a existé, je l'affirme, je l'ai vue fonctionner, et je ne suis pas le seul. Voulez-vous des preuves? En voici une qui les vaut toutes.

Axiome : « Toute chose qui finit a commencé. »

Or, la société dont il s'agit prend fin ici, sous vos yeux : les associés liquident. Donc, etc. (Vous savez la formule.)

J'ajoute, cher lecteur, que les deux parties ont grande chance de se retrouver, toujours en vertu de ces mêmes éléments magnétiques dont vous ne manquerez pas de nous donner le secret; et que bientôt il se formera entre elles une nouvelle participation.

Eh! tenez, tenez, voyez là, sur la droite, cette figure surmontée d'un gigantesque bonnet de Cauchoise; vous diriez une bonne d'enfants, n'était cette tête de chameau du désert. Eh bien! en ce moment même, elle est en train de poser les bases de quelque association du même genre avec cet autre vaurien qui fume sa pipe, variété de l'espèce, et qui se rencontre plus particulièrement extra-muros.

CONCLUSION.

Les animaux, comme les hommes, sont faits pour vivre en société.

XL.
Système d'attraction.

XL

Qu'est-ce qui a fait perdre à Ésaü son droit d'aînesse?

Qu'est-ce qui avait mis le vieux Noé dans l'état où ses enfants le trouvèrent un jour?

Qu'est-ce qui fait la pluie et le beau temps?

Qu'est-ce qui a fait tomber le feu du ciel sur Sodome et Gomorrhe?

Pourquoi Samson, qui était si fort, est-il tout à coup devenu si faible?

Pourquoi le grand Holopherne s'est-il laissé couper la tête par la petite Judith?

Pourquoi Odry est-il mort?

Pourquoi la guerre de Troie a-t-elle été entreprise, et pourquoi Achille, en restant sous sa tente, a-t-il fait durer cette guerre dix ans et occasionné la mort de tant de héros, comme dit Homère ?

Πολλὰς δ' ἰφθίμους ψυχὰς Ἄϊδι προΐαψεν
Ἡρώων. . . .

Pourquoi le fruit, quand il est mûr, tombe-t-il de l'arbre sans qu'on ait besoin de le cueillir ?

Pourquoi les fleurs, après avoir brillé et répandu leur parfum, se fanent-elles, comme si un ennemi invisible leur enlevait à la fois et l'arome et l'éclat ?

D'où vient que les oiseaux se font la guerre dans l'air, les poissons dans l'eau, les bêtes et les hommes sur la terre ?

D'où vient que les bêtes et les hommes s'aiment d'amour sur la terre, les oiseaux dans l'air, les poissons dans l'eau ?

Pourquoi Bertrand ne peut-il se passer de Robert Macaire ?

Pourquoi voit-on des nuages dans l'air et des paratonnerres sur les monuments ?

A quoi devons-nous la boussole et la découverte de l'Amérique ?

Pourquoi fait-on des Révolutions et des Restaurations ?

Qu'est-ce qui fait la marée montante et la marée descendante, le flux et le reflux de l'Océan ?

Qu'est-ce qui fait tourner la terre, les têtes, les tables et les chapeaux ?

Qu'est-ce qui fait les bagnes et les palais, les prisons et les Capitoles ?

Qu'est-ce qui a poussé la belle Thaïs de Palerme à la

conquête d'Alexandre pendant qu'il était en train lui-même de faire celle de l'Inde ?

Pourquoi le vent qui soufflait à travers la montagne a-t-il rendu fou Gastibelza, l'homme à la carabine ?

Pourquoi des milliers d'astres brillants restent-ils suspendus au firmament ?

Pourquoi tant d'étoiles s'éclipsent-elles sur la terre ?

Pourquoi va-t-on remplir les salons de cet homme puissant qui a mal acquis sa fortune ? pourquoi fait-on la cour à ce parjure ? pourquoi se fait-on le complice de ses crimes en s'asseyant à sa table ?

Pourquoi tant de masques sur les visages, tant de mensonges sur les lèvres, tant d'apostasies sur les fronts, tant de lâchetés dans les cœurs ?

Pourquoi ?

Pourquoi tant d'autres choses bonnes ou mauvaises qui se passent chaque jour sous nos yeux, et dont la cause nous inquiète fort peu ?

Tout cela se fait, tout cela vit, marche, se conserve, se perd, en vertu du même phénomène qui pousse ce vieux coq maigre et usé vers cet inconséquent papillon dont les ailes se brûleront bientôt à la flamme qui brille pour l'attirer et le consumer ;

Loi mystérieuse à laquelle obéit ce vieillard libertin quand il tend à cette jeune fille, aussi avide et aussi légère que la phalène, la bourse d'or au fond de laquelle elle doit trouver la perte de sa vertu et la mort de son honneur.

L'*Attraction !*... c'est le nom du phénomène ; l'attraction qui régit le monde physique, et qui dans le monde moral reçoit autant de noms qu'il existe de variétés passionnelles dans le cœur humain.

L'attraction, qui est aux corps ce que la sympathie est aux âmes.

Amour, désir, bonheur, ambition, plaisir : attraction! toujours attraction !

Bien ou mal, vie ou mort : attraction ! attraction !

Virgile a dit le mot ;

. . *Trahit sua quemque voluptas.*

XLI.

T'as raison Gauthier, c'est pas ceux qu'habitent les bels hôtels qu'est les plus heureux.

XLI

Grandville a dessiné et Old-nick a écrit un livre où il y a autant d'observation comique que de philosophie ; ce livre s'appelle les *Petites misères de la vie humaine*. Il y a bien longtemps que je rêve un livre que je n'écrirai peut-être jamais, un livre qui serait la contre-partie de celui-là ; il pourrait être intitulé les *Petits bonheurs de la vie humaine*.

Quel beau livre on pourrait écrire, il me semble, avec ce titre, sur ce sujet, avec cette donnée ! et combien il est regrettable que l'idée n'en soit pas venue à un plus vaillant, à un plus habile ! Si les *Petites misères de la vie humaine* sont l'histoire des mille coups d'épingle, des mille taquineries de l'existence du riche, de l'oisif, les *Petits bonheurs* seraient le poëme des exquises félicités intérieures que Dieu réserve au pauvre en compensation de ses souffrances.

Et ne croyez pas que je veuille ainsi paraphraser l'*Embarras des richesses* à la façon de La Fontaine, de d'Allainval ou de Casimir Bonjour.

Il n'est pas besoin de tous ces souvenirs, plus ou moins littéraires, pour sentir et pour prouver que le castor philosophe Gauthier a profondément raison, comme le lui dit son camarade, en assurant que « *c'est pas ceux qu'habitent les bels hôtels qu'est les plus heureux.* »

Voyez-vous ce paon roi, la mine hautaine et son aigrette fièrement dressée? c'est pour lui sans doute que se bâtit cet hôtel splendide, auquel les arcades cintrées donnent un aspect tout à fait monumental; pour lui seront ces vastes salles à lambris sculptés et dorés, ces chambres prudemment défendues par de doubles clôtures contre l'intempérie des saisons, ces appartements où il fera frais l'été et chaud l'hiver; pour lui cette salle à manger où l'on servira souvent à de nombreux convives les mets les plus délicats, les plus rares, les plus chers, les plus compliqués : du gibier quand la chasse est fermée, des pois verts en janvier, des fraises en février, des pêches en mars, des raisins en avril, des truffes toujours! Pour lui enfin ces meubles commodes où l'on s'assied mollement, où l'on se couche plus mollement encore! Mais ne l'enviez pas, Gauthier, car vous ne savez pas, et je vous souhaite de ne jamais savoir, à quel prix il a conquis tout ce bien-être, à quel prix il le conserve. Sans même penser à tout ce qu'il peut entrer dans la composition d'une fortune, de bassesses, de remords, d'inquiétudes, à tout ce que peut causer de préoccupations et d'anxiétés la seule gestion, l'administration de cet avoir formidable, laissons de côté les chagrins et les déceptions de ce M. de Fierville, chagrins plus incessants, croyez-le bien, déceptions plus amères, n'en doutez pas, que toutes vos souffrances et vos privations, et ne voyons que ses joies, ses félicités, ses petits bonheurs dont je vous parlais tout à l'heure, et comparons-les aux vôtres.

Vos petits bonheurs! ai-je dit. Mais quelle est mon erreur!

est-ce qu'il y a des petits bonheurs ou plutôt des bonheurs petits pour les pauvres? est-ce que tout bonheur n'est pas un grand bonheur, vivement ressenti par une âme impressionnable, naïve, qui blasée sur la douleur est restée presque vierge à la joie? de même que tout plaisir, si mince ou si grossier qu'il soit, agit sur ses sens exercés mais non émoussés par le travail.

Pour qui le repos est-il un bonheur, mon philosophe Gauthier, si ce n'est pour vous qui, après avoir manié la truelle ou le marteau toute la journée, rentrez le soir dans votre logis pour y prendre un repas, frugal il est vrai, mais dont l'appétit fait les frais d'assaisonnement, et goûter un sommeil exempt de rêves, d'agitation et de cauchemars? Et le dimanche, quelle n'est pas votre joie, quand vous pouvez faire un petit extra en famille!

La famille, c'est là qu'est véritablement le bonheur du pauvre; plus le pauvre se rapproche de la nature et vit près des champs, plus il aime la famille; pour lui le développement de sa famille est un signe de prospérité, chaque nouvel enfant est accueilli avec des transports de joie; les frères aînés le saluent avec amour, pour eux il sera un compagnon; pour les parents il sera un aide, un soutien, à l'époque de la vieillesse.

Pour tant d'autres, et des mieux rentés, l'accroissement de la famille est parfois considéré comme une calamité; c'est une occasion de dépense de plus; si des jours malheureux surviennent, les charges de l'adversité sont augmentées d'autant; c'est une dot de plus à donner, sans compter cette dot abominable, qui figure souvent dans les négociations de mariages riches, et qu'on appelle des *espérances!*

La famille du pauvre! mais c'est là la vraie famille. Chez le riche, malgré les révolutions politiques, civiles, morales, qui ont bouleversé la société depuis soixante ans, la tradition du droit d'aînesse ne s'est pas complétement effacée; ou bien, si elle a disparu, ç'a été pour faire place aux préférences paternelles et maternelles, et ce n'est guère qu'à l'amour maternel de la femme pauvre que peut s'appliquer le beau vers du grand poète :

> Chacun en a sa part, et tous l'ont tout entier.

Et puis, Gauthier, mon brave homme, ne sentez-vous pas, en définitive, de qui l'aumône réjouit le plus le cœur? Quand vous avez prélevé une modeste obole sur votre nécessaire pour secourir plus pauvre que vous, soyez certain que vous avez ressenti plus de félicité de ce bienfait qu'il n'en est entré jamais dans l'âme du riche qui peut être humain sans toucher même à son superflu ! Vous ne l'ignorez pas, le denier de la veuve, du travailleur besogneux, quand il tombe dans l'escarcelle de l'indigent, est plus agréable à Dieu que tout l'or de l'homme opulent.

Réjouissez-vous donc, ô honnêtes castors, de ne point bâtir pour vous ces magnifiques hôtels, et, au lieu de répéter avec envie le *sic vos non vobis nidificatis aves* de Virgile, attendez patiemment, en jouissant de la vie, cette dernière heure où vous aurez encore sur le riche une dernière supériorité, car

> La mort du riche est un regret,
> La mort du pauvre une espérance !

XLII.
Pour qui sont ces serpents qui sifflent sur ma tête.

XLIJ

L'origine de la *tragédie* se perd dans la nuit des temps; mais cependant bon nombre de savants s'accordent à croire que ce divertissement a été imaginé par les Grecs, les mêmes qui ont inventé le *jeu d'oie*.

La tragédie n'est guère appréciée en France que depuis environ deux cents ans; jusque-là nos pères lui préféraient de beaucoup le jeu d'oie. C'est un tort, sans doute; mais le respect que nous devons à nos ancêtres nous interdit de les blâmer sévèrement en quoi que ce soit.

Nous trouvons même qu'ils ont eu raison d'adorer *Teutatès*, du moment où cela pouvait leur être agréable.

La première tragédie française n'a pas été jouée à Paris; c'est à Meaux qu'elle a été représentée, et Felibien nous rapporte que le principal magistrat de cette ville, transporté d'enthousiasme, donna plusieurs fois le signal des plus chaleureux applaudissements en criant à haute voix : *Très-bien! très-bien!*

Comme cette tragédie finissait par l'empoisonnement de trois princes romains, dont deux princesses, les artistes, pour ne pas laisser les habitants de Meaux sous l'impression de la tristesse, jugèrent convenable de finir cette pièce par un pas espagnol. Cette tradition s'est conservée dans la ville de Meaux, et n'importe quelle pièce s'y termine encore actuellement par un pas espagnol.

Puis M. le maire donne le signal du départ en se levant et en disant : *Très-bien ! très-bien !*

Depuis quelques années, nous le reconnaissons avec peine, le culte de la tragédie a beaucoup baissé en France. A Paris, deux temples doriques, à colonnes également, lui sont encore ouverts, le Théâtre-Français et l'Odéon ; mais le nombre des fidèles a sensiblement diminué.

Pourtant les professeurs du Conservatoire, qui sont comme qui dirait les grands prêtres du culte de la tragédie, font tout ce qu'ils peuvent pour ranimer le feu sacré dans l'âme des jeunes néophytes qui leur sont confiés chaque année. Ils leur enseignent l'art de marcher avec majesté et sans avoir jamais l'air pressé, même lorsqu'il faut accourir pour annoncer à un père que son fils vient d'être dévoré par un veau marin à écailles jaunissantes, qui a commencé par faire cabrer les chevaux de son char ; l'art de vibrer, c'est-à-dire de prononcer les *rrr* à l'instar des perroquets bien élevés ; et enfin l'art d'entrecouper une tirade par un hoquet pathétique ressemblant le moins possible au hoquet d'un simple ivrogne.

Toutes ces choses-là ne s'apprennent pas dans une seule leçon, et ce n'est guère qu'au bout de trois ans d'études qu'un jeune homme parvient à débiter d'une façon réellement attendrissante le récit de Théramène, quand il y parvient.

Rien de plus difficile que de jouer convenablement n'importe quel rôle dans une tragédie. Pour aborder les *Achille* il faut être plein de feu, et pourtant ne pas bredouiller; pour représenter les *Agamemnon*, on doit avoir du ventre, et il est bien rare qu'un élève du Conservatoire possède cet accessoire, ses moyens pécuniaires ne lui permettent pas de se le procurer. Enfin, même pour jouer simplement l'emploi des confidents, il faut savoir écouter, sans trop d'ennui, tous les interminables récits que le prince vient vous faire, et il est même bon d'avoir l'air d'y prendre un vif intérêt, bien qu'au fond on s'en moque comme de Colin Tampon.

Tout bien réfléchi, l'emploi des confidents est peut-être encore le moins facile à tenir.

Ajoutez que les tragédiens de nos jours ne sont plus comblés d'égards, comme il y a une quarantaine d'années, à l'instar de ce qui se pratiquait du temps de Talma. Grandville nous fait voir comment on en use avec eux. Vous me direz probablement que cela tient un peu à ce qu'aujourd'hui il n'y a plus de Talma; c'est possible, mais ce n'est pas une raison pour ne pas prendre la tragédie au sérieux.

Or, loin de prendre la tragédie au sérieux, on se permet même quelquefois de rire au nez du bouillant Achille et de siffler Agamemnon, le roi des rois!

Une société qui ne croit plus à rien, pas même aux songes tragiques, est à deux doigts de sa perte.

Cette réflexion n'est pas de moi, elle est d'un habitué de l'Odéon; car quoi qu'en disent les mauvais plaisants, l'Odéon a un habitué.

Pour vous donner une idée de l'abaissement dans lequel est tombée la tragédie en 1853, il nous suffira de vous dire que, cette année, les professeurs du Conservatoire, malgré toute leur bonne volonté, n'ont pas pu décerner un seul prix de tragédie, pas même un accessit!

Il n'y a que la classe du *trombone* où le concours ait eu le même résultat négatif.

Plus de trombones ni de tragédiens : quelle triste perspective pour la France!

Les habitants de Meaux en seront prochainement réduits à assister à des représentations dramatiques uniquement composées de pas espagnols.

Il faudra alors que M. le maire affectionne furieusement ces pas pour qu'il se décide encore à dire : *Très-bien ! très-bien !*

XLIII.

Voulez-vous déjeuner avec nous, la mère Pilon?

XLIII

« Oh! mon Dieu, quelle horreur! En voilà des goûts ; pas possible de m'y habituer. Depuis que ces trois bouchers sont dans la maison, il n'y a pas moyen d'y tenir. Ils disent comme ça que c'est pour leur instruction ! C'est drôle, tout de même, d'être obligé d'aller fouiller dans le pauvre monde, quand il est mort, pour apprendre à empêcher les autres de mourir! Après ça, c'est peut-être des bêtises, car je ne vois pas qu'on perde l'habitude d'aller au cimetière. Faut bien cependant qu'on leu-z-y recommande à nos trois enragés ; ça n'est déjà pas si bon, que ça *infeste* toute la maison, et que mon pauvre chéri de Pilon, cet amour de mon cœur, a failli s'en trouver mal, l'autre jour, en balayant l'escalier ; à preuve que le *propiétaire*, qu'est venu par hasard ce jour-là, a demandé ce que ça voulait dire. Vous voyez donc bien qu'ils font pas ça par plaisir! C'est égal, j'aurais jamais pris un état comme ça, moi, et je suis bien heureuse que mon chéri n'ait eu du goût que pour les arts, comme y dit. Je l'aime tant, que je l'aurais épousé tout de même ; mais enfin c'est encore une chance que j'ai eue, qu'y ne travaille que sur la peau des bêtes, au lieu de faire dans la peau humaine, comme mes trois de là-haut ; ça sent pas mauvais au moins, et puis c'est prope. »

Ainsi dialoguait avec elle-même la mère Pilon, en se disposant à monter chez trois de ses locataires, qu'elle pourvoyait, tous les matins, d'un pain de dimension raisonnable, et d'une cruche d'eau fraîche aux flancs arrondis. Depuis longues années, notre perruche tenait l'emploi de concierge, de moitié avec son Pilon chéri, perroquet vieux comme elle, et son idole, dans une maison du quartier latin, dont la spécialité avait toujours été de servir d'asile à de jeunes sansonnets, à des pinsons étourdis, à quelques pigeons mélancoliques, et à bon nombre de fauvettes éveillées ; le tout faisant excellent ménage ensemble, babillant, gazouillant, sautillant, passant la vie douce enfin, et portant la gaieté dans le logis, ce qui ne déplaisait pas aux vieux époux Pilon ; car ils n'étaient pas de ces vieillards tristes et grognons qui ne veulent pas que les autres soient jeunes parce qu'ils ne le sont plus eux-mêmes ; au contraire. La mère Pilon chérissait sa petite colonie, et pour rien au monde elle n'aurait voulu changer ses locataires. Parmi les maximes à son usage, elle affectionnait spécialement celle-ci : « En changeant, on sait ce que l'on perd, mais on ne sait pas ce que l'on gagne. » Aussi, n'avait-elle jamais eu la moindre peccadille à se reprocher vis-à-vis de son cher Pilon, et cependant...! Mais elle n'avait jamais voulu.

Bref, notre vieille perruche était la mère de tous ses locataires, et, pourvu qu'on lui fît un peu la langue, qu'on lui racontât les nouvelles, et qu'on écoutât longtemps ses anciennes histoires, tout allait bien. Ah! dame! on n'est pas perruche pour se taire!

Un jour trois gaillards se présentent et demandent à louer un appartement. La mère Pilon fit un peu la grimace devant une triade de noires figures à longs becs : c'étaient trois corbeaux ; cet extérieur sinistre n'était pas fort encourageant au premier abord ; mais comme au demeurant nos amis paraissaient d'assez bons vivants, la mère Pilon se laissa persuader par le *denier à Dieu*, et voilà ses nouveaux venus installés.

Elle n'était pas encore familiarisée avec les habitudes de ses jeunes locataires, et elle remarquait de fréquentes allées et venues ; ils sortaient, rentrant ensuite avec des paquets soigneusement enveloppés ; mais, à part certaine odeur tant soit peu insolite, rien de particulier n'avait signalé ces démarches, et, quand le matin elle pénétrait chez eux, elle n'y apercevait rien d'extraordinaire ; seulement l'odeur en question se révélait plus sensiblement. Au total, les corbeaux avaient toujours le mot pour rire et la pièce pour la mère Pilon ; aussi elle n'était pas fâchée de sa nouvelle acquisition.

Mais un soir les trois étudiants étaient rentrés beaucoup plus tard que de coutume, marchant dans l'allée comme des gens embarrassés par un fardeau qu'on introduirait dans la maison. Le couple intéressant en eut des insomnies pendant toute la nuit.

Aussi, devançant l'heure de son ascension, la mère Pilon munie de sa provision ordinaire monte doucement, pour ne pas donner l'éveil, ouvre la porte avec précaution, et ne trouvant personne devant elle, avance et pénètre dans une dernière pièce dont l'accès jusque-là lui avait été interdit.

Ce qu'elle vit alors, en reculant d'horreur, vous le voyez aussi en ce moment, étendu sur une table : un cadavre, dans lequel fouillaient, avec l'ardeur que donne l'amour de la science, deux de ses locataires, le tablier sur la poitrine, le scalpel au bec; et, pendant que ceux-ci accomplissaient cette besogne de boucher, le troisième, assis sur une malle, ayant devant lui un coin de fromage de Brie, coupait le pain de son déjeuner avec le même instrument qui venait de servir à ses expériences anatomiques. A côté de lui reposaient entassés, pêle-mêle, des ossements disséqués, des carcasses, des crânes, tout l'attirail enfin d'un amphithéâtre; l'appartement était converti en un véritable charnier.

« Voulez-vous déjeuner avec nous, la mère Pilon? s'écrièrent d'un ton goguenard les trois amateurs. Du bifteck, du filet, de l'entre-côte, mère Pilon; voilà, à la minute!... » A ces voix railleuses, la sensible perruche, sortant comme d'un cauchemar, ne put que faire un geste de dégoût et détourner pudiquement la tête; elle s'enfuit tout effarouchée, se remettre de son émotion dans les bras de son chéri.

Depuis, cependant, elle a fini par s'habituer aux corbeaux et à leur chair plus ou moins fraîche; elle s'est familiarisée avec les expériences anatomiques, et tout fait espérer à nos carabins qu'elle finira par déjeuner avec eux. Il n'y a que le premier pas qui coûte.

XLIV.

M. Martin-Pêcheur apportant à dîner à sa famille.

XLIV

Les passions sont de tous les pays, puisque l'homme est partout; mais il y a des goûts et des penchants qui s'établissent et se reproduisent de préférence sous certaines latitudes, et se développent beaucoup mieux dans telle contrée que dans telle autre. Le climat, les mœurs, le génie particulier d'un peuple, exercent une grande action sur l'efflorescence de ses goûts préférés, et quelquefois il suffit d'une chaîne de montagnes ou d'un fleuve pour marquer une différence radicale entre les habitudes de deux nations voisines. C'est toujours le mot de Pascal légèrement varié dans son application : Erreur au delà, vérité en deçà.

La boxe n'a jamais pu se naturaliser en France. Si elle a quelquefois essayé de passer le détroit, ce n'a été que pour venir constater le mauvais goût de nos concitoyens, qui l'ont repoussée, et regagner sa terre natale après avoir, comme les apôtres, secoué ses sandales indignées sur ce sol inhospitalier et indigne de la comprendre.

Jamais les nobles jeux de l'Espagne n'ont pu passer les Pyrénées, et si par hasard on a voulu essayer de faire quelque chose des magnifiques arènes de Nîmes, on n'a réussi qu'à donner de pauvres spectacles, misérables parodies des vaillantes *corridas* où tout Madrid se presse pour fêter *la spada,* qui tue force taureaux, et pour couvrir d'acclamations et de fleurs le taureau, qui éventre beaucoup de chevaux et casse les reins à beaucoup de cavaliers.

Vous souvient-il de cette bonne plaisanterie que s'est permise naguère l'Hippodrome de Paris, laquelle consistait à faire jouer à cache-cache trois ou quatre petits veaux, bien timides, bien tendres probablement (vous devez le savoir si vous en avez mangé), sur la tête desquels on avait planté deux cornes postiches, qu'on avait eu le soin de garnir de drap pour leur donner une apparence de réalité? Quelques citoyens du faubourg Saint-Denis, fort soigneusement déguisés en Basques, figuraient les *picadores,* les *banderilleros,* les *matadores* de ce quadrille apocryphe, et faisaient l'impossible, je le reconnais, pour se faire poursuivre, sans y réussir, par ces pacifiques animaux, fort étonnés de la fantaisie, et dont le nez en l'air humait avidement le parfum des pâturages voisins, où ils demandaient à être reconduits.

Eh bien, qu'est-il résulté de ces tentatives malheureuses d'acclimatation de jeux exotiques, de ces essais infructueux de passe-temps plus ou moins belliqueux, plus ou moins féconds en émotions fortes? Il en est résulté d'abord un immense éclat de rire poussé par le malin peuple, qui a parfaitement vu la bouffonnerie mise à la place du drame, et puis l'indifférence bientôt suivie de l'abandon le plus complet; n'en déplaise à notre spirituel feuilletoniste Théophile Gautier, *aficionado* incorrigible, comme il le dit lui-même, et qui, pour satisfaire sa fièvre tauromachique, se voit obligé de passer périodiquement les monts, au delà desquels sa renommée de *dilettante* lui fait décerner des invitations spéciales et lui mérite des *tueries* d'honneur.

Que M. Théophile Gautier garde ses goûts espagnols renouvelés des Maures; qu'il en prenne à son aise des cirques et des amphithéâtres; moi je suis avant tout de mon pays, et je bénis le Ciel de m'avoir fait naître sur une terre qui n'inspire que des passions inoffensives, incapables d'altérer la bonté native du caractère national.

Quand je veux me reposer l'esprit et ouvrir mon cœur aux douces et bienfaisantes inspirations, je n'ai pas besoin de prendre des chevaux de poste et de faire trois cents lieues, au risque de me rompre cent fois le cou, pour répondre à la gracieuse invitation de M. Cayatano Sanz, et tomber de Paris à Bilbao, à l'heure dite, à la place qui m'attend au Cirque, où le noble *toro* va mourir pour moi; non, non, mon procédé est bien plus simple, et surtout moins fatigant. Le voici pour l'édification de ceux qui voudraient m'imiter. D'ailleurs, je ne veux pas rester en arrière de M. Gautier en fait de largesses; il vous a donné sa recette, je vous donne la mienne : vous choisirez.

Je pars de Paris par une belle matinée de printemps ou d'été, et je vais pédestrement jusqu'au pont de Neuilly. Arrivé là, je descends sur la berge, et je commence ma revue le long du fleuve, que je suis jusqu'à Asnières; je m'y fais servir une matelote, que je mange de cet appétit sans nuage que possède seul l'homme qui vient d'assister au spectacle le plus fait pour reposer l'âme et disposer le corps aux fonctions qui lui sont commandées par la nature.

J'ai vu en effet Paris se livrant à sa passion favorite. Dès l'aurore le rivage commence à se jalonner de paisibles citadins venus là pour entamer contre les narquois habitants du fleuve une lutte où la patience des premiers n'a d'égale que l'espièglerie des seconds. Tout ce que la science de la pêche à la ligne renferme de secrets, tout ce que l'expérience d'une pratique ancienne peut suggérer de ruses et de ressources, est mis en œuvre par ces héros de l'asticot; mais j'avoue que je ne connais pas d'école capable de former à la résignation et à la longanimité comme l'école de la pêche à la ligne.

Rarement *ça mord,* et c'est merveille de voir le stoïcisme avec lequel le pêcheur penaud, mais incapable de découragement, remplace l'asticot que le malin goujon vient de manger à la barbe de son hameçon, et continue ce manége jusqu'à ce que la nuit, en venant chasser le jour, mette fin à ce combat inégal où l'homme, toujours vaincu, accourt le lendemain matin pour recommencer sa nouvelle et infaillible défaite.

Spectacle enchanteur! modeste et placide passe-temps! pourvu toutefois que la famille ne compte pas uniquement sur les succès du pêcheur, et qu'elle ait à mettre sous la dent autre chose que le goujon solitaire dont va se composer le souper de tous ces pauvres affamés, sur lesquels Grandville vous conjure de vous attendrir.

XLV.

Le recruteur, ou la traite des blancs.

XLV

Il y avait une fois un magnifique troupeau de moutons qui faisait l'admiration de tous les habitants de la contrée où il paissait l'herbe fleurie, et broutait les saules au feuillage argenté. Bon maître, bon chien, bon gîte, il avait tout à souhait; aussi c'était merveille que de le voir s'ébattre et sauter dans les gras pâturages, et rentrer le soir au son des clochettes accompagnant le chant mélodieux de son berger.

Depuis quelque temps cependant ce dernier remarquait un changement dans le caractère et les habitudes de trois de ses élèves. Il les voyait tristes, inquiets, dédaignant de se mêler aux jeux de leurs camarades, et, comme un pion vigilant, il résolut d'épier leurs mouvements, afin de découvrir les causes cachées de cette conduite inexplicable.

Le malheur rapproche, dit-on, et la communauté de sentiments est un aimant qui attire les cœurs. Un jour, nos trois moutons s'étaient réunis sous un gros chêne; le berger les aperçut; pensant qu'il allait pénétrer le secret de leur étrange manége, il vint à pas de loup se cacher derrière le tronc de l'arbre, retenant son souffle et ouvrant les oreilles. Alors il entendit le dialogue suivant :

PREMIER MOUTON.

Je crois, frères, avoir découvert le mal qui nous ronge ; mon opinion est que nous nous emb....

DEUXIÈME MOUTON.

D'abord, pas de pléonasme! tu veux dire que nous nous ennuyons. C'est aussi mon opinion.

TROISIÈME MOUTON.

C'est la mienne.

PREMIER MOUTON.

On n'est pas parfait; le bonheur tranquille me fatigue; cette vie toujours la même, et qui, vous ne le savez que trop, doit avoir aussi le même dénoûment tragique, m'est devenue insupportable; je veux m'y soustraire.

TOUS.

Il faut nous y soustraire.

PREMIER MOUTON.

Que faire alors?... Oh! j'ai une idée!...

DEUXIÈME MOUTON.

C'est impossible : on dit généralement que nous n'avons que celles des autres.

TROISIÈME MOUTON.

Eh bien, à l'avenir on dira particulièrement le contraire. Voyons, quelle est cette idée?

PREMIER MOUTON.

Sauvons-nous!

TOUS.

Partons! Fuyons!

PREMIER MOUTON.

Cette unanimité me touche et me ravit. Adoptée l'école buissonnière! Mais ce n'est pas tout de se sauver, il faut aussi ne pas être repris. On s'apercevra bientôt de notre fuite, et alors on mettra sur nos traces ce dogue hypocrite, bon apôtre aujourd'hui, mais qui demain nous mènera sans pitié où vous savez.

TOUS.

Que faire alors?

PREMIER MOUTON.

J'ai une idée!

DEUXIÈME MOUTON.

Encore! je n'ose l'espérer.

TROISIÈME MOUTON.

Les hommes vont être jaloux! Voyons cette autre idée!

PREMIER MOUTON.

Déguisons-nous ! Ce soir, à minuit, après avoir revêtu les nippes que nous pourrons découvrir dans les réduits de nos gardiens, nous franchirons les claies du bercail, et nous serons libres. Maintenant, frères, séparons-nous, pour ne pas éveiller les soupçons ; mais, auparavant, jurons de garder le secret de la conspiration, et mort aux traîtres !

TOUS.

Mort aux traîtres !

Le berger avait tout entendu. A sa place, vous auriez fait un éclat ; mais celui-ci avait appris par une longue pratique à voir de sang-froid les agitations et les péripéties du drame de la vie. Il avait été choriste depuis l'enfance, et maintenant, il venait demander aux charmes de la campagne des consolations pour sa belle voix perdue et du calme pour son âme trop longtemps tourmentée, c'était un stoïcien.

Son plan arrêté, il appelle Médor, et lui parle en ces termes : « Tu vois ces trois moutons ; ce soir, ils se déguiseront en hommes, et s'échapperont. Tu dois les laisser accomplir leur projet, les suivre de loin, et lorsque le jour sera venu, les arrêter et les conduire ici. J'ai dit. »

Tout fut fait des deux côtés ainsi qu'il avait été convenu.

Nos gaillards s'évadent ; Médor ne les perd pas de vue, et le retour du jour vient éclairer leur déconvenue. Arrêtés et dirigés vers le bercail, ils croyaient aller à la mort, lorsque leurs oreilles sont frappées par une voix joyeuse qui s'approche en chantant : *Je suis, je suis le joli recruteur.....*

LES MOUTONS.

Tiens, tiens, c'est comme chante notre berger, qui dit que c'est du Val d'Andorre, une pièce où il était superbe, à ce qu'il prétend.

LE RECRUTEUR.

Si la gloire a pour vous des charmes....

PREMIER MOUTON.

Bon ! voilà du Philtre, maintenant ; c'est encore un choriste retiré, celui-là, c'est sûr. Mais que veut-il ?

LE RECRUTEUR.

Vous enrôler pour la gloire et pour vingt écus ; ça vous va-t-il ?

DEUXIÈME MOUTON.

Je ne sais trop ce que c'est que la gloire, mais je connais le froid du fer....

TOUS.

Nous connaissons le froid du fer... Nous enrôler ! Ça nous va !

MÉDOR.

Un moment, un moment ! C'est bientôt dit, la gloire et vingt écus ! Et moi donc ! et mon devoir !...

LE RECRUTEUR.

Ton devoir ! Il consiste pour le quart d'heure à recevoir ton salaire et à te sauver, après cependant que j'aurai toisé ces trois citoyens, car s'ils n'ont pas la taille, il n'y a rien de fait. Bonnes figures tout de même !...

Nos trois conscrits eurent la hauteur et la constitution voulues. D'ailleurs, en ce temps-là, on n'était pas difficile !

Ils partirent. Je ne sais pas s'ils firent connaissance avec la gloire, mais il paraît qu'ils continuèrent à connaître le *froid du fer*. C'est du moins ce qu'on peut augurer en voyant ces trois débris, assis à l'ombre des trophées de l'hôtel des Invalides, philosophant sur la superfluité de certains membres du corps humain, et prenant en pitié les aristocrates qui ne peuvent vivre sans deux jambes, deux bras, et le reste.

MORALE.

La guerre est un abattoir en gros et en détail.

XLVI.
Une vilaine commission.

XLVI

PERSONNAGES : Le Vicomte Léopold DES CROCS, quarante-un ans, cheveux grisonnants, forte stature, larges épaules, figure mâle, ornée de moustaches relevées en pointe; tenue presque militaire, enfin un bel homme selon les charcutières et les bonnes d'enfants. — LIMIER, garde du commerce, fin coureur, visage fûté, jambe alerte, corps à l'avenant; — DOGUIN, — MOLOSSE, — BARBET, ses assistants. — OCTAVE; — M. DURILLON, pédicure; — Mme DURILLON; — M. SABOULARD, père de Mme Durillon; — Mme SABOULARD; — Anastasie SABOULARD, leur fille; — Margoton, cuisinière.

(*La scène se passe à Paris et à Fontenay-sous-Bois, en 18....*)

SCÈNE Ire. — *Au Palais-Royal.*

LE VICOMTE, rencontrant Octave. Eh, bonjour, cher, enchanté de vous voir; entrez donc avec moi chez le cireur; je vous offre un vernis.

OCTAVE. Merci. Est-ce que vous allez dîner en ville? Une pareille toilette à cinq heures du soir !

LE VICOMTE. Non, j'ai dîné; mais je prépare une expédition qui exige la tenue la plus soignée.

OCTAVE. Vous allez en bonne fortune?

LE VICOMTE. Oui; à la conquête de la Toison-d'Or, et c'est pour cela que j'attends l'honnête Limier; je lui ai donné rendez-vous chez le restaurateur de la chaussure humaine.

OCTAVE. Quoi ! Limier, le chasseur de gibier de Clichy? Je croyais qu'il vous avait poursuivi à outrance, et que...

LE VICOMTE. Nous sommes au mieux maintenant; il va tout à l'heure venir m'arrêter ici, c'est moi qui le lui ai demandé.

OCTAVE. Comment? Vous vous faites arrêter? Contez-moi donc ça.

LE VICOMTE. Rien de plus simple. Vous savez que je m'étais retiré à la campagne, à Fontenay-sous-Bois, où je vivais depuis trois mois auprès de braves gens qui se trouvaient fort honorés de m'héberger gratis; mais je m'ennuie de cette existence, et j'ai besoin de deux billets de mille francs pour me retremper dans la vie de Paris. Or, j'ai imaginé de me faire arrêter, afin d'obtenir un emprunt forcé. Limier va venir ici avec deux dossiers. Nous prendrons un fiacre, et il me conduira chez quelques amis à qui il demandera s'ils ne sont pas disposés à me tirer de la mauvaise position où je suis; il leur montrera un dossier de trois mille francs; on se fera peut-être tirer l'oreille, mais on m'aime trop pour me laisser fourrer à Clichy; on s'exécutera; Limier se paiera d'un petit dossier de cinq cents francs, prendra cinq cents francs pour ses honoraires et pour ses frais, et me remettra les deux mille restants. Qu'en dites-vous?

LIMIER, entrant. Monsieur le vicomte, je suis à vos ordres.

LE VICOMTE. Eh bien, partons. Au revoir, Octave; je vous invite à venir croquer un morceau des deux mille demain au café de Paris.

SCÈNE II. — *Un appartement rue Montmartre, chez Durillon.*

LE VICOMTE. Croyez bien, Monsieur, que c'est malgré moi que j'ai consenti à la démarche qu'on me fait faire. (Inquiet et élevant la voix) Je saurai supporter avec dignité le malheur qui m'accable, (déclamant) et ne pas oublier ce que je dois au nom que mon père a illustré....

Mme Durillon, qui a reconnu la voix du vicomte, se précipite dans le cabinet de son mari)

MADAME DURILLON. Qu'y a-t-il, monsieur Léopold! vous parlez d'un malheur?...

LE VICOMTE. Hélas! Madame, ne soyez pas témoin de ma honte; je vois bien que M. Durillon hésite à me sauver, et...

MADAME DURILLON. N'en croyez rien, monsieur Léopold. (A son mari.) N'est-ce pas, mon ami?

M. DURILLON. C'est que tu ne sais pas, madame Durillon, qu'il s'agit de trois mille francs.

MADAME DURILLON. Eh bien, après!

M. DURILLON. Eh bien, c'est que je ne les ai pas, et je pensais que ton père, qui connaît Monsieur plus que...

MADAME DURILLON. Fi, Monsieur, c'est abominable.... Ce bon monsieur Léopold! si j'avais des économies, moi... Mais vous êtes si...

M. DURILLON. Allons, allons, cœur d'or, ne te fâche pas. Je vais faire autant et plus que le possible; voici quinze cents francs... que ton père en fasse autant, et...

LE VICOMTE. Monsieur, je ne puis tolérer qu'on me marchande ainsi plus longtemps; la dignité, l'honneur... (A Limier, en se tournant vers la porte.) Sortons... Adieu, Madame!

MADAME DURILLON, à son mari. Vous êtes un monstre, une âme sèche! je ne vous pardonnerai de ma vie. Donnez-moi ces quinze cents francs. — Je cours rejoindre ces messieurs, et je vais avec eux chez mon père.

SCÈNE III. — *A Fontenay-sous-Bois chez M. Saboulard.* — SABOULARD, MADAME DURILLON, LE VICOMTE, LIMIER.

LE VICOMTE. Je vous le disais bien, Madame, votre cœur vous égare; les femmes seules savent compatir au malheur, se laisser toucher par l'accent du désespoir. Vous le voyez, Monsieur votre père refuse...

MADAME DURILLON. Mon père, ne vous laisserez-vous pas fléchir?

SABOULARD. Je te le dis, ce paiement que j'ai été obligé de faire, ce matin même, me laisse presque sans argent; il me reste en tout cinq cents francs. Avec les quinze cents que tu as, cela fait deux mille. (A Limier.) Il me semble que Monsieur pourrait bien se contenter de cet à-compte. Dans quelques jours, monsieur le vicomte lui-même...

LE VICOMTE, voyant Limier hésiter. Et vous croyez, Monsieur, que quand on porte un nom comme le mien, on consent à payer par à-compte. J'aime mieux Clichy.

MADAME SABOULARD, entrant. Qu'ai-je entendu? Vous, monsieur Léopold, à Clichy! (A son mari.) Vous avez donc un cœur de rocher?

SABOULARD. Mais ma femme, tu sais bien ce paiement de ce matin...

MADAME SABOULARD. Eh bien! je mettrai ma montre en gage, je vendrai mes bijoux, et puis j'ai encore là trois cents francs.

LE VICOMTE. Non, mille fois non, madame. Il ne sera pas dit que moi, le vicomte Des Crocs, j'aurai souffert que des femmes généreuses...

ANASTASIE SABOULARD, entrant les larmes aux yeux. J'ai tout entendu, monsieur Léopold, et moi aussi je veux donner tout ce que j'ai pour vous aider; voilà les six louis de ma loterie pour les pauvres de Fontenay. Les pauvres peuvent attendre, eux, puisqu'on ne les mettra pas en prison.

LE VICOMTE, sanglotant. Oh ciel! à quel degré d'avilissement m'avez-vous fait descendre! Je ne m'exposerai pas plus longtemps à de pareilles humiliations, et... (Il ouvre la fenêtre; les trois femmes se précipitent sur lui.) Vous me retenez, préférez-vous donc me voir finir mes jours au fond d'un cachot?

MARGOTON (se précipitant tout éplorée dans la chambre, un sac d'argent à la main.) Dans un cachot, monsieur Pold ! (Se jetant aux pieds de Limier.) Tenez, Monsieur, prenez toutes mes économies; je ne sais pas ce qu'il y a, comptez vous-même, ça m'est égal... mais que monsieur Pold reste ici !... n'est-ce pas mon bon petit Popold... J'aime mieux tout dire d'abord. Eh bien! oui, je l'aime, cet homme. (A M. Saboulard.) Chassez-moi si vous voulez; il me prendra à son service, lui, et je ne lui demanderai pas de gages. (Elle se jette sur le vicomte et lui passe les bras autour du cou. — Consternation générale. — Madame Durillon reprend les quinze cents francs de son mari; — Anastasie remet en pleurant les six louis dans sa poche; — Madame Saboulard lance au vicomte un regard furieux. Moment de silence.)

MADAME SABOULARD, d'une voix altérée par la colère. Vous comprenez, Monsieur, qu'après ce que nous venons d'apprendre...

LE VICOMTE. Je sais ce qui me reste à faire. (Bas, à la servante.) Ah! Margoton, qu'as-tu fait ! (Il saute par la fenêtre.)

MARGOTON. Ah! mon Dieu, il va se tuer!

MADAME DURILLON. Il n'y a pas de danger, ce n'est qu'un entre-sol.

LIMIER. Et moi ! Qui est-ce qui me paiera mes honoraires ?

MADAME SABOULARD. Voulez-vous vous sauver, rien qui vaille?

SCÈNE IV. — *Chez le vicomte, huit jours après.*

LIMIER entre, suivi de Doguin et de Barbet, recors, et de Molosse, gendarme. Enfin, je vous trouve donc, Monsieur le vicomte, et j'espère, cette fois, que vous n'allez pas me faire courir de Durillon en Saboulard et de Saboulard en Margoton, pour me glisser entre les doigts comme une anguille. Ah! Monsieur le Don Juan, qui ne se contente pas de la mère et des deux filles, à qui il faut encore la cuisinière. Rappelez-vous le proverbe : *Qui trop embrasse mal étreint.*

LE VICOMTE, saisissant une chaise de chaque main. Vous vous permettez de railler, drôle; eh bien, je vous déclare que celui qui a promis de me mettre la main sur le collet, s'est chargé là d'une vilaine commission.

LIMIER. Nous serons donc obligés d'avoir recours à M. le commissaire de police.....

Moralité. Le vicomte expie en prison ses légèretés, et réfléchit sur le sens profond de ce vers de Racine :

Et l'avare Clichy ne lâche point sa proie.

XLVII.

A l'avenir, les voleurs auront une plaque avec un numéro.

XLVII

M. GOBE-MOUCHE.

Ce que vous me dites là est-il bien possible?

M. RENARDET.

Mon Dieu oui, mon cher monsieur Gobe-Mouche; rien n'est plus vrai, et j'ajoute que rien ne saurait être plus moral; songez-y donc : dénoncer les voleurs aux honnêtes gens!

M. GOBE-MOUCHE.

Pour moral, je n'en disconviens pas; mais je me demande comment on fera.

M. RENARDET.

Rien n'est plus simple : nous les forçons d'abord d'avoir des livrets, absolument comme les ouvriers et les domestiques; puis nous leur mettons à chacun une plaque avec un numéro, comme aux commissionnaires et aux cochers de fiacre.

M. GOBE-MOUCHE.

Très-bien; mais ceux qui s'aviseraient de s'en passer !...

M. RENARDET.

Impossible; ils seraient en contravention et s'exposeraient aux peines les plus sévères : seize francs d'amende d'abord, et huit jours de prison en cas de récidive. Comprenez-moi bien : un voleur vous prend votre montre, vous le dénoncez; il est pris; procès-verbal qui constate qu'il a travaillé sans plaque et sans livret, contravention, condamnation, amende, prison, tout ce qui s'ensuit. C'est un système admirable, la publicité appliquée aux filous. Mais nous ne nous bornons pas à cela.

M. GOBE-MOUCHE.

Quoi donc encore ?

M. RENARDET.

Vous avez pu remarquer qu'on octroie des croix d'honneur aux particuliers qui illustrent leur pays, qui lui rendent des services éminents...

M. GOBE-MOUCHE.

Oui, il y en a en effet beaucoup ; on voit bien que ce pays est fièrement illustré et joliment servi.

M. RENARDET.

Vous n'avez pas été sans observer aussi qu'on décerne des médailles aux braves gens qui ont accompli des actes de vertu, d'humanité, en protégeant des enfants ou des vieillards contre la misère, en sauvant la vie à leurs semblables au péril de leurs propres jours, dans des incendies, dans des inondations, dans des tempêtes....

M. GOBE-MOUCHE.

Certainement. Ceux-ci sont même beaucoup moins nombreux, et puis je me suis laissé dire qu'on ne portait pas ces sortes de médailles.

M. RENARDET.

C'est exact, et la chose est parfaitement naturelle ; mais il n'est pas étonnant qu'elle passe votre faible intelligence.

M. GOBE-MOUCHE, presque fâché.

Monsieur, une pareille insinuation !.... Cependant j'avoue que je ne comprends pas bien ; car enfin il me semble qu'il n'est pas moins glorieux de sauver son semblable dans les flots ou dans le feu....

M. RENARDET.

Que de le tuer sur un champ de bataille, n'est-ce pas ? Et c'est précisément là ce qui vous trompe. Tuer beaucoup d'hommes à la guerre est une action si glorieuse, qu'il n'y a pas de récompense assez grande dans la réalité du présent pour témoigner de la reconnaissance des survivants ; on y ajoute même une longue renommée à venir. Les mortels d'aujourd'hui ne peuvent encore se lasser d'admirer la brillante extermination de Troyens exécutée par le bouillant et divin Achille. Ces fameuses fauchaisons d'hommes sont en outre des actes non moins utiles que mémorables.

M. GOBE-MOUCHE.

Utiles? Je voudrais bien savoir en quoi?

M. RENARDET.

Mais en ce qu'elles débarrassent le banquet de l'humanité d'une foule de bouches gourmandes, et font ainsi plus large la part de ceux qui restent.

M. GOBE-MOUCHE.

Au fait, c'est assez juste...

M. RENARDET.

Tandis qu'au contraire — vous suivez bien mon raisonnement — celui qui sauve un ou plusieurs hommes ne fait que conserver des convives dont la présence force leurs voisins à se serrer encore les coudes et peut-être le ventre. Vous voyez donc bien que vos fameux sauvetages sont tout au plus des actions louables, et encore... Aussi n'est-ce que par pure bienséance qu'on leur accorde des récompenses... Voilà pourquoi les lauréats, les médaillés ne portent ni leurs couronnes, ni leurs médailles; quant à moi, je voudrais qu'ils fussent forcés de les porter; au moins lorsqu'un homme voudrait mettre fin à ses jours, s'il voyait près de lui son sauveteur, il serait averti et s'en irait plus loin exécuter son généreux dessein.

M. GOBE-MOUCHE.

Mais tout cela ne me dit pas ce que vous voulez faire.

M. RENARDET.

J'y reviens. Eh bien! nous voulons faire pour le crime ce qu'on fait pour la gloire, le signaler par des marques distinctives. La publicité, je vous l'ai dit, la publicité! Ainsi, tel particulier a conquis quinze ans, vingt ans de travaux forcés pour vol, faux, abus de confiance, etc.; grand dignitaire de l'ordre, plaque et cordon! — Tel autre n'a obtenu que la réclusion, petit ruban en sautoir avec médaille. — Celui-ci n'a cueilli que quelques années de détention ou de simple prison. médaille du format moyen. — Celui-là a vendu dans le commerce des denrées sophistiquées ou des marchandises à faux poids, rosette à sa boutonnière, affiche à sa porte et dans sa boutique...

M. GOBE-MOUCHE.

Mais, pardon, il me semble...

M. RENARDET.

Laissez-moi achever, vous parlerez tout à l'heure. Médecins, marchands de fausse médecine, rosettes! — Professeurs, marchands de fausse science, rosettes! — Artistes, marchands de fausse peinture, de fausse musique, de fausse comédie, rosettes! — Philosophes, vendeurs, de fausse morale, rosettes! — Journalistes, spéculateurs en fausses nouvelles et en fausses opinions, rosettes! — Banqueroutiers, médailles; faillis, petits rubans; exécutés à la Bourse, ruban panaché; entrepreneurs de commandités, faiseurs de primes, exploiteurs de gogos, rubans, rubans, rubans. Quant à ces maîtres habiles qui ont inventé l'art de travailler sur la lisière du code pénal, et de s'en faire des centaines de mille livres de rentes, ruban arc-en-ciel, éclatant de toutes les nuances du spectre solaire; car ceux-là sont les arlequins de la spéculation.

M. GOBE-MOUCHE.

Monsieur, votre système me conviendrait assez; mais je remarque un article qui me blesse. Vous ignorez peut-être que je suis commerçant?

M. RENARDET.

Et vous ne voudriez pas voir infliger l'affiche et la rosette aux marchands qui vendent à faux poids?

M. GOBE-MOUCHE.

Dame! il n'y aurait bientôt plus de commerçants!

M. RENARDET.

Vous ne voulez donc pas que tous les voleurs aient une plaque avec un numéro?

M. GOBE-MOUCHE.

Tous les voleurs, oui... excepté les commerçants.

M. RENARDET.

C'est pourtant ce qui aura lieu à l'avenir.

PICPOQUETTE, en lui soutirant sa canne.

En attendant, ce qu'il y a de plus sûr, c'est de bien tenir la main sur votre montre, et de faire coudre vos poches.

XLVIII.
Académie de dessin.

XLVIII

Celui qui copie est un singe ;
Or, un peintre copie ;
Donc, un peintre est un singe.

Et cela est si vrai, que le verbe *singer* est devenu synonyme de copier, d'imiter.

Voilà pourquoi Grandville, et après lui Decamps, ont incarné dans les singes la race porte-palette, tous ceux qui font métier d'*animer la toile,* comme on dit en beau langage, et de donner une seconde vie aux créations de Dieu.

Ce sont donc des singes qui, grands, moyens et petits, s'occupent à reproduire les *traits* (il faut toujours être honnête), d'une demoiselle appartenant à l'ordre tant calomnié des guenons.

A vrai dire, et bien que la plupart d'entre eux soient fort attentifs à leur œuvre, je n'ai pas une très-haute opinion de leur mérite. D'abord ils se sont constitués en *académie !* En académie, entendez-vous, et non en *atelier*. La différence est immense. Un *atelier* n'est d'ordinaire qu'une réunion de jeunes drôles, sans respect pour la tradition, goguenards, romantiques, et plus paresseux les uns que les autres.

Notre *académie,* au contraire, compte parmi ses membres d'honorables calvities, de graves maturités. Le plus assidu de tous ne laisse voir que son abat-jour, mais quel abat-jour ! Il sera du jury, soyez-en certain.

Le peintre qui se tient debout est un grand peintre ; on n'en saurait douter à son attitude magistrale, à la sûreté de sa main, à l'expression rogue et froide de sa tête un peu renversée. Il peint comme un Autrichien commande. Avez-vous vu son dernier plafond, à l'Intérieur ou aux Travaux publics? Que c'est bien là un peintre de ministère ! Ajoutez encore à ce dernier trait, qu'il ne lit pas les critiques d'art, parce que, selon lui, les journalistes *ne savent pas ce qu'ils disent.*

Un peu derrière lui, coiffé d'un bonnet grec, il y a un brave singe qui peint pour le plaisir de peindre, naïvement, sans se douter de ce que c'est que la crânerie, le flou, le chic, la morbidesse et le réalisme. Il fait la ressemblance, ne lui en demandez pas davantage.

Mais son vieux et long collègue à lunettes, ployé en deux et assis sur un petit tabouret, quel mal ne se donne-t-il pas ! Quels efforts ! quelle aptitude, et aussi quels tourments ! C'est le peintre nerveux et malheureux : tout le choque, un rien le désole; ses bottes le gênent, son pantalon est trop étroit. Comme il a la vue infiniment basse, il se penche sans cesse vers le modèle, et il lui crie à chaque instant : — Vous perdez *la pose !* Il appartient à la plus laide espèce des singes, à la plus incommode, à la plus grimacière. Il ne fera jamais rien de bon, et peut-être s'en doute-t-il : c'est ce qui le rend acariâtre et difficile à vivre. Pourtant il a beaucoup connu Drolling, et Boilly, et Blondel ; il estime Vien peut-être plus que David ; et lorsqu'il parle de la peinture, il ne manque pas de l'appeler un *prestige enchanteur* ou une *magique imposture*.

Une *académie*, pas plus qu'un *atelier*, ne saurait se passer d'un rapin. Il y a donc un rapin dans cette académie, un petit rat aux oreilles en nœuds de rubans, au museau barbelé, qui bourre le poêle avec des bûches, et ranime quelquefois celles-ci avec les esquisses de ces messieurs.

C'est auprès de ce poêle, sur un piédestal un peu plus large qu'une chaufferette, que se tient, dans l'attitude de la Vénus pudique, la demoiselle dont les charmes ont été loués à la séance. Ne doutons pas qu'elle ne soit fort belle et qu'elle ne résume toutes les séductions de la plastique. Elle sait sa valeur ; aussi son œil est-il chargé d'une noble fierté, et son sourire est-il empreint d'une confiance absolue. Elle est accoutumée aux hommages ; à seize ans elle posait pour Hébé et pour *l'Innocence offrant des fleurs à un serpent;* depuis lors, elle a été tour à tour Amphitrite, Diane de Poitiers, Junon, Éponine, sainte Philomène, la veuve d'Hector et Élisabeth d'Angleterre. Vous ne connaissez qu'elle aux expositions, vous l'avez vue sous toutes les faces, sous tous les costumes, et vous la verrez encore bien souvent. Un jour qu'elle passait avec son enfant dans un de nos jardins publics, elle s'arrêta avec orgueil devant une nymphe en marbre, qui n'était guère vêtue que de l'air du temps, et elle s'écria : « Mon fils, voici ta mère »! L'enfant ouvrit de grands yeux, et instinctivement le rouge lui monta au front. Mais le modèle, et surtout le modèle-guenon, n'a ni pudeur ni sentiment de famille; il ne vit que pour l'art, et le monde n'est, à son avis, qu'un immense musée.

La guenon que vous voyez ici a un collier et des boucles d'oreilles. Ce n'est donc pas encore une guenon au déclin. Mais que dis-je? Est-ce qu'il y a un déclin pour les guenons artistiques? Lorsque le temps aura rétréci ses épaules, maigri et rougi ses bras, lorsque le poêle vainement bourré sera impuissant à conjurer les engelures qui déshonoreront les pieds de la Vénus pudique, eh bien! son parti en est pris à l'avance : elle posera pour les mères de famille, pour les suivantes; lorsqu'elle sera décrépite, elle posera pour les sorcières et les Furies; elle posera toujours, elle poserait pour la Mort.

XLIX

S'il faut en croire M. de La Palisse, l'amour est universel ; c'est une plante qui vient bien dans toutes les terres et sous toutes les latitudes : j'ajoute que c'est la seule qui n'ait rien à redouter des brusques changements de température ; elle brave la gelée comme la sécheresse, et s'il arrivait un jour que la Sibérie fût le Sénégal, et réciproquement, je n'hésite pas à affirmer que la plante susdite demeurerait intacte au milieu de ce chassé-croisé de neiges et de soleil dévorant.

Mais si cette fleur ou ce tubercule (les naturalistes sont divisés sur la question) croît dans tous les climats, la manière de le cultiver varie à l'infini et subit autant de modifications qu'il y a de peuples sur le globe. En Corse et en Italie, on le traite généralement par le stylet et le poignard ; en Turquie, par les sorbets et le narguilé ; en France, par les cachemires et les billets de banque ; en Espagne, par la navaja, tempérée par la guitare, la mandoline et les castagnettes.

Et maintenant que nous avons dit ou à peu près les diverses méthodes de culture, il est facile de distinguer à quelle région appartient le spécimen que nous avons sous les yeux. Il est clair, en tout cas, que nous ne sommes pas en Espagne. Les Almaviva n'ont point de ces tournures septentrionales, et ce n'est pas dans ce riflard hyperboréen, ignoré dans l'Andalousie, que nous pourrions reconnaître les charmants accessoires qui caractérisent les procédés en usage chez les enfants du Midi. Ce n'est pas ainsi qu'*on attend sa belle* à Grenade ou à Séville, ou plutôt qu'on va la chercher, au risque de se rompre le cou, jusque sur les balcons les plus élevés. Suspendus entre terre et ciel, en haut d'un escalier de soie aérien, les amoureux castillans jetteraient un regard de souverain mépris sur nos soupirants transis faisant le pied de grue dans le ruisseau, enveloppés de pesants manteaux, embarrassés de lourdes redingotes, et attendant prosaïquement que les lumières s'éteignent et que la grisette sorte du magasin. Des cannes en guise de mandolines, des parapluies et des fourrures, et, pour tenir lieu de sérénades et de chants d'amour, des rhumes invétérés et des toux discordantes, en voilà plus qu'il n'en faut pour aiguiser la verve de tous les Figaros de la patrie des alcades et des hidalgos, en supposant qu'il y ait encore des hidalgos, des alcades et des Figaros.

Mais s'il n'y en a plus, il y a toujours des duègnes faciles et bien apprises qui entendent de loin le signal mélodieux du galant, et s'empressent de soulever discrètement la jalousie pour lui faire signe qu'il est le bienvenu.

Les méthodes du Nord sont un peu différentes ; l'amoureux n'y chante pas, il s'y livre à une chorégraphie comprise à l'instant par la duègne, qui se hâte de témoigner à sa manière qu'elle a parfaitement saisi, témoignage auquel l'heureux soupirant ne peut rester insensible, et qui, se répandant autour de lui, semble bientôt après remonter vers sa source, comme un parfum de reconnaissance et d'amour.

Oh! c'est bien ainsi qu'on attend sa belle dans nos climats aimés des dieux, et particulièrement chers à Cupidon; il n'y a pas à s'y méprendre, ce tableau porte un cachet d'originalité incontestable. Que d'autres nous offrent le bel Alcibiade ou le brillant Périclès posant pour Aspasie, élégamment drapés dans une chlamyde toute parfumée de marjolaine de Cyzique; qu'ils nous montrent le dangereux Sextus, le roué de l'époque, richement vêtu de pourpre, guettant au clair de lune romain le moment de s'introduire chez l'intraitable Lucrèce; qu'ils évoquent même le coureur Joconde *attendant sa belle* sous une charmille de fleurs, et chantant l'amoureux refrain composé par Nicolo pour la circonstance; tous ces parfums, ces chlamydes, cette pourpre, ces romances et ce clair de lune, tout cela pâlira devant nos quatre amateurs crottés et enrhumés, de même que toutes les Aspasies et autres Laïs de l'antiquité baisseront pavillon, pour parler français, devant cette petite chatte de modiste entr'ouvrant coquettement les rideaux du magasin, l'œil et le sourire pleins d'agaceries, et constatant avec satisfaction qu'elle rentrera chez elle convenablement escortée.

Mais oui, vraiment, c'est bien elle; je ne me trompe pas, je crois avoir vu ce minois quelque part, et tout me dit que cette chatte est une de nos connaissances. N'est-ce pas vous, Mademoiselle, qui vous laissiez prendre le menton par ce monsieur dont la femme était sortie? Ah! c'est vous! je savais bien que je ne me trompais pas; et puisque je vous retrouve ici, laissez-moi vous dire que vous me paraissez avoir quelque peu oublié les avis que je vous donnais alors. Prenez garde, je ne vous demande pas si vous avez souvent profité de l'absence de madame pour aller chez elle; mais vous m'avez l'air d'en savoir un peu plus long qu'à notre première rencontre, et je me doute que ce n'est pas tout à fait contre votre gré que vous êtes si patiemment attendue à la porte.

S'il en est ainsi, j'ai bien peur que tout cela ne finisse mal pour vous, et que si jamais je vous retrouve encore, vous n'ayez pas la mine si réjouie et le regard si provoquant. Jadis votre extérieur était plus modeste, et si vous n'entriez pas en fureur quand on vous faisait des compliments, du moins vous n'aviez pas ces allures lestes et dégagées qui annoncent une certaine expérience et révèlent un petit aplomb qui me donne beaucoup à penser. Puissiez-vous ne pas avoir payé trop cher l'avantage d'être moins novice!

Mais je le vois à la petite moue que vous me faites, ma morale vous ennuie. Et moi qui voulais vous demander des nouvelles de vos fleurs et de vos petits chanteurs ailés. Ah! bien oui! Il paraît que vous avez d'autres amours en tête. Allez, allez, je n'ose pas vous dire : Au revoir!...

I.

Un mariage de raison.

L

Quel livre curieux on pourrait faire avec tous les mensonges que recouvre le langage usité dans le monde! Quelle riche mine de ridicules à exploiter! Que d'antiphrases, que de contradictions à relever entre la chose exprimée et la chose à exprimer! On dirait vraiment que nous nous étudions, dans nos discours, à prendre le contre-pied de la nature, et que, dans la plupart de nos rapports sociaux, nous nous ingénions à plaisir pour dire le contraire de ce que nous devrions dire et penser.

En voulez-vous un exemple entre mille?

Quel nom donne-t-on au mariage qu'un monsieur et une dame vont contracter dans les conditions suivantes?

Il est vieux, elle est jeune;

Il est laid, elle est jolie;

Il a plus d'une infirmité, elle est brillante de santé et de fraîcheur;

Il est triste et grognon, elle est enjouée et insouciante;

Il est avare, elle aime la dépense;

Il ne se plaît que dans son intérieur et déteste le bruit;

elle raffole des plaisirs bruyants du monde, et le tête-à-tête du ménage lui est insupportable.

En un mot, il a tous les goûts, tous les inconvénients de la vieillesse; elle a toutes les passions, toutes les ardeurs, tous les avantages, ou, si l'on veut, tous les inconvénients de la jeunesse;

Eh bien! on va marier ces contrastes. Le mariage est le champ clos où vont se rencontrer ces ennemis tout près d'en venir aux mains. Oh! la belle mêlée, la belle bataille sans fin que va nous offrir cette association légale mais anti-naturelle, de l'eau et du feu, du blanc et du noir, du jeune et du vieux!

Mais, encore une fois, quel nom la civilisation donne-t-elle à ce monstrueux accouplement?

La civilisation appelle cela un *mariage de raison*.

— En vérité?

— Comme j'ai l'honneur de vous le dire; et tous les jours, ami lecteur, vous faites subir cette merveilleuse mystification à votre voisin, qui ne se fait pas faute de vous la rendre.

Gardez-vous de croire, du reste, qu'en parlant ainsi vous manquiez de logique; bien au contraire. En effet:

Si un homme jeune et riche épouse une fille jeune et pauvre;

S'il l'aime et qu'il en soit aimé;

S'il est d'une grande famille et qu'elle soit de petite maison;

S'ils ont l'un et l'autre les qualités et les défauts de leur âge;

Comment appelez-vous l'union qu'ils vont contracter?

Vous l'appelez un mariage d'inclination, c'est-à-dire une folie!

De mieux en mieux ; et vous ne manquez pas de magnifiques raisons pour justifier l'une et l'autre qualification, en dépit de ce facétieux prince de Ligne, qui prétendait, à tort sans doute, que *les raisons sont presque toujours des déraisons;*

En dépit de Vauvenargues, qui a soutenu cet étrange paradoxe : qu'il n'est pas donné à la raison de réparer les vices de la nature ;

En dépit de vous-même, qui émettez cent fois par jour cet autre paradoxe : que la raison est l'opposé de l'extravagance.

A moins que, voulant montrer votre éloignement pour les extrêmes, vous ne teniez à faire l'application de ce distique modéré :

> La parfaite raison fuit toute extrémité,
> Et veut que l'on soit sage avec sobriété.

A la bonne heure ; mais alors qu'il soit bien entendu que le mariage de raison n'a été inventé que comme un des modes de la sagesse pratiquée avec tempérament.

Ah! je vous vois venir, cher lecteur! Vous n'êtes pas à bout de raisons, ou de déraisons, pour parler comme le prince de Ligne ; et si par hasard vous n'en trouviez pas chez les hommes, vous iriez en chercher chez les animaux. Fort bien, fort bien! Je vous vois me montrant du doigt, comme un argument irrésistible, ce couple charmant à la veille de réaliser votre idéal. Mais, halte là ; Grandville n'est pas pour vous une autorité en cette grave matière, et ce n'est qu'à l'aide d'une confusion de mots que vous pourrez invoquer ce puissant appui.

Votre caniche vieux, circulaire et pied-bot, n'y voit que du feu et va faire tout simplement une sottise qui lui coûtera cher. Il croit n'épouser que la petite brebis, innocente en apparence; il épousera bien autre chose. Rapportez-vous-en à cette entremetteuse madrée, renard féminin rompu à ce noble métier.

Je vois bien là un mariage de raison; mais je n'y vois qu'une raison, une seule, et cette fausse ingénue la connaît bien.

Que voulez-vous? Elle aimait beaucoup l'herbe tendre et fleurie; elle aimait à folâtrer et à s'égarer loin du berger, dans les bocages mystérieux et solitaires.....

Mais aussi que ne savait-elle le proverbe de Basile :

« Tant va la brebis au pré qu'à la fin elle... s'engraisse. »

Et voilà pourquoi on la présente à ce vieux caniche qui va l'épouser, parce qu'il est aveugle ou peu s'en faut.

D'où je conclus qu'il n'y a pas là mariage de raison, mais bien mariage pour raison.

Vo regardez Milédy !

LI

Ils naquirent tous deux aux bords de la Tamise,
Ce pays du brouillard et du riche mylord,
Où les cieux sans soleil, le pauvre sans chemise,
Rappellent drôlement les temps de l'âge d'or.
A peine éclos de l'œuf, ils avaient su promettre
D'héroïques vertus et de mâles ardeurs;
A des signes certains l'œil exercé du maître
Avait lu couramment des augures vainqueurs.
Ils étaient batailleurs, et pour la moindre chose
  Cherchaient querelle à tout propos;
Houspillant, houspillés, ils redoublaient la dose
  Sans jamais vouloir de repos.
La guerre était leur lot, la gloire leur maîtresse;
  Les charmes de la basse-cour
N'offraient rien à leur cœur qui balançât l'ivresse
  De la victoire à son retour.
Ils l'appelaient souvent, et toujours peu rebelle
  Elle accourait au rendez-vous.

Qui peut en dire autant lorsqu'il attend sa belle,
    Est, ma foi ! plus heureux que nous.

Chaque terre a ses goûts, chaque peuple a sa gloire :
L'Espagne a ses taureaux, l'Angleterre a ses coqs.
Qu'on blesse ou que l'on tue, il n'importe à l'histoire :
Les cornes, les ergots, les becs et les estocs,
Elle enregistre tout dans la longue séquelle
Des volumes sans fin qu'elle écrit jour par jour,
Depuis la dague, illustre au vieux temps d'Isabelle,
Jusqu'au bâton grossier, arme de carrefour.
— Qu'appelez-vous grossier ? me dit un bâtonniste ;
Souvenez-vous qu'Alcide en ses douze travaux
Ennoblit le bâton, lorsqu'en suivant la piste
Des monstres qu'il chassait et par monts et par vaux,
Il l'adopta pour arme. — Un moment, je vous prie ;
C'était une massue et non pas un bâton :
Donc fort mal à propos votre orgueil se récrie ;
Quand on est ignorant on doit baisser le ton.

Mais ceci ne fait rien au fond de notre affaire,
Et vous m'en détournez ; j'y reviens à l'instant.
Le maître de nos coqs, digne fils d'Angleterre,
Rêvait dans ses paris un triomphe constant ;
Nuit et jour il voyait une mine féconde
Étaler devant lui les trésors du Pérou
Et les souverains d'or, avec leur face rondé,
Semblaient lui rire au nez : il en devenait fou.
    Or, il savait que la nature

Veut être aidée en ses efforts,
Et pour sa fortune future
Il faisait ses coqs beaux et forts.
Il aiguisait leurs becs, et de ses mains habiles
Préparait au combat leurs éperons nerveux,
Essayant les ressorts de leurs muscles dociles
Et dirigeant l'ardeur d'un sang trop généreux.
Ils étaient prêts pour la victoire.
Leur maître au moins devait le croire,
A l'aspect de ses deux héros
Si nobles, si fiers, si dispos !
Montés sur leurs ergots et portant haut la crête,
Ils pouvaient défier partout leurs ennemis,
Et jamais en champ clos on ne verrait leur tête
S'incliner sous le bec des coqs les plus hardis.

« Amour, tu perdis Troie ! » a dit le fabuliste,
Et bien d'autres aussi : j'en ferais une liste
Longue jusqu'à demain, si je voulais compter ;
Mais il faut en finir ; j'ai hâte de conter
Qu'Amour perdit nos coqs. Une poule mignonne
Avait fait le projet de ravir à Bellone,
Comme on disait jadis, ces deux futurs vainqueurs.
Elle avait fait de l'œil, et si bien que leurs cœurs
Se prirent un beau jour à ces tendres amorces.
Tous les deux en voulaient. Chacun, fier de ses forces,
Pour un combat mortel préparant son essor,
S'apprête à conquérir le dangereux trésor.
Bientôt, dressant la crête et sonnant la fanfare,

Ils mesurent de l'œil le champ qui les sépare,
S'élancent, et, jouant du bec et du jarret,
Tiennent pendant longtemps la victoire en arrêt.
Pour la première fois ils mettaient en pratique
Les savants procédés, l'habile gymnastique,
Fruit des leçons du maître ; il en eût été fier
S'il avait pu les voir. Pourtant il payait cher
Ses rêves d'un moment ; chaque plume enlevée
C'était un écu d'or qui prenait sa volée
Pour ne plus revenir. Ils s'envolèrent tous ;
Il ne resta plus rien, pas même les gros sous.
Car nos coqs sur le sol, théâtre de la scène,
Tombèrent dans l'état du coq de Diogène :
Tous les deux à la fois et vainqueurs et vaincus,
Comme deux chevaliers mourant sur leurs écus.

Quand le maître revint, il trouva la poulette
Qui leur dit le combat... sans pleurer, la coquette !

LII.

Temps de canicule.

LII

Canicule, radical *canis*, chien. Astre qui jouissait d'une très-grande réputation chez les anciens.

Pourquoi? J'avoue que je n'en sais trop rien, ni vous non plus, sans doute; et je n'y vois pas grand mal.

Est-ce parce que, les chiens étant en très-grand honneur dans l'antiquité, leur nom avait été donné à cet astre comme un hommage rendu à leur espèce?

Ou bien doit-on admettre que, l'apparition de cette brillante étoile coïncidant avec certaines habitudes périodiques de la race canine, les anciens, fort scrupuleux en ces sortes de matières, ont voulu consacrer par là des phénomènes dont le retour les intéressait vivement?

Je déclare que je donne ces hypothèses pour ce qu'elles valent.

Mais ce qui peut-être vaut mieux, c'est la piquante révélation que je veux bien vous faire, et que vous ne sauriez jamais si je mourais avec mon secret; car j'en suis aujourd'hui le seul dépositaire, Grandville, de qui je le tenais, n'ayant jamais voulu le confier qu'à moi seul : privilège dont je me trouve d'autant plus flatté qu'il me permet en ce moment de vous faire une gracieuseté. Acceptez-la, cher lecteur, comme une faible compensation de la complaisance soixante-dix fois répétée que vous aurez de me lire. Soyez tranquille, je resterai encore votre débiteur.

Or, voici la chose. La Canicule, cet astre dont je vous parlais tout à l'heure, est habitée, habitée par des êtres animés ; et, sans aller plus loin, vous en avez devant les yeux un agréable échantillon.

Ne vous récriez pas, de grâce ; je suis incapable de vous en imposer, et puis ce n'est pas moi qui le dis, c'est quelqu'un que vous aimez, dont le nom vous inspire toute confiance, c'est votre ami et le mien : c'est Grandville.

Vous me demandez, je l'entends bien, comment il a pu le savoir plutôt qu'un autre. A quoi je réponds : Parce qu'il l'a vu ; ni plus ni moins.

Eh ! oui sans doute, il l'a vu. Est-ce que cela vous étonne ? Mais alors à quoi servirait d'être un génie, si l'on n'avait pas le pouvoir refusé au vulgaire ? Pour le génie, il n'est pas de distances, il pénètre partout ; les secrets des mondes, les mystères des races lui sont dévoilés, et Grandville vous a suffisamment prouvé, je présume, l'étendue de sa puissance magique pour que vous n'hésitiez pas à croire à cette nouvelle manifestation.

Or vous saurez que la Canicule est un charmant pays où notre ami se serait peut-être acclimaté sans les chaleurs atroces qui s'y font sentir. Il y passa cependant assez de temps pour se mettre au courant des mœurs des habitants, qui se trouvent fort bien de cette température. Pourquoi d'ailleurs en seraient-ils incommodés ? Figurez-vous qu'ils réalisent dans ce paradis la chimère que leurs frères poursuivent en vain sur notre terre : le bonheur sans travail, sans coups et sans solution de continuité. Ils ne font que flâner du matin au soir, ne prenant nul souci, et passant leur vie à prodiguer des soins et des hommages aux belles de la Canicule. Grandville avait remarqué que ces dames n'étaient pas insensibles au culte qu'on leur rendait.

Une chose surtout le frappa. Dans cette contrée planétaire tous les couples sont assortis. Les boiteux, les borgnes, les infirmes de l'un et de l'autre sexe, se marient entre eux; il est sans exemple qu'un chien bien planté ait épousé une chienne défectueuse; enfin le contraire de ce qui arrive souvent chez nous. Grandville attribuait ce phénomène, bien propre d'ailleurs à conserver la pureté des races, à cette circonstance que, dans la Canicule, l'amour ne porte pas de bandeau, et que, d'un autre côté, l'or, l'argent et les billets de banque y sont inconnus.

J'ai trouvé cette explication passablement concluante, ami lecteur; je vous engage à faire comme moi.

Peu après son retour, Grandville se promenait dans une allée des Champs-Élysées un jour que l'astre qu'il venait de visiter exerçait son influence torride sur notre planète. Tout à coup il fut frappé par un spectacle qui lui fit croire qu'il n'avait pas quitté la Canicule. Voici quelle était la cause de cette hallucination.

Une jeune dame se promenait, un bouquet de roses à la main, escortée, ou plutôt suivie par une bande de dandys de tout âge, de structure et de costumes divers. Le petit air coquet de la promeneuse, l'ardeur que mettaient à la suivre les amateurs de ses charmes, et aussi la brûlante atmosphère qui pesait sur lui, tout contribuait à donner le change à Grandville ; et lorsqu'il prit son crayon pour fixer ses impressions, l'œuvre qui en sortit se ressentit de la préoccupation qui le dominait. La belle dame reçut une tête d'épagneule agaçante, et vous voyez ce que devinrent les adorateurs qu'elle entraînait à sa suite.

Le gentleman garda ses guêtres de cuir et sa panse rebondie, mais se vit gratifié d'une énorme tête de boule-dogue anglais ; la polonaise d'un incroyable fut surmontée d'un long museau de lévrier, et, probablement grâce à la construction de ses jambes, le dernier des poursuivants devint un basset infortuné, lequel fut croqué au moment où il recevait un violent coup de coude d'un griffon rageur qui le précédait.

Nous devons ajouter cependant en historien fidèle, et pour ne rien taire de la confidence de Grandville, que plus tard il eut des doutes sur le lieu où s'était passée la scène. Il fut d'autant plus disposé à croire qu'il avait été abusé par ses réminiscences caniculaires, qu'il se rappelait parfaitement d'avoir entendu la petite dame fredonner un refrain alors fort à la mode. Pendant la promenade, elle regardait malicieusement du côté de ses poursuivants, en chantant : *Tu n'auras pas ma rose, car tu la flétrirais.* Il faut croire qu'elle plaisantait, car les enragés s'acharnaient de plus belle à sa poursuite.

En tout cas, Grandville était bien certain de n'avoir jamais entendu le fameux refrain pendant son séjour dans la Canicule.

LIII

DANS UNE RUE.

— *Ahi! donc, faignant!*

— Faignant?... Eh! l'ami, je travaille comme un cheval tout le jour, afin de manger mon picotin d'avoine chaque soir, et il m'arrive souvent de n'avoir qu'un peu de paille pour souper !..

— Ahi! donc, faignant!

— Faignant?... Je fais métier de brute, pour rester honnête homme! Je m'attelle au brancard, ni plus ni moins qu'une bête de peine, et si bien une bête, que les voituriers de la rue me frappent de leur fouet! Je fais concurrence aux quadrupèdes, et je chemine à Paris et dans la banlieue avec des maisons sur le dos! Je m'en vais, suant ma force, par la pluie et par le soleil, *sur un chemin montant, sablonneux, malaisé,* comme il est parlé dans la fable. Pour mieux ressembler à un animal, je me figure que mes jambes et mes bras font quatre pattes, et ma pauvre tête donne encore le coup de collier! Je traîne ma charrette et ma vie... jusqu'au charnier; je vis en me tuant, je me tue pour vivre... et voilà un faignant! Je ne veux pas t'insulter, jeune veau, par respect pour ta race, qui est vaillante et patiente; mais, je ne serais point fâché de savoir à quoi tu peux être bon? J'aperçois un crochet : c'est un instrument de travail ; mais tu en as fait un lit de repos ! Comment t'arranges-tu pour travailler en te reposant ?

— Je ne me repose pas, rosse! j'attends l'occasion et l'aubaine. Je n'ai besoin de courir après personne ; on court après moi. Quand on m'appelle, je me lève, je me secoue, et je réponds. On me confie des lettres, des fleurs, de l'argent, et je porte tout cela à mon aise, à petits pas, la casquette sur l'oreille, les mains dans les poches. Je m'arrête pour voir des spectacles qui ne coûtent rien ; je monte chez ma payse ; je me fais attendre au retour, on me paie, et je recommence à mes heures ; je ne recommence jamais après mon dîner.

— Tu es un commissionnaire de luxe, et un décrotteur par-dessus le marché, à ce que je vois?...

— Oui, je cire les bottes dans mes moments perdus : cela m'assouplit la main et l'échine ; je nettoie le cuir de la société avec un nouveau cirage qui emporte l'empeigne. Lorsque je n'ai rien de mieux à faire, je vernis mes souliers : j'aime à reluire! J'ai des clients qui sont mes amis, parce que je sais comment ils dînent quelquefois, un peu tard, quand ma commission est faite ; je sais aussi qu'ils ne déjeunent pas tous les jours : les commissions se suivent et ne se ressemblent pas! Pourvu que mon petit train continue, je serai riche ; j'ai l'ambition d'un veau qui se sent bien né : je finirai par acheter des bœufs! je leur ferai cadeau d'une charrue, et ils laboureront mes terres! Assez causé... voici l'heure où il me faut porter un bouquet à une vieille danseuse de la part d'un adolescent : j'y prendrai une fleur pour ma payse... Et : *Ahi! donc, faignant!*

DANS UN SALON.

— Ma foi! cher ami, je regrette presque d'avoir accepté ton invitation...

— Pourquoi donc?

— Ce n'est pas mon jour... Je ne devais pas dîner aujourd'hui... Je ne dîne que quelquefois.

— Diable d'homme! toujours original!

— Oui, oui... l'originalité de Job sur son fumier!

— Veux-tu que je te le dise?... Tu es pauvre, gueux, misérable, par ta faute... Tu n'es qu'un fainéant!

— Un fainéant?... J'ai appris tout ce qu'on peut apprendre; j'ai passé les belles nuits de ma jeunesse dans les livres; j'ai blanchi avant l'âge dans la fièvre et dans les émotions de l'étude! Je suis capable de tout pour travailler; j'ai fait des prodiges pour vivre en travaillant : j'ai mangé des morceaux de pain qui m'avaient coûté des miracles! J'ai dépensé du génie en détail pour ne pas mourir de faim! Un fainéant?... J'ai inventé des orateurs pour trois petits écus par discours; j'ai composé une chanson de table, au chevet de ma maîtresse qui venait de mourir : il s'agissait de gagner, en chantant, les frais de son convoi!

— N'importe, j'en reviens au mot qui te blesse : Tu n'es qu'un fainéant! Voyons, as-tu de l'esprit?

— Je le crois.

— Du courage?

— J'en suis sûr.

— De l'audace, de l'impudence, de la souplesse, une mémoire ingrate, un cœur facile, et une conscience équivoque?

— Non!

— Alors, tu es perdu, tu n'es bon à rien, tu ne produis rien... tu es un fainéant! Regarde-moi, pauvre Job, pauvre niais : je ne travaille pas, mais je fais travailler les autres, dans mon intérêt. J'ai commencé par n'avoir pas de chaussures; mais j'ai bien vite marché dans les souliers de tout le monde, surtout quand ces souliers étaient neufs. Je ne protége personne, mais je me laisse volontiers protéger. Je frappe à toutes les portes, et on ne me les ouvre souvent que pour éviter le bruit : j'entre, et le reste me regarde. Je fais semblant de deviner tout ce que je ne sais pas, et j'ai des marmitons spirituels qui font ma petite cuisine d'esprit. Je respecte les forts qui me blessent, je dédaigne les faibles qui m'épargnent. Je me hisse toujours sur quelqu'un ou sur quelque chose. Je trouve des idées superbes, quand on me les apporte toutes trouvées. Lorsque je fais du bien, ce n'est que pour empêcher le mal qu'on veut me faire. Je suis ingrat jusqu'à la cruauté. Je parais un bon garçon, et je suis peut-être un mauvais homme. Je n'ai point d'opinions, je n'ai que des appétits. On croit que je pense, que je rêve, que je travaille, que j'invente, que je m'ingénie... Et voilà comment ça se joue! Tais-toi... je n'ai pas besoin de savoir ton avis; allons dîner... Et : *Ahi! donc, faignant!* »

O société!... la société!... quelle société!... comme disait un de mes amis en retournant des guenilles.

LIV.

— Té vois bien, Glaude, un supposé que t' serais caporal d'ordinaire, ou général, n'importe quoi! que si t' serais bête, on t' métaphoriserait avec une tête d' cornichon.
— M'man, est-ce qu'y a des hommes qu' a des figures comme ça?

LIV

Garguille, Gros-René, Gorju, héros de la parade en plein vent, pères de la comédie, vous les modèles de Molière, vous l'amour et la joie de nos pères, qu'êtes-vous devenus?

Je suis toute la ligne des boulevards, depuis la Madeleine jusqu'à la Bastille, et j'y cherche en vain les tréteaux de Bobèche et de Galimafré.

Zozo lui-même, Zozo, le descendant de tant de grands hommes, ne répond plus à ma voix qui l'appelle. Fouillez Paris dans tous les sens, allez du nord au midi, du levant au couchant, vous n'y trouverez pas un coin pour la parade.

Si vous voulez la rencontrer, allez à Meaux, à Lagny, à Lonjumeau, à Pontoise, le jour de la fête patroñale du lieu. Là vous trouverez la parade hâve, languissante, exténuée, demandant presque l'aumône, la parade pour un morceau de pain.

Bilboquet a essayé dernièrement de relever la parade. Ce grand homme lui-même n'a pu y réussir. Il a avoué son impuissance le jour où il a dansé la cachucha devant le maire de Meaux.

Galimafré n'avait nul besoin de recourir à de tels auxiliaires ; Bobèche aurait rougi d'attirer le public par un art autre que celui de recevoir des coups de pied.

La parade se meurt, la parade est morte ; il y a longtemps qu'on l'a dit. Comment a eu lieu cette grande décadence ? Qu'est-ce qui a tué la parade ?

C'est le vaudeville, c'est l'almanach, c'est la chanson, c'est le livre, c'est le journal, mais ce sont surtout les vitrines de cette boutique devant laquelle vous voyez tant de gens arrêtés : badauds, tourlourous, bourgeois, rentiers, étrangers, bonnes d'enfants.

La parade au crayon, voilà la seule parade aujourd'hui. Ceci a tué cela. La caricature distribue encore mieux les coups de pied que la parade.

L'ancienne parade, on a beau dire, ne sortait pas d'un cercle assez étroit de personnalités et de plaisanteries. Les calembours se transmettaient de génération en génération. Un membre de l'Institut a découvert que les coq-à-l'âne de Zozo étaient les mêmes qu'employaient à Rome les pitres du Forum et de la Voie sacrée.

La parade moderne a le crayon et la plume, elle fait voir l'homme et elle l'explique, elle le fait parler et elle le fait marcher. Une simple caricature exposée sur la place de la Bourse produit plus d'effet en un jour que toutes les farces que Turlupin ou Gauthier Garguille ont débitées sur le Pont-Neuf pendant toute leur vie.

La parade moderne touche à tout, embrasse tout : l'histoire, la philosophie, la littérature, les mœurs, la politique. A coups de crayon, elle défend les idées ou elle les attaque ; elle est générale, universelle, encyclopédique, de tous les peuples, de tous les pays.

Prenez toutes les parades possibles, depuis l'invention de la parade, qui remonte à Thespis, s'il faut en croire les savants, et dites-moi si vous y trouvez quelque chose de plus amusant, de plus varié, de plus complet, que cette parade de six mois, qu'on appelle l'histoire de Mayeux.

Pendant six mois, ce Mayeux a exécuté une scène nouvelle ; pendant six mois, il a fait rire à la fois non-seulement le public de Paris, de Lyon, de Bordeaux, de Marseille, de Strasbourg, de Nantes, de Rouen, de Carpentras et de Brives-la-Gaillarde ; mais encore celui de Londres, de Berlin, de Saint-Pétersbourg, de Vienne, de Naples, de Milan, de Madrid.

N'allez donc ni à Meaux, ni à Lagny, ni même à Gonesse, pour voir la parade ; elle est à Paris, derrière le vitrage des marchands d'estampes ; elle paie patente, elle a ouvert boutique, elle est rue du Coq, place de la Bourse, rue Vivienne, sur les boulevards, au Palais-Royal, passage Véro-Dodat, dans le faubourg Saint-Antoine, dans le faubourg Saint-Germain, partout.

Quoi de plus éloquent que cette parade muette ! Quoi de plus communicatif que cette gaîté qu'on roule et qu'on plie, qu'on porte en tous lieux avec soi, sous son bras, dans une malle, dans une caisse, dans un carton, dans un étui, dans son portefeuille, dans sa poche !

Depuis soixante ans qu'elle s'est mise en boutique et qu'elle a pris le crayon, quel est l'événement dont la parade n'ait point fait son profit, le personnage dont elle n'ait point usé ? L'histoire d'un demi-siècle a déjà passé dans ce vitrage devant lequel vous vous êtes arrêté tout à l'heure, forum de la curiosité où les rangs se confondent, où la veste coudoie l'habit, où tout le monde est égal devant le rire.

Si vous n'assistez pas tous les jours à la parade du marchand d'estampes, ne parlez ni des mœurs, ni des préjugés, ni des opinions de la France; vous ne pouvez pas les connaître.

Il y a cependant des gens qui regrettent l'ancienne parade, et qui prétendent que le rire est mort en France avec Garguille et Turlupin. Oui, cela est vrai; aujourd'hui on ne rirait plus de ce langage grossier, de ces gestes équivoques, de ces vêtements ignobles, qui faisaient la joie de nos pères. Nous sommes devenus à ce point délicats, et soigneux de la dignité humaine, que ce lâche Pierrot, ce misérable enfariné, ce symbole de bassesse, n'excite chez nous qu'une compassion mêlée de dégoût. Le peuple ne rit plus maintenant de ce malheureux qu'on bafoue, qu'on roue de coups, et qui doit encore sourire sous les taloches; il y a eu un moment où Paillasse c'était le peuple.

Il faut du reste que les admirateurs de Turlupin et de Garguille en prennent leur parti. Partout les tréteaux s'écroulent. Gringalet est sans emploi. Bilboquet a donné sa dernière parade à Lagny, le 5 juin de l'année qui vient de s'écouler. Il a acheté un phoque, et il se contente, pour attirer les passants, d'exposer une toile où sont reproduites, par un peintre à tant la vessie, quelques-unes des productions les plus drolatiques du crayon de nos artistes. Nous lui avons permis de puiser dans *les Métamorphoses du jour*.

La parade n'est plus. Vive la caricature!

LV.
Le lièvre pris au gîte.

LV

« Que faire dans un gîte, à moins que l'on ne songe ? »

La Fontaine l'a dit ; mais il y a gîte et gîte, et tout porte à croire que ce n'est pas dans le sien propre que notre lièvre est surpris. C'est plutôt dans celui du basset.

Avant d'aller plus loin, éclaircissons une question.

Ce lièvre est-il véritablement un lièvre ? J'en doute.

Le lièvre est un animal trop timide de sa nature pour s'aventurer aussi imprudemment chez son ennemi mortel. Mais l'amour ! direz-vous ; l'amour, qui donne de l'esprit aux imbéciles et du courage aux poltrons ! c'est là un paradoxe contre lequel il convient de se tenir en garde. On voit tous les jours l'amour ôter le jugement aux gens d'esprit, au point de leur faire commettre sottise sur sottise ; pourquoi donc aiguiserait-il l'esprit de ceux qui n'en ont pas ? Il trouble le cœur au plus brave ; comment exalterait-il le courage de ceux qui en manquent ?

Ce serait une anomalie monstrueuse, et toute en faveur des poltrons et des sots.

Pour réussir dans les entreprises amoureuses, a dit un

homme qui s'y connaissait, Richelieu, à moins que ce ne soit don Juan, il faut trois choses : de l'audace, de l'audace, et encore de l'audace !

Je crois plutôt que le galant, surpris par l'époux au fusil, ressent une telle peur, qu'il ne songe plus qu'à la fuite, et se voit tout à coup métamorphosé en lièvre. Grandville a certainement voulu faire entendre par là que l'amant, quelque brave qu'il soit d'ailleurs, est toujours fort ridicule, fort décontenancé et fort sot en face du mari outragé. Remarquez encore que ce mari n'est point précisément un foudre de guerre; ce n'est ni un lion à la crinière hérissée, ni un taureau aux cornes menaçantes, ni même un dogue en fureur. Non, il suffit, pour épouvanter le galant, d'un simple basset à jambes torses, vieux, chétif, avec une queue en salsifis, et dont la personne prêterait à rire en tout autre moment.

Quelle leçon pour l'homme à bonnes fortunes ! Entré dans la maison avec l'assurance d'un vainqueur irrésistible, il en sort humilié et confus; il était parti lion, il revient lièvre.

Quant à l'épouse coupable du malheureux basset, dont le sort, après tout, n'est pas à envier, et qui, tout vainqueur qu'il est, peut dire comme Pyrrhus : « Encore une autre victoire comme celle-là, et je suis perdu; » quant à l'épouse, dis-je, on s'étonnera peut-être de ne pas la voir représentée sous une forme plus séduisante. Pourquoi, au lieu d'une guenon assez laide, n'est-ce pas plutôt une hermine gracieuse, ou une fine levrette?

Pourquoi? Si vous voulez le savoir, songez à l'attrait du fruit défendu.

Au reste, la dame, non moins embarrassée de sa personne

que le galant, va, sans aucun doute, prendre le parti de s'évanouir. Les hommes ont laissé jusqu'ici aux femmes le monopole de cette ressource.

Il est aisé de voir que si le basset vient tout à coup troubler ce tête-à-tête amoureux, ce n'est point par hasard. On peut juger à son attitude que le premier mot qu'il prononce en entrant est celui-ci : « Enfin, je vous y prends ! » Le malheureux s'était mis en embuscade ; il faisait le guet, Dieu sait depuis combien de temps, autour de sa maison. Ce jour-là, il avait eu recours à une vieille ruse de comédie qui manque rarement son effet ; il avait feint d'aller en voyage ou à la chasse. Ce stratagème a toujours réussi, et il réussira longtemps encore, par la raison bien simple que ce n'est guère qu'en l'absence du mari qu'on peut s'introduire auprès de sa femme, et qu'il n'existe que peu de moyens de constater si une absence est sincère. Les amants sont donc obligés de s'en rapporter à cet égard à la bonne foi du mari, sans pouvoir jamais lui adresser cette question : Est-ce sérieusement que vous partez ?

Autrefois, avant l'emploi de la vapeur, il était possible, jusqu'à un certain point, de prendre des précautions contre les retours inattendus. Sous prétexte du tendre intérêt qu'on portait au voyageur, mais en réalité pour bien s'assurer qu'il s'en allait, on l'accompagnait au bureau des messageries, et on ne le quittait qu'après l'avoir vu prendre place dans la lourde voiture et emporter par cinq vigoureux percherons. Une fois parti, on pouvait calculer à peu près exactement l'heure de son retour.

Les chemins de fer ont changé tout cela, et élargi considérablement la sphère des ruses maritales. Il arrive et il part des convois à toute heure; tel jaloux qu'on n'attendait que le soir arrive le matin. Le sachant à Bordeaux ou à Lyon, vous aviez trois jours de sûreté devant vous; il vient maintenant vous surprendre en quelques heures. Les mœurs gagneront beaucoup à la propagation des chemins de fer.

S'il fallait une preuve matérielle des préoccupations de notre basset, nous la trouverions dans les trophées qui décorent sa chambre. Son rêve de chaque nuit est exprimé dans cette tête de cerf clouée au mur. L'infortuné avait plein la cervelle de cette image, il n'en dormait pas. Le fusil accroché à cette patère significative est une étiquette suffisante. Le maître de la maison ne pouvait dire plus clairement : Cette tête de cerf, c'est moi !

Sera-t-il plus tranquille, je dirai même plus convaincu maintenant? L'œil de la guenon annonce une grande finesse et pas mal d'effronterie. Elle est bien capable, après l'évanouissement, les larmes et les protestations d'innocence, de lui dire ce mot célèbre : « Ah! je vois bien que vous ne m'aimez plus, puisque vous croyez plutôt à ce que vous voyez qu'à ce que je vous dis! »

Si le basset est amoureux, sa conviction sera un peu ébranlée ce soir, demain elle se sera évanouie. A quoi donc lui aura servi de surprendre sa femme.

LVI.

Écoute donc, mon petit lapin, je suis bien aimable...... va...

LVI

Le jour de sortie! Que ces mots résonnent délicieusement à l'oreille et au cœur du lycéen de quinze ans! C'est l'oiseau qui s'élance à travers les barreaux de sa cage, le jeune lapin qui, n'entendant plus les aboiements des chiens, sort enfin de son terrier.

Avec quelle impatience on attend ce jour fortuné pendant lequel on sera maître de ses actions, libre, un homme enfin comme tous les hommes!

Il faudra bien cependant garder l'uniforme du collége, la livrée de la science, la tunique de la bifurcation; on sera bien obligé de se rendre chez son correspondant. Mais en serrant sa taille avec sa ceinture de cuir, en mettant sa casquette de côté, on s'en tirera; l'air militaire sauvera tout. Quant au correspondant, c'est un fort brave homme au fond, pas gênant surtout. Il a tant d'affaires! Sa femme, un peu coquette, disent les mauvaises langues, n'aime pas à sortir avec un lycéen de quinze ans : on pourrait le prendre pour son fils, et un fils de cet âge lui donnerait hardiment la quarantaine.

Voilà donc le lycéen dégagé de tous soucis; il a une journée devant lui, une journée tout entière, douze heures pour dévorer Paris.

Que fera-t-il de ses douze heures ? comment les dépensera-t-il ? Il a tant de choses à voir, tant de rêves à accomplir ! par où commencera-t-il ?

Un des rêves du lycéen est de dîner au restaurant ; à quarante sous, à trente-deux sous même, n'importe ; pourvu qu'il puisse s'asseoir seul à une table, choisir lui-même ses plats, appeler le garçon, sortir de l'établissement avec un cure-dent à la bouche.

Puis vient le café, le cigare. Qui ne se rappelle le cigare du jour de sortie, le premier cigare, épreuve difficile, amer souvenir pour tant de têtes et pour tant d'estomacs ? O cigare de quinze ans, qui pourra jamais oublier le charme décevant de tes bourdonnements et de tes spasmes !

Quelquefois aussi le lycéen, alléché par les affiches d'un cabinet de lecture, entre et s'asseoit à la table verte et commence un roman signé d'un nom comme Balzac ou George Sand, Eugène Sue ou Alexandre Dumas. Pour le lycéen qui a connu ses douceurs, le roman devient à la longue un besoin, et sa privation un supplice. Tantale moral, il se voit en imagination entouré de romans qu'une main cruelle lui enlève au moment même où elle vient de les lui montrer. Et si le roman commencé n'a pu être achevé, quel désespoir, quelle curiosité, quelle fièvre jusqu'à la première sortie ! Qui n'a pas vécu pendant un mois avec la moitié d'un roman dans la tête, avec la moitié d'une héroïne dans le cœur, peut dire qu'il ne connaît ni les tourments de l'anxiété, ni les angoisses de l'amour.

O romans lus pendant un jour de sortie, romans préférés

à tout, même à une partie de billard, qui pourra jamais vous faire sortir de notre mémoire !

Pour tromper les heures et les jours d'attente qui le séparent du roman interrompu, le lycéen, rentré au collége, se raconte à lui-même des histoires, il en compose, il en écrit. C'est pendant ces moments de transition que les vocations littéraires se décident; que de gens sont devenus romanciers pour n'avoir pas eu le temps d'achever *Mauprat* ou *Mathilde* au cabinet de lecture !

L'écolier, le lycéen parisien, ne connaissent pas dans toute leur étendue les charmes du jour de sortie. La famille retient l'élève dont les parents habitent la capitale. Il a des devoirs à remplir, les grands parents à visiter, les amis de la maison à voir. Souvent la famille est à la campagne. Quel malheur pour le lycéen ! Il a en horreur les champs, la verdure en exécration; le ruisseau de la rue Richelieu lui semble plus beau que toutes les rivières; les arbres et les fleurs du jardin des Tuileries suffisent, et au delà, à ses instincts bucoliques; il passera deux heures le long des quais à regarder les pêcheurs à la ligne, et la pêche lui paraîtra une monstruosité à la campagne. Paris, le lycéen n'aime que Paris, et il faudra qu'il attende, pour le connaître, la grande et définitive sortie du collége.

Le lycéen provincial, au contraire, sait au bout d'un an son Paris sur le bout du doigt. Grâces aux occupations de son correspondant, le jour de sortie lui appartient, il est à lui, bien à lui. Aussi comme il en profite ! Il va, court, flâne, se promène, s'arrête aux boutiques, regarde les gravures, lit les affiches; pas une minute qui n'ait son occupation. Journée de liberté, journée trop courte ! A peine le lycéen a-t-il eu le temps de se reconnaître, et déjà le soir est venu, le gaz s'allume, la nuit de Paris va commencer.

L'heure de la rentrée est près de sonner, il faut reprendre le chemin du collége. Les restaurants, les cafés flamboient, les marchands de contre-marques lui offrent des billets à la porte des théâtres, devant lesquels il passe, hélas ! sans pouvoir s'arrêter. Quand viendra le temps où il pourra s'asseoir tranquillement dans une stalle d'orchestre, où il lui sera permis d'aller au bal de l'Opéra !

Le lycéen n'est pas encore rentré, et déjà il songe à sa prochaine sortie. Il fait son plan et rédige le menu de ses futurs amusements. Tout en marchant lentement dans la rue, il jette un regard d'envie et de regret sur les splendeurs nocturnes de ce Paris dont il va être séparé pendant un mois éternel. Il approche du collége, et il chemine encore avec plus de lenteur ; une vague curiosité, un je ne sais quoi dont il ne peut se rendre compte, le préoccupe et l'oppresse, une émotion inconnue fait battre ses tempes et son pouls avec violence. Là-bas, à l'entrée de cette ruelle obscure, n'a-t-il pas vu passer une ombre, n'a-t-il pas entendu une voix de femme qui l'appelait ?

Mais au même instant la cloche de la chapelle du collége a sonné pour la prière du soir. Cette cloche lui rappelle celle de l'église où, tout enfant, il allait prier avec sa mère. Le lycéen songe au pays natal, à sa mère, à ses sœurs ; il hâte le pas, il arrive, la porte de la maison se referme sur lui.

Son bon ange l'a préservé, il a pu fuir l'appel perfide de la sirène, de la hideuse sirène du carrefour.

LVII. — Un enlèvement, ou un rusé compère.

LVII

LE RENARD.

La petite s'est enfin décidée; il était temps; je commençais à me lasser de faire le pied de grue sous ses fenêtres. Si cela eût duré plus longtemps, je devenais ridicule.

A parler franchement, elle est charmante, et elle vaut bien que je m'expose à quelques ennuis pour elle. Il est vrai aussi que l'uniforme de hussard est brillant, et que je ne le porte pas trop mal.... Une chose m'inquiète. Elle va me tenir des propos ravissants en anglais; elle me dira des sentimentalités; c'est le défaut de ces petites pensionnaires.... *My dear*..... Quand j'aurai répondu : *I love you*, je serai au bout de mon rouleau, puis je bâillerai le second jour, et je regretterai le café de Paris. Bah! je m'occuperai de son éducation pour me distraire. En attendant le monsieur en écharpe qui doit nous marier, et qui ne viendra pas, je lui apprendrai à boire le champagne. La pauvre enfant, j'en suis sûr, n'a encore bu que de l'eau.

LA JEUNE POULE.

Je suis toute tremblante. Oh! mon ami, si vous me trompiez!... J'ai cru entendre un bruit de pas...... Non, ce n'est que le vent dans les arbres..... La force me manque, j'ai le cœur serré. (*Elle pleure.*) Arthur, combien faut-il que je t'aime pour me résoudre à te suivre ainsi, à minuit! Que diront mes compagnes demain? Hélas! je suis bien coupable; j'expierai peut-être cette erreur d'un moment par des regrets éternels!

Mais pourquoi Arthur me tromperait-il? Il est si aimable et si tendre! Il faut bien qu'il y ait une sympathie naturelle entre nous, car je ne puis pas dire qu'il m'ait séduite par de belles paroles. Non, les grandes passions sont muettes; aussi parle-t-il peu, et même j'aurais cru qu'il manquait d'esprit, si je ne savais quel trouble cause le feu de l'âme. D'ailleurs ses yeux disent tant de choses, et si éloquemment! Allons, je l'ai promis, il faut avoir du courage jusqu'au bout. Mettons le pied sur l'échelle..... Ce valet, qui est au bas et qui tient déjà nos cartons, me regarde d'un air singulier!.... Il n'a pas trop mauvaise tournure.

LA POULE DUÈGNE.

Quelque chose me dit que ce jeune valet de si bonne mine, qui accompagne son maître, n'est point ce qu'il paraît être. Tout me fait supposer que c'est un fils de famille déguisé, qui, sous prétexte de rendre service à son ami M. Arthur, en l'aidant dans son expédition, n'a eu d'autre but que de se rapprocher de moi..... Pauvre jeune homme! Pourquoi faut-il que ma vertu....?. Comme il tient ses regards attachés sur ma jeune maîtresse!..... C'est apparemment par timidité; il craint de me faire rougir en me regardant. Quelle touchante délicatesse!

Si j'ai consenti à favoriser cet enlèvement, ce n'a été que

pour ne pas désespérer ce malheureux qui m'adore. Il se serait peut-être noyé, ou se serait brûlé la cervelle..... Ne le réduisons pas à cette cruelle extrémité, et si ses vues sont honnêtes, comme je n'en saurais douter, nous verrons. (*Profond soupir.*) Mon tour va venir de descendre par l'échelle. La vérité est que c'est moi positivement qu'on enlève..... Ah! quoi qu'en disent les esprits froids et les cœurs glacés, le monde est encore plein d'événements romanesques.

LE SINGE VALET.

Bien! nous voici au dernier acte de la comédie. Mon bon ami Arthur est un sot, et pourvu que la belle ait un grain d'esprit, elle ne tardera pas à s'en apercevoir. C'est ce diable d'uniforme qui lui a tourné la tête; mais le galant finira bien par se montrer en robe de chambre.

L'essentiel était de tirer notre jeune colombe de son nid. Arthur a bien voulu se donner cette peine, et, ma foi, c'est lui qui court grand risque de payer les pots cassés. Père, mère, frères, cousins, et le reste, tout va lui tomber sur les bras. Échappe à cette avalanche, si tu le peux! Moi qui me suis fait beaucoup prier pour consentir à assister Arthur dans son entreprise, j'en recueillerai les fruits, s'il plaît à Dieu. Je serai le consolateur, dans les mauvais jours, car la lune de miel sera courte. Et quand on saura que le prétendu valet de cette nuit était un jeune homme comme un autre, mille idées romanesques vont trotter dans la cervelle de la jolie fugitive. J'aurai soin de bâtir un petit roman bien touchant sur mon déguisement... Naïf Arthur, tu n'as donc pas lu la fable de *Bertrand et Raton?*

LE DOGUE PORTIER.

Un louis et un louis font deux louis, et trois font cinq, et quatre font neuf, et un font dix.... Dix louis pour consentir à laisser appliquer cette échelle contre le mur!.... Il me semble qu'en voici un qui n'est pas tout à fait de poids. (*Il le soupèse et l'examine.*) Les gens de cette maison sont des ladres, et si l'on s'en tenait aux profits ordinaires, on ne gagnerait pas gros. Une casquette neuve le jour de la fête de mon épouse, c'est tout ce que j'ai eu cette année de Mme Saint-Phar, qui tient le pensionnat; et cela porte des plumes à son chapeau!..... Depuis dix ans que je suis ici, nous n'avons eu que trois enlèvements, celui-ci fait le quatrième..... Les jeunesses du jour d'aujourd'hui ne sont que des poules mouillées..... Mais ce louis m'intrigue.... Dorénavant j'aurai, pour les peser, un trébuchet que je tiendrai caché dans ma paillasse.

LVIII.
Concert vocal.

LVIII

Nous avons vu le *nouveau langage musical*, et de quelle façon Grandville a étudié et compris les rapports de la physionomie humaine avec les instruments de musique. Ici il a laissé l'orchestre de côté, et s'est borné à nous montrer le chef dirigeant son armée symphonique, d'un geste et d'un archet impatients. A propos, vous l'avez tous connu ce chef d'orchestre impressionnable et violent, vous qui avez hanté l'Opéra et le Conservatoire, pendant les vingt années et plus qui ont précédé 1848. Vous devez vous rappeler sa figure, qui offrait assez d'analogie avec celle du singe irrité ; sa tête si souvent tournée, et avec une anxiété parfois si comique, du côté de ses subordonnés, les coups qu'il frappait à si fréquentes reprises avec son archet sur la boîte du souffleur, à ce point qu'un critique spirituel et fantasque a assuré qu'un malheureux souffleur était devenu sourd de ce *toc-tac* impitoyable. Certes, c'était un habile homme que ce chef d'orchestre irascible ; il a rendu d'éminents services à l'art musical ; c'est à lui, dit-on, que le dilettantisme parisien doit d'avoir été initié par la Société des concerts du

Conservatoire aux merveilles des symphonies de Beethoven ; et le tribut d'hommages et de regrets qu'on lui a payé après sa mort, la messe solennelle qui a été chantée en son honneur, furent parfaitement mérités. Mais, quelque respect que nous gardions, vous et moi, pour sa mémoire, nous ne pouvons nous empêcher de reconnaître un portrait *frappant* dans le singe que Grandville a chargé de diriger son concert vocal. Quand Grandville trouvait sous son crayon un véritable portrait à faire, il congédiait pour un instant son imagination, et renonçait à l'invention pour se contenter d'une bonne et franche réalité. Les grands maîtres, Molière, La Bruyère, Balzac, ont ainsi fait, sans aller toutefois aussi loin qu'Aristophane ; quand ils ont trouvé l'occasion de faire poser des originaux, ils n'y ont pas manqué, et les types qu'ils ont étudiés et composés sur nature vivante ne sont pas les moins admirables de leur œuvre immortelle.

L'accompagnateur-pianiste est représenté par un bœuf. Quelle superbe ironie ! Au lieu d'être aux champs occupé utilement à traîner par les chemins difficiles les pesantes voitures chargées de fourrage ou de vendange, à labourer la terre,

<blockquote>Traçant à pas tardifs un pénible sillon,</blockquote>

le malencontreux animal sue sang et eau à tapoter sur un piano pour en tirer des sons inutiles mais peu agréables ; il dépense à de vaines doubles croches une force que la Providence lui a départie pour un meilleur usage. Oh ! Messieurs les pianistes, vous commenciez à peine votre tapage, vous ne formiez encore qu'un petit groupe de citoyens détournés des arts intellectuels et des travaux féconds, lorsque l'artiste vous accommodait ainsi; il pressentait qu'un jour ce groupe deviendrait une légion; que, non content de vous employer, en vous payant, à accompagner des chanteurs, à jouer des contredanses, un public désœuvré vous encouragerait par des applaudissements, par des prix de Conservatoire, par des bouquets et des couronnes, par des souscriptions destinées à vous donner pour remplaçants sous les drapeaux de véritables hommes, ce qu'on n'a jamais fait, ce me semble, ni pour un jeune grand poëte, ni pour un jeune grand peintre, ni pour un jeune grand sculpteur, ni pour un jeune grand compositeur (ces sacrifices ne se font que pour de jeunes petits pianistes et pour de jeunes médiocres comédiens); mais non, Grandville ne prévoyait ni les splendeurs de vos gants paille et de vos lorgnons, ni les infatuations de votre désinvolture; il ne se serait pas borné au pianiste-bœuf, il nous aurait en même temps donné le pianiste-paon; peut-être même vous eût-il montrés sous la forme d'un autre gallinacé, qui fait aussi la roue !

Les chanteurs forment un sextuor. Le beau sexe n'y est représenté que par un contralto, une oie aux allures, à la démarche, à la voix masculines; l'ingénieux peintre a évité de caricaturer le soprano féminin, ce joli roucoulement qui ne peut être comparé qu'aux purs accents du rossignol, ou aux gazouillements de la fauvette; c'est convenu, tous les aristarques spéciaux en *ut mineur* de la critique musicale en font foi. C'est dans le sexe laid qu'il a pris un soprano, ce gros merle à ventre rond, qui a de bonnes raisons pour être dodu comme un chapon du Maine. Le coq haute-contre doit être un bien vieux coq; car aujourd'hui il n'y a plus de haute-contre; le Conservatoire n'en élève plus; il a déjà bien de la peine à produire des ténors; c'est à faire croire que le niveau de la voix humaine a baissé de plusieurs tons à l'étiage du Conservatoire.

Ne parlons point si lestement de ténors et de niveau abaissé; car ce jeune ténorino, qui n'était qu'un veau, lors du concert de Grandville, est devenu bel et bien bœuf depuis; et il a bien ri des *sol* dièses si pénibles de son adolescence, quand il s'est vu en état de mugir à pleins poumons des *ut* de poitrine; mais qu'il y prenne garde; sur ses vieux jours, quand aura sonné pour lui l'heure des lunettes, quand le vaste habit à poches de côté aura remplacé son petit habit à courtes basques, il pourrait bien ne plus lui rester qu'une basse-taille creuse, comme à cet antique taureau son voisin et peut-être son aïeul.

Quant au museau qui se cache, ce doit être le baryton, le Dabadie, comme on disait à l'Opéra, le Martin, disait-on à l'Opéra-Comique; le baryton se dissimulait dans ce temps-là; sa voix ne servait guère que dans l'harmonie générale, pour l'accompagnement; le baryton a vu, depuis, des jours de gloire; il est devenu à la mode; une foule de citoyens se sont découvert des voix de baryton; on a écrit toutes sortes de romances et de chansons espagnoles pour barytons. Quoi d'étonnant, si la définition qu'un ténor de mes amis a faite du baryton n'est point entièrement dépourvue de vérité :

« La voix du baryton, me disait-il, est la voix des gens qui n'ont pas de voix. »

C'est le juste milieu de la voix, *aurea mediocritas!*

LIX.

Tenez, mes petits rats.   Chère amie, je vous la souhaite bonne et heureuse.

LIX

Quel beau jour que le premier jour de l'année!

Des visites banales, des compliments menteurs, des bonbons frelatés, des souhaits qu'on ne ferait pas si l'on était sûr de les voir se réaliser, des cadeaux splendides destinés à masquer l'ambition, l'indifférence ou l'intérêt; la mauvaise grâce des donneurs répondant à l'humble obséquiosité des demandeurs; le dénoûment d'une mise en scène soigneusement préparée plusieurs jours d'avance; la représentation de la comédie dont les rôles ont été trop bien appris pour ne pas être bien joués; le jour des paroles, la fête des lèvres enfin! Le cœur n'a pas encore la sienne!

L'homme est bien toujours le même animal fantasque et capricieux, aimant à rire de lui-même, et, sans s'en douter, mêlant une bonne dose de sarcasme et de plaisanterie aux actes les plus solennels de sa vie.

Voilà des siècles que les moralistes, les gens de bien, qui de loin en loin traversent les âges, les philosophes, les sages, dépensent tout ce qu'ils ont d'intelligence dans la tête, d'amour dans le cœur, de dévouement dans l'âme, pour améliorer leurs semblables, pour hâter le règne de la justice et de la vérité : on les écoute peu, on les lit encore moins ; mais on leur élève des statues, et on leur a fait une place d'honneur au Panthéon de l'humanité ; après quoi l'homme reste ce qu'il était auparavant. Et pour qu'il ne soit pas possible de douter de son impénitence, il lui a paru plaisant de choisir un jour où toutes ses misères, toutes ses hypocrisies, tous ses mensonges, viennent recevoir comme une sorte de consécration solennelle, et, ce qu'il y a de plus curieux, c'est le sang-froid, l'aplomb admirable avec lequel la même comédie est jouée chaque année, absolument comme si personne pouvait en être la dupe, et comme si chacun ne savait pas à quoi s'en tenir.

Oh ! le beau jour que le premier jour de l'an !

Les tambours battent de bruyantes aubades, les porteurs d'eau viennent dire leur plus élégant charabia, les personnages officiels écoutent, récitent tour à tour des discours qui ont servi et serviront encore pour bien d'autres ; les concierges et les maîtresses sont affables et fidèles ; un jour ! c'est beaucoup sans doute ; mais lorsqu'il en reste trois cent soixante-quatre pour se rattraper !

Et tout cela pour les étrennes !

Les étrennes ! qui les reçoit ? qui les donne ?

Vous croyez peut-être qu'il est des êtres dont la fonction consiste à donner toujours et jamais à recevoir ce périodique tribut de la bonne année ?

Il semble en effet au premier abord que, dans certaines situations, le monde soit divisé en deux catégories bien distinctes : les donateurs et les donataires.

Erreur ! cent fois erreur !

Les étrennes ne sont pas autre chose en réalité qu'un

livre tenu en partie double ; c'est un compte par *doit* et *avoir;* à l'exception des enfants, qui ne donnent pas, tout le monde veut recevoir quelque chose en échange de ce qu'il donne. Et encore ai-je tort en exceptant les enfants, car, en retour d'un tambour ou d'une trompette, l'égoïste papa leur demande le silence et la sagesse. Il est clair que le papa ne peut rien recevoir ; mais le désir y est, et cela me suffit pour démontrer que la question des étrennes prête un champ vaste à la diplomatie, et fait éclore les calculs les plus habiles, les ruses les plus adroites, les tours les plus savamment combinés.

Qui donnera le plus de la femme ou du mari, du frère ou de la sœur, de l'ami ou de l'amie, du solliciteur ou du sollicité, du grand ou du petit, du riche ou du pauvre, du maître ou de l'ouvrier, du supérieur ou de l'inférieur?

Je vous le dis en vérité, tous ceux qui donnent veulent recevoir ; mais tous ceux qui reçoivent voudraient bien ne pas donner : lutte aussi réelle qu'amusante à étudier.

J'ai connu deux personnes qui avaient pris un excellent moyen pour ne pas donner. La première est celle qui a motivé ce quatrain :

> Ci gît, dessous ce marbre blanc,
> Le plus avare homme de Rennes,
> Qui trépassa le dernier jour de l'an,
> De peur de donner des étrennes.

S'il ne donna pas d'étrennes, il n'en reçut pas non plus. A moins que dans l'autre monde.... mais ce n'est pas probable.

L'autre mortel avait trouvé un moyen tout aussi infaillible de s'affranchir de l'unique obligation qu'il eût à remplir en ce jour fatal. Trois ou quatre jours avant l'échéance, il écrivait une lettre ainsi conçue :

« Madame, je sais tout.... Tout est fini entre nous; vous ne me verrez plus!.... »

Combien d'autres aussi sauraient tout, s'ils voulaient; mais alors il n'y aurait plus d'étrennes, et ce serait dommage pour les marchands.

Du reste, cette mode diabolique sera abolie le jour où, revenant aux véritables traditions chrétiennes, les hommes se souviendront que, dans les premiers temps de l'Église, les étrennes furent condamnées comme entachées d'idolâtrie.

En attendant, elles existent avec d'autres abus, qui attendront longtemps encore la venue d'un autre Luther.

Et puis si les hommes y renonçaient, les animaux seraient là pour prendre la suite. Voici qui vous prouve qu'au besoin ils ne s'acquitteraient pas trop mal de la besogne.

Que dites-vous de ce chat et de cette chatte accourant porter des vœux de bonne année et des jouets à la famille du rat? Cadeaux qui sont des souricières, caresses qui précèdent les blessures mortelles.

Réjouissez-vous, zélateurs de la bonne année, comédiens de la Saint-Sylvestre, héros de l'étrenne intéressée! *Uno avulso....* Hypocrite pour hypocrite, chat pour homme. L'art est universel!....

LX. — Comment, ces gens-là vont monter aussi!... Omnibus..... Omnibus....

LX

Celui qui a inventé les omnibus s'est ruiné, et, un vilain jour, il s'est brûlé la cervelle. Aujourd'hui, ceux qui exploitent son idée se partagent des dividendes fabuleux; ils sont millionnaires ou en train de le devenir. Encore un chapitre lamentable qu'il nous faut ajouter à l'histoire des inventeurs : une histoire singulièrement triste, savez-vous ? On emprisonne Galilée ; on enferme Salomon de Caus à Bicêtre ; on insulte Christophe Colomb ; on martyrise Jacquart ; on proscrit Fulton..... Vouloir les nommer tous, ce serait à n'en pas finir.

Si le principe d'égalité était banni du reste de la terre, on le retrouverait dans l'intérieur d'un omnibus. Que vous soldiez le prix de votre place avec de l'or ou avec du cuivre, vous avez droit à vous asseoir sur ses banquettes bleues. C'est donc en vain que vous interpellez le conducteur et que vos nez s'allongent indéfiniment, Monsieur et Madame ; *ces gens-là* monteront comme vous et prendront place à vos côtés. ***Omnibus***, en latin, signifie *à tous*, et en français aussi, Dieu soit loué !

Quant à l'égoutier et à la petite marchande de balais, traités avec un dédain si aristocratique, ils se contentent de dire, l'un : « *As-tu fini ?* » l'autre : « *Ah ! c'te tête !* » Mais attendu qu'ils sont polis, quoique mal élevés, cette opinion ils la formulent à voix basse, ils la mâchonnent entre leurs dents. Un sourire narquois, un imperceptible haussement d'épaules, et les voilà vengés !

On pourrait définir l'omnibus une voiture qui est toujours pleine lorsqu'on désire y monter. Ce que voyant, l'administration a établi, de distance en distance, de petits salons d'attente où l'on trouve du feu en hiver, de l'ombre en été, des journaux, des siéges doucement rembourrés, le tout destiné à tromper l'impatience des voyageurs.

Une illustration financière de notre temps, un jeune homme dont le nom est acquis à l'histoire littéraire de notre époque, Dujarrier, débuta dans la vie par l'emploi infime de distributeur de cachets d'omnibus. Il était chef de station sur la ligne des boulevards. Quatre ans écoulés, il était copropriétaire de *la Presse*, dînait à la Maison Dorée, et occupait, rue Laffitte, un splendide appartement bourré de richesses et de merveilles. Hélas ! il avait le tort d'être trop heureux ! La Fatalité, déguisée en M. de Beauvallon, lui a fait expier chèrement son bonheur.

Le personnel d'un omnibus se compose d'un conducteur, d'un cocher et de deux chevaux.

Les chevaux ne durent guère plus de trois ans ; après quoi, décharnés, fourbus, éreintés, ils prennent mélancoliquement la route de Montfaucon, cette roche Tarpéienne de la race chevaline.

Les cochers durent un peu plus longtemps; mais leur sort n'en est pas moins misérable. Retranchés du commerce des humains, ne communiquant avec leurs semblables qu'au moyen d'une ficelle, réduits pour tout dialogue à crier *hue!* et *dia!* à leur attelage, ces pauvres diables, déjà à moitié abrutis par leurs fonctions, complètent cet abrutissement avec l'eau-de-vie frelatée de la barrière. Leur hôtel des Invalides est situé à Bicêtre, section des *gâteux* et des incurables.

Tout au contraire, le conducteur se civilise à vue d'œil; plus il a de chevrons, plus il devient aimable, joli cœur et dameret. Avec les hommes, il cause variations de la Bourse et question d'Orient; il sourit aux dames, il les protége, il les guide jusqu'à la place vacante, il leur offre la main, et lorsqu'il leur rend la monnaie de leur pièce, il s'ingénie à ne point donner de cuivre. Il est soigné de sa personne, et porte son costume avec une grâce qui n'est pas exempte de coquetterie, la moustache relevée en pointes, la casquette inclinée sur l'oreille. On m'en a cité deux qui font des vaudevilles, et un qui fait des vers !

La physionomie des omnibus varie selon l'heure de la journée et les quartiers qu'ils traversent. Je vous recommande la voiture jaune qui fait le trajet de la barrière Blanche à l'Odéon, et la voiture verte qui unit le Panthéon au faubourg Poissonnière; fréquemment, dans ces voitures privilégiées, on rencontre des femmes charmantes. Et qui pourrait dire le nombre de romans amoureux qui ont pris naissance en omnibus? On est si près de sa voisine! Il est si malaisé de ne pas effleurer son coude ou son genou! Et le chapitre des cahots!... Je ne dis rien de ce chapitre, autrement intéressant que le chapitre des chapeaux dans Aristote.

Tout bien considéré, la plus agréable façon de descendre le fleuve de la vie, c'est encore de le descendre en omnibus, à côté d'une voisine jeune et jolie et tout le long d'une rue mal pavée.

Mais tandis que j'écris ces lignes, une véritable révolution s'opère dans les omnibus parisiens. Les boulevards sont sillonnés de voitures à impériales, au prix réduit de quinze centimes, invention très-prisée des fumeurs qui sont là comme le poisson dans l'eau, surtout les jours de pluie. De son côté, l'administration du chemin de fer de Saint-Germain lance sur le pavé d'immenses tapissières où l'on trouve le moyen d'empiler quarante voyageurs. On en met sur les brancards, on en met sur le timon.... Vous verrez qu'on finira par en mettre sous les roues!

LXI.

Et dans cette demande en séparation, Messieurs, observez bien deux choses!...

LXI

Un bouc déjà sur le retour,
Mais qui dans sa jeunesse avait fait plus d'un tour,
    S'imagina de prendre femme.
« Je suis encore vert, disait-il, sur mon âme ;
    « Je fais la nique aux jeunes gars,
« Et l'on pourrait longtemps chercher dans le village
    « Sans trouver beaucoup de gaillards
« Capables, comme moi, de remplir en ménage
« Leur rôle jusqu'au bout. Certes, dans mon printemps,
« Je dois en convenir, j'ai fait maintes fredaines.
    « Il faut se ranger, il est temps
    « De quitter les choses mondaines,
« De penser au salut et de gagner le ciel.
« Ce n'est pas qu'ici-bas je vise au purgatoire ;
« On m'aimera, c'est sûr, et la lune de miel
« Pour moi sera sans fin. Voyez donc quelle gloire
    « De montrer à tous les jaloux
« Un charmant petit bouc, digne fils de son père !
    « Je le préserverai des loups ;
« Contre d'autres malheurs que Dieu garde la mère !

« Et Dieu la gardera. Pourquoi donc s'alarmer?
  « Mon étoile toujours fut bonne,
« Toujours j'ai réussi quand j'ai voulu charmer.
  « Je suis chauve, oui ; mais je donne
« Un superbe douaire ; et de nombreux écus
« Valent bien, sur ma foi, quelques cheveux perdus. »
  Or, cette belle rhétorique
  Et cette savante logique
Venaient fort à propos pour le vieil amoureux.
  Depuis quelque temps, une biche,
  Jeune, pimpante, et très-peu riche,
Faisait battre son cœur. Elle avait de ces yeux
  Qui font rêver mille folies
  Aux céladons du temps passé,
  Des petites mines jolies
  A raviver un trépassé !
  Notre bouc en perdait la tête.
  Il n'attend plus au lendemain,
  Et sur-le-champ se met en quête
  Pour offrir son cœur et sa main,
Sans compter les écus. D'abord on fit la prude,
On eut l'air de rougir ; la vertu la plus rude
N'eût pas été rebelle avec tant d'à-propos.
Mais enfin l'on dit oui. Hélas ! pour son repos,
Notre bouc eût mieux fait de chasser la fringale
Qui lui soufflait au cœur cette ardeur conjugale.
Car, à peine en ménage, il vit pour son malheur
Que toujours le désir ne fait pas la valeur.
Sa moitié s'ennuyait. Or, en ces conjonctures,
  L'ennui, pour se guérir, cherche les aventures ;
Quand on est jeune et belle, on en trouve toujours ;

Et la biche en trouva. Mais une fois en veine
De chercher, par les bois, un remède à sa peine,
Elle n'en sortait plus; elle y passait les jours;
Les nuits elle y rêvait; si bien que le scandale
Finit par réveiller le confiant époux,
  Qui du logis un jour détale,
  Et s'en va, le cœur en courroux,
  Pour surprendre son infidèle.
  Le malheureux trouve la belle
Doucement occupée à se désennuyer.
Jugez de sa fureur! Elle, sans s'effrayer,
Rit au nez de son bouc et lui dit d'aller paître.
Le mot avait du sens; cependant le vieux traître
Suit un autre conseil, et, sans désemparer,
Court chez un sien ami lui conter sa détresse.
C'était un perroquet de la plus belle espèce,
Avocat très-célèbre et qu'on peut comparer
Aux plus grands perroquets ayant porté la toge.
« Je veux, dit le mari, que ma femme déloge.
« Il faut plaider. — Plaidons, c'est un fort beau procès,
« Reprend le perroquet; je réponds du succès. »
Ils disent tous ainsi. Le jour de l'audience,
Notre bouc se présente et requiert la sentence.
Le lion présidait; auprès de lui rangés,
Et dans un doux sommeil tranquillement plongés,
Trois juges l'assistaient. Du pays des marmottes
Ils arrivaient, dit-on. Le chat, celui des bottes,
Barbouillait du papier de cette belle main
Que n'égala jamais nul calligraphe humain.
  Le lion fermait la paupière;
  Cependant il ne dormait pas;

On répétait même tout bas
Qu'il connaissait un peu l'affaire;
Mais le fait était faux. Déjà le perroquet,
Ayant de ses dossiers déroulé le paquet,
Sans tousser ni cracher parlait depuis trois heures.
« J'achève, disait-il, j'en passe, et des meilleures. »
Puis il ne passait rien. L'abomination
Heurtait, dans son discours, la désolation;
Les rimes en *ion* arrivaient à la file;
Il en mettait partout. Mais quand ce logophile,
D'un geste superflu désignant le sujet,
Traita le point scabreux et précisa l'objet,
Au front de son client les cornes s'allongèrent,
Et parallèlement jusqu'au plafond montèrent.
Elles l'auraient percé; mais le lion sonna,
Et sa voix formidable à l'instant résonna :
« Avocat, taisez-vous, la cause est entendue. »
« Mon Dieu ! » se dit le bouc, mon affaire est perdue. »
Il ne se trompait pas. Le verdict du lion
Rejeta sa demande en séparation.
« Messire bouc, dit-il, votre femme est un ange,
« Et vous un radoteur; il est assez étrange
« Que vous veniez ici l'accuser devant nous
« Sans produire un témoin. Allons, retirez-vous,
« Et gardez votre femme. — Il faut donc, sort funeste!
« Que je sois condamné, content... et puis le reste!
« Jamais! » dit le vieux bouc. Mais, d'un ton solennel,
Le perroquet reprit : « Nous irons en appel. »

LXII.

Il est assez de gens à deux pieds, comme lui,
Qui se parent souvent des dépouilles d'autrui,
Et que l'on nomme plagiaires.

LXII

> O imitatores, servum pecus !...
> HORACE.

Il y a longtemps, vous le voyez, qu'il existe des plagiaires et qu'on s'en plaint, et encore il ne faut pas croire qu'Horace ait été le premier à crier : Au voleur ! Bien avant lui, l'homme disputait au singe le talent de l'imitation.

Depuis la création, le troupeau dont parle Horace n'a fait que s'augmenter de siècle en siècle, et aujourd'hui le nombre de ses membres est aussi considérable que les étoiles du firmament. Comment en serait-il autrement? Il est venu tant de monde avant nous, et pour quelques rares nouveautés que quelques rares originaux ont découvertes, il y a tant de choses qui ont été trouvées bonnes à répéter, qu'on ne s'est pas beaucoup donné la peine d'en chercher d'autres. Il faut dire aussi que ces trouvailles sont si vieilles, qu'on peut, sans grand danger, les donner comme si elles n'avaient jamais vu le jour. Tout le monde prend ces vieillards pour des enfants qui viennent de naître. Et puis, il en a tant paru, puis tant, puis tant encore, qu'en vérité personne n'a la patience d'examiner de bien près pour savoir si ce que monsieur tel ou tel donne comme sien lui appartient en réalité. Quelle vie d'homme, et de bénédictin encore, suffirait à pareille tâche! Que serait-ce, bon Dieu! si Omar n'avait pas brûlé la bibliothèque d'Alexandrie, et si les Barbares n'avaient pas fait des cornets à poivre avec les trésors bibliographiques de l'antiquité? En voilà, par exemple, qui n'aimaient pas les plagiaires!

Il n'en est pas moins vrai que le plagiat est un cas pendable; et de ce que beaucoup de gens mériteraient la corde, qui roulent carrosse et s'asseoient quelquefois à l'Académie, (il est bien entendu que ceci s'applique au *servum pecus* d'Horace ou au *graculus rediit mœrens* de Phèdre), de ce que ces choses-là se voient, dis-je, il ne s'ensuit pas qu'il faille tenir en honneur cette larronnerie qui fait un homme d'esprit d'un imbécile, et dépouille le savant modeste, le génie timide, au profit du faquin audacieux ou de l'ignorant vaniteux qui aime mieux voler un renom que de ne pas en avoir du tout.

Bien au contraire; et ce que j'en dis, loin d'être une atténuation du délit, a pour objet de démontrer que le chiffre des coupables est beaucoup plus grand qu'on ne croit. En l'étendant à un plus grand nombre, je n'ai pas l'intention d'amoindrir la faute, Dieu m'en garde; mais je ne suis pas fâché de constater que si le plus savant est celui qui a le plus de mémoire, celui-là aussi doit être le plus grand plagiaire. En général, cependant, l'impunité lui est acquise; c'est une variante de cette antique histoire d'Alexandre qui voulait faire pendre, je ne sais pour quelle peccadille insignifiante, un pauvre plagiaire du bien d'autrui, lequel lui faisait observer assez judicieusement qu'il n'en serait pas réduit à cette fâcheuse extrémité, si, au lieu de perdre son temps à des misères, il s'était fait, comme le grand roi de Macédoine, voleur de provinces et d'empires.

Combien d'Alexandres connaissez-vous, dans toutes les sphères de l'intelligence et de l'activité humaine, dont les réputations feraient une singulière figure si quelque mauvais plaisant s'avisait un jour d'employer son temps et sa mémoire à les dépouiller de toutes les défroques étrangères dont elles se sont affublées? Oh! la curieuse et instructive pièce que nous verrions se jouer, pour le plus grand ébaudissement des amateurs de tous les pays!

Après ça, nous sommes peut-être un peu bien méchante langue et d'une exigence qui peut avoir ses inconvénients.

Que deviendrait en effet l'éloquence de cet orateur fameux, si d'autres n'avaient pas fait des discours avant lui?

Il faudrait donc ne plus aller au sermon, parce que Bossuet, Massillon et Bourdaloue ont fait, avant ce prédicateur renommé, leur profit des travaux de saint Augustin, de saint Bernard et autres Pères de l'Église, qui eux-mêmes avaient bien pris quelque chose aux apôtres, à leur tour plagiaires de Dieu, le seul qui ne plagie pas?

Et ces fables, et ces comédies, et ces tragédies, sous quel nom faudra-t-il donc les mettre, à l'avenir?

Et ce fauteuil à l'Académie, qui devrait l'occuper en ce moment?

Allons donc, vous voyez bien qu'il resterait vide! Il y a des siècles que le véritable propriétaire a renoncé à ses jetons de présence, pour cause de décès!

Mauvaise chicane, vous dis-je; et puis, après tout, la compagnie est bonne et nombreuse, et bien faite pour consoler... Quand on pense que Boileau en est! N'a-t-on pas dit que c'était un *gueux revêtu des dépouilles d'Horace?*

Il faut être juste aussi! n'est pas plagiaire qui veut. Il ne s'agit pas, en effet, d'aller lourdement avec de gros sabots et une trompette, voler dans la maison d'autrui, donnant l'éveil à tout le monde en pénétrant par les passages fréquentés. Non, non, on s'y prend un peu plus habilement, d'ordinaire. On se déguise, on choisit les issues les moins pratiquées, quand le sommeil et l'oubli des intéressés promettent l'impunité; ou bien l'on occupe l'attention ailleurs, on se glisse sournoisement auprès du trésor et l'on s'en empare. Et une fois confondu dans ce vaste océan des choses de ce monde, allez retrouver et reconnaître l'épave, si vous pouvez.

Demandez à Grandville, c'est lui qui a été pillé! Mais ses voleurs s'y sont mal pris! Aussi, a-t-il pu crier: Au voleur! et se venger; mais comme se venge un homme d'esprit. Voyez ce qu'il a fait de ses voleurs! les voilà malignement affublés de toutes les brillantes plumes qu'ils avaient dérobées au riche éventail de sa queue de paon! Les voilà!... Chut! chut!...

Et lui donc, a qui a-t-il emprunté les geais qu'il nous représente travaillant à s'enrichir de ses dépouilles?

Décidément, c'est comme du sublime au ridicule : de l'original à la copie, il n'y a qu'un pas.

Nota. Je n'ai pas besoin, cher lecteur, de vous prévenir que si ces quatre pages vous ont procuré le moindre plaisir, vous ne devez m'en savoir aucun gré. Mais aussi, dans le cas bien plus probable où elles vous auraient ennuyé, je vous prie de vous en prendre aux plagiaires qui ont pillé, avant moi, tout ce que je viens de leur voler.

LXIII.

L'écolier. Indicatif présent : Je m'ennuie.
Le maître. Tu t'ennuies.
L'écolier. Vous m'ennuy.....

Le maître. Pas cela.
L'écolier. Nous nous ennuyons.
Vous nous ennuyez.

LXIII

Il y avait autrefois à Bagdad un pauvre maître d'école, lequel enseignait à lire et à écrire aux enfants des marchands du bazar de Tchader-Membre-Thaëz, qui est l'endroit de la ville où se vendent, comme chacun sait, les plus belles étoffes de la Perse.

Ce pauvre maître d'école se nommait Hassan, et pouvait bien passer pour un des hommes les plus malheureux de tout l'Orient.

Il était établi dans le quartier depuis plus de cinquante ans; il avait appris à lire à deux ou trois générations de ces marchands du bazar, et il aurait dû s'enrichir à ce métier; mais une fois sortis de l'école, ceux qui voulaient devenir talebs entraient en pension chez un uléma; les autres se mettaient à leur comptoir; et tous, savants et riches, oubliaient celui qui leur avait enseigné la lecture, car ainsi que l'a dit le sage Abu-Sophian : Tu as retenu le nom de ton premier chien, et tu ne te souviens plus du nom de ton premier maître.

Hassan, devenu vieux et faible, avait grand'peine à suffire à sa besogne. Les petits enfants, le voyant débile et infirme, n'avaient plus peur de ses reproches. Ils passaient leur temps à se battre dans la classe ou à contrefaire leur maître, à lui lancer des noyaux de dattes en été, des boulettes de mie de pain de maïs en hiver, à lui faire toutes sortes de niches ; et s'il se hasardait quelquefois à tirer les oreilles à l'un de ces démons, l'enfant de se plaindre à ses parents, et la mère aussitôt d'accourir, d'injurier le maître d'école, de le traiter de vieillard cruel, ne sachant que maltraiter ses pauvres élèves, et incapable d'ailleurs de leur apprendre les premiers versets du Coran.

Quand le premier du mois était venu, Hassan demandait son salaire ; on lui donnait son argent comme une espèce d'aumône ; une fois même Fathmé Oglou, la femme d'un des plus riches marchands, refusa de le payer sous prétexte que le petit Oglou avait déchiré son turban à l'école, et que le maître était responsable des effets de ses écoliers.

Toutes les marchandes le connaissaient, et lorsqu'il allait au marché acheter pour une demi-piastre de pastèques frites, elles se moquaient de lui et lui disaient que les pastèques frites n'étaient pas faites pour les ânes de son espèce.

Or Hassan, quoique humble et résigné en apparence, sentait vivement toutes ces humiliations. Est-il possible, se disait-il, qu'on traite ainsi un homme qui se dévoue à l'instruction de la jeunesse ! J'aurais pu, comme un autre, me faire soldat, marchand ou derviche. Le soldat a une paye et il est le maître du pavé, le marchand s'enrichit, tout le monde fait l'aumône au derviche. Je me suis contenté du métier de maître d'école pour être utile à mes semblables, et voilà comme on me récompense !

Il arriva qu'un jour de fête Hassan, se promenant dans

les environs de Badgad, avisa un âne qui s'ébattait au soleil au milieu d'un champ récemment moissonné.

Cet animal, pensa-t-il, n'est qu'un âne, et pourtant il est plus heureux que moi, qui ai pris mes degrés et qui compte parmi les talebs. Il ne travaille pas plus que moi, et je ne suis pas plus considéré que lui. Son maître le bat sans doute ; mais mes élèves ne tarderont pas à en faire autant avec moi. Il a, malgré tout, de bons moments, et s'il veut gratter son échine aux tiges du froment coupé, nul n'est là pour l'en empêcher. O divin prophète ! un maître d'école est plus malheureux qu'un âne, dont on lui donne le nom, et je voudrais être à la place de celui-ci.

« Tes vœux seront exaucés, lui répondit une voix qui semblait partir de la nue. »

Aussitôt Hassan fut métamorphosé en âne, et se vautra dans le champ où était l'autre âne, qui venait de disparaître.

Le maître d'Hassan était un fermier assez riche et père d'une nombreuse famille ; l'âne, après avoir porté le matin les légumes au marché, servait le reste du temps de distraction et d'amusement aux enfants. L'un lui tirait la queue, l'autre les oreilles ; celui-ci grimpait sur son échine, celui-là lui donnait des coups de fouet. Les moments étaient rares où il pouvait se débarrasser de ses persécuteurs, se rouler dans un champ, ou

> Tondre du pré voisin la largeur de sa langue.

Ce qui est écrit est écrit, murmurait souvent Hassan ; je n'ai rien gagné à changer de condition, toute ma vie je serai victime de la marmaille. Les gamins de la ville sont moins méchants que ceux de la campagne, et le petit Oglou lui-même, quoique sa mère prétende que je dois payer les turbans de son fils, était un ange à côté de l'aîné du fermier, qui l'autre jour m'a introduit un morceau de coton allumé dans l'oreille. O divin prophète! pourquoi vous êtes-vous tant hâté d'exaucer ma prière?

— Tu regrettes donc ton ancienne condition? fit la même voix, qui semblait partir de la nue.

— Je l'avoue humblement, répondit Hassan.

— Cependant j'ai trouvé tes plaintes justes, et j'y ai fait droit. Tu es âne, il est vrai, et ton sort n'est pas beau; mais qu'avais-tu de plus quand tu étais homme?

— Le sentiment du devoir.

— Les enfants du fermier ne sont guère plus méchants pour toi que ceux de ton école.

— Non, mais je ne leur apprends rien.

— Qu'apprenais-tu donc aux autres?

— Je leur apprenais, divin prophète, à épeler votre nom.

Comme il achevait cette réponse, le vieil Hassan fut réveillé par un cliquetis de verre cassé. Il reconnut alors qu'il était au milieu de sa classe, que le petit Oglou venait de lui briser sur le nez un verre de ses larges besicles avec un noyau de dattes, et qu'il s'était endormi sur un chapitre du rudiment du célèbre Abou-Noël-Ben-Chaptal, l'une des lumières de l'enseignement primaire.

Et il remercia le divin prophète en son âme du rêve qu'il venait de lui envoyer.

Ceci est l'histoire du maître d'école Hassan.

LXIV.
L'innocence en danger.

LXIV

Rusticus et Corydon...

Où étais-tu, Corydon, pendant que le loup rôdait autour de ton troupeau? On assure que, couché à l'ombre d'un hêtre, tu apprenais aux échos à répéter une chanson ridicule.

Ah! tu joues de la flûte, nonchalamment étendu sur le gazon, et tu crois que les brebis confiées à tes soins n'auront garde de s'écarter et resteront à t'écouter dans un muet ravissement! Tu ne manques pas d'amour-propre, Corydon; apparemment aussi que les ruisseaux devaient suspendre leur course, les vents retenir leur haleine, l'oiseau arrêter son vol dans les airs. Entends donc les éclats de rire des Sylvains et des Faunes moqueurs cachés dans le feuillage!

Le loup est venu, et il a eu bien vite fait d'enlever la brebis la plus belle du troupeau. Celle-ci y a mis certainement un peu de complaisance, et si maintenant elle semble crier : Au loup ! c'est que te voyant accourir, du coin de l'œil, elle veut te cacher sa complicité dans l'enlèvement.

Je gage un chevreau blanc contre ta panetière, qu'elle s'ennuyait sous ta garde. Cela t'étonne, ô Corydon ! mais la nature le veut ainsi. Toujours la même prairie, toujours le même ruisseau, le même air de flûte et le même chant de fauvette dans le même buisson, cela devient monotone à la fin. Le loup n'a pas eu de peine à séduire sa victime; il lui a suffi de montrer patte blanche : l'imagination de l'innocente a fait le reste. Rien que pour voir de nouveaux paysages et connaître les mystères que cachent les lointaines profondeurs des bois, elle aurait suivi son ravisseur au bout du monde.

Toi, tu es le connu, c'est-à-dire l'ennui ; l'autre est l'inconnu, il a l'attrait d'un rêve. Sais-tu pourquoi Ève prêta l'oreille aux propos trompeurs du serpent? Ce n'est pas que ce dernier fût irrésistible par la beauté ou par l'éloquence, c'est qu'il eut l'art de tenir à notre première mère des propos qu'elle n'avait jamais entendus. Il lui dit simplement : Goûte donc à cette pomme ! Le mot n'est pas si spirituel que chacun n'en puisse dire autant, et le fruit offert n'avait rien en soi de merveilleux. Ce n'était pas un ananas, ni une orange; ce n'était pas même une pomme d'or : non, la première pomme venue, le fruit le plus rustique ! Le serpent aurait présenté à Ève une noisette, que c'eût été la même chose. Si jamais, mollement couché à l'ombre des hêtres, ô Corydon, tu as lu les contes de fées, rappelle-toi ce noyau de cerise qui, donné par Urgande à sa filleule, se trouva contenir une belle voiture à six chevaux, des robes d'or et de velours, et des diamants aux facettes étincelantes : voilà aussi ce que contenait la pomme du serpent. Toutes les femmes ont un peu, en imagination, une fée pour marraine, et elles attendent toujours le magique noyau de cerise.

A la sottise de n'avoir pas su mieux garder la fugitive tu vas ajouter celle de te plaindre. Tu prendras les dieux, les vallons, les bois et les ruisseaux à témoin de son ingratitude et de ton malheur. Je t'entends d'ici t'écrier : La perfide, m'abandonner de la sorte, moi qui n'avais cessé de veiller sur elle depuis sa naissance ! Ah ! voilà un tour bien noir ! A-t-elle donc oublié qui lui enseigna à distinguer l'herbe la plus grasse, qui la conduisit pour se désaltérer aux sources les plus pures, qui peigna sa toison, qui lui donna la meilleure place dans la bergerie? N'est-ce pas moi qui la reçus dans mes bras au moment de sa naissance, lorsque, chétive et n'ayant encore que le souffle, elle frissonnait au moindre vent? Et pour lui faire honte, tu lui montreras ses compagnes qui s'éloignent scandalisées, en levant les mains au ciel.

Sache pourtant, berger naïf, que plus d'une parmi celles qui s'écrieraient en rougissant : *Shocking ! Shocking !* si ton troupeau parlait anglais, s'en va peut-être avec le regret de n'être point la fugitive après laquelle tu cours.

Hâte donc le pas, Corydon, ou plutôt non, modère ta course. Si lent que tu sois dans ta poursuite, allasses-tu d'un train de tortue, tu marcherais encore trop vite au gré de celle qu'emporte le loup. Ne vois-tu pas ce regard jeté de côté, qui semble dire : Pourvu qu'il ne nous atteigne pas ! Ronces du chemin, retenez son pied trop rapide ! Puisse-t-il butter et se casser le nez! Et c'est là le malheur qui te menace. Mais serait-ce un malheur si grand après tout ? Je suppose que tu parviennes à ravir au loup sa proie, tu ne tarderas pas à t'apercevoir que ce triomphe est stérile. Tu peux encore ressaisir le corps, mais tu ne saurais ressaisir l'âme. Il y a quelque chose que tu ne reprendras pas, que tu ne renfermeras pas derrière des verrous et des grilles, quelque chose qui s'est échappé pour toujours, c'est l'innocence et le calme du cœur. La curiosité éveillée sera d'autant plus impatiente qu'elle n'a pas été satisfaite ; le rêve, l'aspiration, l'âme est au dehors. Le loup le sait bien ; aussi te regarde-t-il accourir, avec un ricanement ironique.

Arrête-toi, Corydon ; pourquoi t'essouffler ainsi? Renonce à poursuivre l'ingrate, et regagne paisiblement l'ombrage des hêtres. C'est l'occasion ou jamais d'enseigner aux échos moqueurs à répéter le nom d'Amaryllis.

LXV.

Il y a plénitude, nous vous saignerons demain; en attendant, continuez la diète.

LXV

Je viens d'interroger une table tournante, afin de savoir d'elle ce qu'on doit penser de la médecine. Voici ce qu'elle m'a répondu :

« La médecine est l'exploitation par la science de l'amour que l'homme a pour la vie. »

Franchement, je soupçonne fort cette table d'avoir lu Molière, et de ne s'être jamais trouvée dans la nécessité de se faire remettre quelque jambe cassée. Peut-être aussi en veut-elle un peu aux savants de ce qu'ils n'admettent pas qu'une table bien organisée tourne avec autant de facilité, et résout les problèmes avec plus de clarté que tous les fauteuils de l'Institut réunis.

Quoi qu'il en soit, il est vrai de dire que si la médecine exploite l'attachement que l'homme a pour la vie, elle se plaît à varier les modes de son exploitation. Au temps de Molière et du *Malade imaginaire*, on avait les trois formules que vous savez : *saignare*, *purgare*, et....... le reste; on avait aussi la fameuse consultation des quatre docteurs : Desfonandrès, Tomès, Macroton et Bahis. Le premier avec son cheval merveilleux, infatigable ; le second avec sa mule qui le mène tous les jours aux quatre coins de Paris ; le troisième avec son bégaiement insupportable ; l'autre enfin avec son bredouillement inintelligible. Telle était la médecine du grand siècle, d'après Molière, qui s'en moquait ; la médecine, cet art si sérieux d'après Louis XIV, le grand roi, qui ne s'en moquait point, en usait beaucoup, et se voyait bien souvent forcé par ses coliques de ne pas oublier qu'il était mortel, et le très-humble serviteur de la douleur, lui le maître de tout le monde.

Le xviii° siècle, ce carnaval de l'histoire de France, s'amusa tant, qu'il n'eut presque pas le temps d'être malade. Courte et bonne ! disait-il. Après moi, le déluge !

Pendant les guerres fameuses de la Révolution et de l'Empire, la médecine s'exerça sur les champs de bataille, et s'appela chirurgie.

Mais au temps de Grandville, la paix ayant suspendu les coupes réglées de la Mort, dite glorieuse, qui a pour faux le sabre, le mousquet et le canon, l'exercice de la médecine redevint indispensable. Ce fut le temps où la sangsue eut le monopole du sang humain. De savants docteurs avaient établi péremptoirement que dans le sang étaient le principe et la cause de tous nos maux. Trop de sang, pléthore, sang vicié, âcreté du sang... que sais-je ? sangsues, sangsues encore, sangsues toujours, avec accompagnement de diète, de transpiration ; il semblait que l'humanité fût trop robuste, et qu'une congrégation de vampires eût juré de la saigner à blanc.

Une fois l'utilité, l'importance des sangsues prouvée, ou tout au moins admise par ce bon peuple de malades, si crédule aussitôt qu'on lui promet de le guérir, on ne vit plus partout que sangsues dans toutes les classes, dans toutes les professions de la société, sangsues levant la tête et se faisant gloire de leur vertu aspirante et absorbante. Parlait-on de budget et de contribuables, accusait-on les fonctionnaires d'en être les sangsues : — Il y a plénitude, répondaient-ils aussitôt, et ils menaçaient le pays de nouvelles saignées, et lui ordonnaient la diète. Les financiers, les industriels, les faiseurs, se chargeaient de leur côté de remédier à la plénitude du gogo, de l'actionnaire ; il y a plénitude, disait chaque matin le bulletin de la Bourse ; à l'œuvre, sangsues ! une nouvelle saignée à ces braves gens ; vous voyez bien que leurs poches regorgent de capitaux..... Mais à force de diète, de saignées, d'eau chaude, de dissolvants, les sangsues, un beau jour, ont été détrônées, et...

Et l'homœopathie a menacé de garder le monopole de l'art de guérir ; *similia similibus !* c'est presque la doctrine de Toinette : « Vous avez le bras gauche affaibli, faites-vous bien vite couper le bras droit. »

Enfin, un beau matin, est venu le tour du camphre ! On prenait du camphre de toutes façons, en poudre, en grumeaux, en cigarettes, en liqueur, par tous les pores.

Et les eaux minérales donc, et les bains de toute sorte ! n'en disons pas de mal ; voici qu'il est question de faire venir toutes les eaux de tous les pays à Paris. On construira un vaste établissement grand comme quarante palais de cristal ; toutes les villes d'eaux y seront représentées, depuis Vichy jusqu'à Ems, Bagnères et Lucques. Chaque ville offrira un panorama reproduisant exactement les paysages de chaque localité ; vous pourriez vous croire à Spa, à Aix-les-Bains, au Mont-Dore, à Biarritz; les eaux vraies vous arriveront directement de la source, au moyen de tuyaux en gutta-percha, qui formeront un réseau mille fois plus compliqué que les chemins de fer; quel bonheur de pouvoir aller aux eaux sans quitter le boulevard des Italiens, sans les ennuis et la poussière de la route, sans les exactions, les mauvais lits garnis d'insectes de messieurs les aubergistes! Qui sait? On vous fera peut-être venir aussi par le télégraphe électrique les bains de mer de Royan, d'Ostende, de Brighton! Rien n'est impossible au génie humain. La chose sera mise en commandite, et les actions feront trois mille francs de prime.

— Et les sangsues? Croyez-vous qu'il n'y en aura plus?

En attendant qu'on les remette à la mode, voici venir un nouveau système de médecine: la métallothérapie, s'il vous plaît.

— Eh quoi?....

— Oui, Monsieur, on a découvert que nous avons tous une affinité avec les métaux, et que pour guérir la plupart de nos maladies, il suffirait de nous appliquer un coup de pelle ou de pincette, une pièce de cinq francs sur l'épigastre, un chandelier sur la poitrine, un chaudron sur le ventre. O siècle de métal, voilà bien de tes inventions!

— Mais, Monsieur, croyez-vous donc qu'il n'y aura plus de sangsues?

— Ah! Monsieur, les sangsues ne peuvent disparaître, tant qu'il y aura plénitude, et il y aura toujours plénitude.

LXVI

Qui l'aurait dit? le lapin, cet animal timide, qui dresse les oreilles et s'épouvante au moindre bruit, le lapin devient audacieux, téméraire, lorsqu'il s'agit de dérober la propriété du prochain. Le lapin est un ennemi de la propriété. Et ne croyez pas que je veuille parler du lapin sauvage, du lapin de garenne; que non pas! celui-là, au contraire, sait se contenter de brouter les bruyères odorantes qui donnent à sa chair un parfum si estimé des chasseurs; brave et honnête lapin, le lapin de garenne, qui prend la précaution de s'assaisonner lui-même pour le plus grand agrément des nerfs olfactifs de notre palais, absolument comme un dindon qui se donnerait la peine de se truffer lui-même!

Non, le lapin voleur, celui dont je veux parler, est un lapin civilisé, quoiqu'il porte des sabots et une veste de paysan; j'en atteste la plate-bande de choux dans laquelle il s'apprête à promener un museau dévorant, sans s'inquiéter, l'ingrat, du goût exécrable que doit communiquer ce comestible à la gibelotte dont il est destiné à faire les frais !

Tous les philosophes qui ont étudié le lapin dans ses rapports avec la société humaine, et particulièrement le grand homme qui a inventé l'art d'élever des lapins et de s'en faire trois mille livres de rentes, ont observé que ce quadrupède a plus d'une analogie avec l'homme, ce qui les a amenés à formuler cet axiome :

Plus le lapin s'approche de la civilisation, plus il devient friand du bien d'autrui.

Ah ! si, au village comme à la ville, le garde champêtre n'était pas un si fin limier, je vous jure que, par les lapins qui courent, les propriétés et le principe d'autorité recevraient de terribles atteintes ! Du reste, à la ville comme aux champs, en cas d'insuffisance ou de surprise de la vigilance du fonctionnaire chargé de sauvegarder les droits sacrés de la propriété, il arrive souvent que le propriétaire se constitue lui-même son propre garde champêtre.

J'ai vu dans les campagnes qui environnent Paris, pas mal d'horticulteurs monter eux-mêmes la garde autour de leurs cerisiers, de leurs groseilliers, de leurs rosiers. Les lapins de Paris sont terribles, lorsqu'ils vont le dimanche prendre leurs ébats dans la vallée de Montmorency, sur les hauteurs de Luciennes ou le long du coteau de Suresne. La cerise, la fraise, la framboise, la groseille, le cassis, la prune, à cueillir sur l'arbre, mûrs ou non, ont pour eux un attrait irrésistible ; tel lapin qui, à Paris, ne déroberait pas une feuille de chou, une fois qu'il est en campagne avec des amis, escaladera les fossés, les haies, les murs, grimpera dans les arbres, au risque de se casser le cou, pour voler une cerise verte. Mais ce qui le tente encore plus que tous les fruits du monde, c'est la rose, comme chantent les opéras comiques,

La rose,
A peine éclose!

dont il aime à orner la ceinture de sa dame.

La rose de Fontenay, la rose de Suresne, quel souvenir! Connaissez-vous les champs de rosiers de Suresne? J'ai vu là, il y a quelques années, un brave horticulteur qui avait trouvé moyen de se faire des rentes en cultivant un champ de rosiers grand comme la loge de mon portier. L'habile homme spéculait sur la galanterie des lapins de Paris, et sur leur passion pour les roses. Or, voici comment il procédait :

Il avait soin de laisser ses rosiers en pleine floraison le dimanche, afin d'attirer l'odorat et l'admiration des promeneurs et de leurs dames. « Oh! le beau champ de roses! s'écriait celle-ci. — Et moi qui n'ai pas de bouquet! disait celle-là. » Et aussitôt tous les lapins, à l'envi, de franchir la haie et de chercher chacun la plus belle et la plus parfumée. Mais à peine avaient-ils mis la patte sur un bouton près d'éclore, que soudain paraissait notre limier horticulteur, et, saisissant les larrons par les oreilles, il les menaçait de les conduire devant l'autorité.

Après quelques cris, des réclamations, des injures, parfois on parlementait, on transigeait, et chacun des délinquants en était quitte pour cinq francs. Je me rappelle qu'un plaisant avait tracé à la craie, sur un écriteau placé devant un de ces champs de roses, ces mots encourageants :

« Les passants sont invités à cueillir des roses dans ce champ ; elles ne coûtent que cinq francs pièce. »

Dans les villes, le lapin civilisé ne se borne pas toujours à aimer le bien d'autrui ; il ajoute parfois la goguenardise au larcin.

Un petit lapin de ma connaissance avait pris l'habitude, chaque fois qu'il allait au collége ou qu'il en revenait, c'est-à-dire quatre fois par jour, de lever en passant un impôt d'un pruneau, la fleur de la caisse, à l'étalage d'un certain épicier de la rue Saint-Louis. L'épicier, l'ayant guetté, lui prend un beau jour la main dans la boîte.

« Ah ! petit drôle, s'écrie-t-il, je vous tiens cette fois ; c'est donc vous qui me volez mes pruneaux ?

— Des pruneaux ! des pruneaux ! répond le lapin d'un air étonné ; quoi ! ce sont des pruneaux ? Je vous demande bien pardon alors ; je me suis trompé : je croyais que c'étaient des figues ! »

Et faisant un soubresaut, il s'arrache des mains de l'épicier, et s'enfuit à toutes jambes.

LXVII

Chacun prend son plaisir où il le trouve, et chacun fait bien.

Deux superbes bœufs, revêtus de l'habit de la domesticité, sont assis à une table d'auberge, sur laquelle la servante vient de poser un pot de bière écumante et deux verres. L'heure du labourage est passée; le crépuscule étend ses ombres dans le vallon, que révèle seul le frémissement de ses grands arbres; la rivière a des teintes de deuil comme une veuve; la chaleur s'apaise; il est temps de se livrer au repos, au repos qui est la plus innocente de toutes les variétés du plaisir.

Le repos, pour ces deux braves bêtes, c'est la causerie fraternelle entre la fumée de la pipe et la mousse du houblon, c'est la rêverie à demi somnolente, la confidence plusieurs fois interrompue et reprise. Écoutons-les; le langage des bêtes a son enseignement comme le langage des hommes, s'il faut en croire La Fontaine et Grandville :

Premier bœuf. A ta santé, compagnon.

Deuxième bœuf. Merci ; cette bière du Nord a quelque chose qui délasse et qui réjouit. Ah! c'est que la journée a été rude, et que j'ai reçu du maître plus d'un coup d'aiguillon!

Premier bœuf. Se peut-il que tu penses encore à ces misères, et que ta philosophie garde tant de rancune? Regarde-moi : une rasade me fait oublier tous mes soucis, une pipe que je fume emporte dans ses tourbillons jusqu'à la moindre de mes tristesses.

Deuxième bœuf. Oui, tu as un heureux caractère, je le sais. Mais quoi! tu ne peux faire que je ne sois mécontent de mon sort. Tout m'irrite et m'humilie dans ma position. J'étais né pour paître, indépendant et fier, dans les hautes herbes de la Camargue, ou pour bondir dans une arène espagnole sous le feu de quinze mille prunelles, superbe, frappant la terre, défiant les toréadors! Au lieu de cela, que suis-je, et que fais-je? Attelé à une lourde charrue, je m'épuise tout le jour, et ne reçois le plus souvent, pour prix de mes sueurs, que les mauvais traitements d'un maître injuste.

Premier bœuf. Tu me fais pitié avec ta Camargue et avec ton cirque! La première ne te ferait pas éviter la *ferrade*, et dans le second un bon coup de lance aurait bientôt raison de tes fanfaronnades. Parbleu! je m'étonne que l'idée ne te soit pas également venue d'envier le sort du Bœuf-Gras, et d'aller briguer à Paris l'honneur de marcher à l'abattoir avec une couronne de roses sur chaque corne! Est-ce que la bière n'est pas fraîche ici? est-ce que le tabac y est moins sec qu'ailleurs? Manques-tu de paille dans l'étable, et n'as-tu pas auprès de toi un camarade toujours prêt à relever ton courage et à t'égayer? Allons, encore un coup! et répétons ce refrain, que j'ai entendu chanter par des hommes, mais qui bien certainement a été composé pour des bœufs :

> Et zig, et zog,
> Et fric, et froc !
> Quand les bœufs vont deux à deux,
> Le labourage en va mieux.

Il faut croire que le discours de ce quadrupède optimiste produit un effet excellent, car les verres se choquent et les voix se taisent. En pareil cas, le silence n'est autre chose que la poésie de la dégustation. Chacun prend son plaisir où il le trouve.

Chacun prend son plaisir où il le trouve! — Ceux-ci. chèvre et bélier, berger et bergère, le prennent dans la danse. Ils bondissent, et je crois même qu'en bondissant le museau du bélier effleure quelquefois la barbe de la chèvre, pareille à la barbe d'un masque de bal. Quel plus joli bélier, et quelle chèvre plus coquette! C'est Hamilton qui a habillé le premier, c'est Florian ou Marmontel qui a enrubané la seconde : il a une veste galonnée, des culottes courtes et bouffantes; son chapeau s'incline crânement sur l'oreille gauche; la corne qui lui sert à rappeler son troupeau (pourquoi pas une sonnette à ce bélier?) est attachée à sa ceinture. *Elle* a deux tresses qui n'en finissent pas, avec deux *faveurs* qui miroitent et voltigent comme des papillons; une taille à prendre dans les dix doigts, et les dix doigts la prennent en effet; un jupon raccourci par le costumier de l'Opéra-

Comique et ayant servi déjà à l'*Aline* de Boufflers, des bas à coins, et des souliers qui appellent le microscope.

Ainsi parés, comme si la rampe d'un théâtre les attendait, ils dansent sur un air connu, sans s'inquiéter des deux pesants individus qui les avoisinent. Tout fait supposer qu'ils dansent *pour le bon motif*, et que la familiarité de leurs caresses a pour excuse la perspective d'un prochain hyménée. On ne s'embrasserait pas ainsi devant le monde s'il en était autrement. Sans doute les parents sont dans la coulisse, s'apprêtant à déterminer l'époque des fiançailles. Heureux bélier! heureuse chèvre! Ils prennent en ce moment un avant-goût du jour des noces, et à les voir si lestes, si joyeux, on se fait une idée de l'allégresse qu'ils goûteront sur la pelouse, alors que les ménétriers auront pris place sur leur tonneau, et que les *anciens du village* se seront groupés sur les derniers bancs.

Il y a de jeunes filles et de jeunes garçons qui ne se marient absolument, les unes que pour avoir une belle robe blanche et être le point de mire de toutes les admirations, de toutes les jalousies; les autres, que pour faire un bon festin. Ceux-ci se marient pour danser, cela se voit. Chacun prend son plaisir où il le trouve.

LXVIII.
La promenade.

LXVIII

A coup sûr, la scène se passe dans une petite ville de province, un dimanche, après vêpres, entre quatre et cinq heures du soir, sur le *cours* ou sur le *mail*.

Ils y sont tous, elles y sont toutes; étalant les modes les plus impossibles, les plus laides, les plus bêtes, les plus saugrenues. Quel ciseau absurde a coupé leurs gilets, leurs redingotes et leurs pantalons? Quelle couturière idiote a taillé leurs robes, leurs pèlerines et leurs canezous? Oh! les infortunés! ah! les malheureuses! Ils se promènent triomphalement, sans même soupçonner à quel point culminant ils poussent la laideur, l'aplomb et la sottise!

Et cependant, tels que vous les voyez, ils vous représentent les beaux de l'endroit; elles vous représentent les merveilleuses de la sous-préfecture. Du lundi matin au samedi soir inclusivement, ils ont rêvé à la toilette du dimanche. — Mettrai-je ma robe ponceau, ou ma robe pistache? mes souliers puce, ou mes bottines hanneton? — Si j'arborais mon pantalon ventre de biche? — Si je me montrais avec mes gants verts? Ainsi parlent-ils; ainsi s'expriment-elles; et le résultat de leurs élucubrations produit un spectacle abominable, que le soleil aurait honte d'éclairer si, du haut des cieux, il ne les prenait tous pour une omelette immense, et mal cuite.

Donc nous sommes en province, et pour si peu que vous l'ayez habitée, vous savez qu'il existe dans toutes les petites villes une famille peu fortunée, ornée de plusieurs filles qui ne se marieront pas, 1° parce qu'elles n'ont pas de dot, 2° parce que la nature les a faites laides. Or, lorsque la nature entreprend de faire une femme laide, elle y réussit divinement, comme dans toutes ses entreprises. Si elles sont deux sœurs dans cette pauvre famille, à peine ont-elles attrapé la trentaine, aussitôt on ne les connaît plus que sous cette appellation ridicule : *les deux sans hommes;* si elles sont trois : *les trois sans hommes;* et ainsi de suite; cette aimable plaisanterie est traditionnelle presque dans toute la France.

Les voilà; je les reconnais; ce sont elles! Grandville les a dessinées d'après nature. Elles marchent côte à côte, *Arcades ambo.* Pauvres filles! quel homme courageux les arrachera aux ennuis d'un célibat infiniment trop prolongé? Vainement leur respectable père loue en garni le premier étage de sa maison; vainement il a tour à tour abrité sous son toit, et à des prix fabuleusement réduits, le contrôleur des contributions directes, le directeur de la poste, le commis de l'enregistrement, le conducteur des ponts et chaussées, le vérificateur des poids et mesures, tous ces fonctionnaires ingrats sont partis sans demander la main des *deux sans hommes.*

Dieu sait pourtant comme elles réussissent le brou de noix ! comme elles s'entendent à la confiture de groseilles ! comme elles excellent dans la préparation des cornichons ! comme elles brillent dans le raccommodage du vieux linge ! comme elles tricotent les bas de laine ! Avoir, là, le bonheur sous la main, et passer dédaigneusement à côté.... Oh ! les fonctionnaires ! Oh les hommes !

Intéressantes créatures ! mourrez-vous donc vierges et martyres ? Ne connaîtrez-vous jamais les joies légitimes du mariage, les ineffables délices de la maternité ? Le ciel ne prêtera-t-il pas une oreille complaisante à vos supplications quotidiennes ?

O bonheur ! que dit-on ! quel bruit fait-on courir ! quelle nouvelle s'est répandue ! Eh quoi ! les deux compagnies du 72e de ligne vont nous quitter ? un régiment stupide où tous les officiers sont mariés ! Elles seront remplacées, dites-vous, par deux compagnies du 19e léger ? Oh ! si les officiers étaient célibataires ! *Papa* les logera ; nous les inviterons à dîner, on leur versera du fameux brou de noix, on leur fera goûter aux confitures de groseille ; on mettra des pots de fleurs dans leurs chambres, on réservera pour leurs oreillers les plus belles taies en batiste, garnies de valenciennes ! — Et *les deux sans hommes* bâtissent des châteaux en Espagne ; elles se voient épouses, mères ; elles se voient même nourrices, — oh ! puissance de l'imagination !

Malheureusement il en est du 19e léger comme du 72e de ligne ; les régiments se suivent et se ressemblent. Les pauvres filles ne se marient point, et lorsqu'elles meurent, elles ont droit aux couronnes de roses blanches qu'on dépose sur leurs tombes. Triste compensation, en vérité.

Orléans, du moins, a élevé une statue à sa pucelle!

Mais pourquoi tirer à ces chères créatures de si lamentables horoscopes? Espérons plutôt qu'il se rencontrera deux braves, — c'est le mot, — pour les conduire à l'hôtel (de ville) et à l'autel. Et je vous affirme qu'ils seront bien payés de leur courage, ces deux intrépides citoyens! Ils seront, tout simplement, les maris les plus heureux du monde. On ne saurait trop épouser une femme laide. La femme laide est un quine à la loterie conjugale. On va, on vient, on sort, on s'absente, on fait le tour du monde sans inquiétudes, sans jalousie, sans alarmes, sans accidents.

La vertu, c'est à merveille; mais la vertu doublée de laideur, c'est encore plus sûr et moins trompeur.

LXIX.

Oh! c'est positif, ma chère, la recherche de la paternité est interdite.

(Code civil, art. 341.)

LXIX

Je savais bien que je vous retrouverais toujours trop tôt pour votre honneur, mademoiselle Minette! et je me doutais bien, du train dont vous y alliez, qu'il vous arriverait quelque fâcheux accident en route! Dans quel état vous êtes-vous mise, bon Dieu! et qu'il y a loin de votre air honteux et confus à ces mines triomphantes que je vous voyais naguère! Vous ne doutiez de rien, vous aimiez les caresses et les câlineries, vous ajoutiez foi aux douces paroles. Cependant les avertissements ne vous manquaient pas; et si vous avez été trompée, ce n'est pas qu'on vous ait caché le piége où vous couriez, insouciante et folle, ardente à vous perdre, et traitant peut-être de contes bleus les tristes présages que je lisais dans votre avenir.

Vous étiez si gentillette, et j'aurais tant voulu vous sauver! mais vous avez tout fait pour rendre mes soins inutiles. Les compliments vous ont tourné la tête; vous avez voulu sortir de votre condition; et parce que vous étiez jolie et qu'on vous le disait, vous avez cru qu'on vous le dirait toujours. Eh bien! où sont-ils ces beaux enjôleurs qui vous suivaient sans cesse? Que sont devenues leurs magnifiques protestations, et pourquoi cet abandon quand vous auriez tant besoin de commisération et d'appui ?

Je ne voudrais pas aggraver votre situation déjà si malheureuse ; je voudrais, au contraire, en adoucir l'amertume. Mais je crains bien que le mal ne soit sans remède ; car il ne dépend pas de moi de le guérir, et vous me paraissez en voie de demander des consolations à des gens qui ne vous en donneront pas, et qui, bien loin de vous plaindre, se feront un malin plaisir d'augmenter votre désespoir en divulguant votre honte.

Mais enfin vous avez voulu faire appel à la haute sagesse de cet aréopage féminin devant lequel vous allez comparaître, introduite par cette vieille pie, qui n'est peut-être pas étrangère à vos fautes et à vos mécomptes, et qui croit racheter à vos yeux ses complaisances intéressées par des manifestations hypocrites de pitié et de sollicitude pour votre sort. Je ne tenterai pas de vous détourner de ce qui peut vous paraître un secours dans un pareil moment ; mais je connais mieux que vous les personnages auxquels vous vous adressez, et je veux au moins vous prémunir contre leur langage et vous préparer à la déception qui vous attend.

Et d'abord, savez-vous chez qui vous cherchez appui et consolation ? songez que vous vous trouverez en présence d'un singulier tribunal, qui semble composé tout exprès pour faire le contraire de ce que vous voulez lui demander.

Une vieille chienne, toujours mêlée dans les commérages du quartier, recueillant et colportant les nouvelles, vraies ou fausses, et s'efforçant, à l'aide de ses bavardages, d'écornifler quelque pitance dont elle vit par-ci par-là.

Une méchante vipère, laide fille, qui n'a pas pu s'employer, et qui se venge du dédain et du mépris en médisant et calomniant à tort et à travers. Elle nuit par tempérament et par colère, et c'est pour elle une bonne fortune qu'une occasion semblable à celle que vous lui offrez. Elle fera semblant de vous plaindre; mais gare à vous, quand vous aurez tourné le dos; vous alimenterez son venin pendant de longs jours, et vos affaires ne s'arrangeront pas mieux, tant s'en faut.

Enfin, et en guise de présidente du cénacle, une perruche radoteuse, prenant pour de l'expérience je ne sais quels mots sans suite et sans raison, ramassés durant une vie presque centenaire, et qui se croit sans doute fort savante parce que, de père en fils, elle a fait partie de la succession d'une famille de procureurs.

Voilà les trois matrones chez qui vous avez été annoncée, ma pauvre chatte, jadis si glorieuse, aujourd'hui si désolée; elles vous attendent, et je vois déjà s'ouvrir le code vermoulu dans lequel on essaiera de vous faire lire l'oracle que vous devez interroger. Après cela, il pourrait bien se faire qu'on rencontrât juste; votre cas est si évident, et ces matières sont si fréquentes, qu'à force de les entendre traiter du haut de son perchoir, il ne serait pas surprenant que dame perruche se fût rendue familière avec elles, et qu'elle vous donnât une décision conforme aux lois.

Je vous attends au retour; vous m'aviez inspiré de l'intérêt; je ne veux pas vous abandonner au moment où vous avez besoin d'assistance; peut-être la cruelle leçon que vous avez reçue vous viendra-t-elle en aide, et vous engagera-t-elle à prêter à mes paroles la foi que, pour votre malheur, vous leur avez refusée jusqu'à ce jour.

Allons, allons, ne vous lamentez pas si fort, et que cette dernière épreuve vous apprenne à connaître vos véritables amis; je savais bien que vous ne rapporteriez rien de bon de cette consultation. Vous arrivez perdue, désespérée, et vous ne comprenez pas cet article 341 du Code civil, lorsque, dans votre ignorance, vous croyez qu'il existe tant de raisons pour lui faire dire le contraire de ce qu'il dit. Voilà pourtant ce que c'est que de faire des folies, ma pauvre Minette; voilà ce que c'est que de se laisser prendre aux beaux discours, et de se fier aux promesses dorées. Malheureusement, vous ne pouvez rien faire

<blockquote>Pour réparer des gens l'irréparable outrage.</blockquote>

Mais vous pouvez encore, en vous conduisant bien, mériter votre pardon auprès de vos semblables, et vivre honnêtement au milieu d'eux.

Ce sont l'orgueil et la flatterie qui vous ont perdue; que ce soient l'humilité et le travail qui vous réhabilitent. Votre exemple sera peut-être utile à d'autres, et ce sera un moyen d'expier votre faute. Plus que personne, vous connaissez le danger, et plus que personne, vous pourrez apprendre à vos amies à s'en préserver. Dites-leur de rester sourdes aux cajoleries; dites-leur qu'il vient un jour où tous ces propos si séduisants ne sont que mensonges; dites-leur surtout de ne jamais croire à certaines promesses qui précèdent la faute, car le plus souvent après la faute

<blockquote>Le masque tombe, l'enfant reste,
Et le mari s'évanouit.</blockquote>

LXX

Elle a sonné, cette heure si impatiemment attendue; la cloche a retenti, éveillant les échos endormis du vieux collége; de toutes parts, les cahiers, les rudiments et les dictionnaires disparaissent dans les profondeurs des pupitres; et l'on s'élance, et l'on vole dans les cours sablées ou gazonnées, théâtre des joies folles de la récréation, le moment de la journée le plus doux, le plus aimable et le mieux employé, sans contredit.

Trahit sua quemque voluptas, a dit un poëte; et ce poëte a dit vrai, ce qui est rare pour un poëte. C'est à l'heure de la récréation qu'il faut étudier ces hommes en miniature qui s'appellent des écoliers, si l'on veut se rendre compte de leurs goûts, de leurs instincts, de leur caractère, je dirai même de leur vocation.

Cet affreux polisson qui déshonore le chapeau d'un camarade, sera un farceur à froid, la pire espèce des farceurs. Il deviendra vaudevilliste et écrira des calembredaines pour les petits théâtres. En attendant, c'est un petit cochon, ainsi qu'il appert de la figure que Grandville lui a donnée. Ne craignez pas que l'auteur dramatique démente le caractère de l'enfant. Dans ses pièces, ses plaisanteries favorites rouleront sur les objets les plus immondes : l'entreprise Domange et compagnie lui fournira les traits saillants de ses couplets; il fera plus d'une allusion aux clyso-pompes, et les colonnes des boulevards seront ses colonnes d'Hercule. Les feuilletonistes, ses amis, diront de lui que c'est un esprit gaulois. Gaulois, tant que vous voudrez; pour moi, j'aime mieux l'esprit français.

L'écolier qui s'étend sur l'herbe et qui emploie à dormir l'heure de la récréation, entrera dans la magistrature assise, et sommeillera tous les jours à l'audience, sous le prétexte ingénieux de rendre la justice à ses concitoyens du Puy-de-Dôme ou de l'Hérault.

Celui qui trafique de ses balles et de ses billes paiera la patente de banquier; il négociera de préférence le papier du petit commerce; il aura l'escompte terrible et le renouvellement mal aisé.

Ainsi des autres ; et s'il fallait citer des exemples à l'appui de mon opinion, j'invoquerais deux noms célèbres, à des titres bien différents, Dieu merci : Bonaparte et Robespierre l'aîné. Tout le monde connaît l'épisode de Brienne, où le futur général en chef de l'armée d'Italie improvisa une grande bataille avec des boules de neige en guise de boulets de canon. Ce qu'on ne sait peut-être pas aussi universellement, c'est que Robespierre l'aîné voyait ses camarades de collége de si mauvais œil qu'il cherchait les occasions de les faire battre, ayant soin de se tenir à l'écart. Ceux qui le surpassaient dans les concours devenaient ses ennemis irréconciliables; il les divisait entre eux, et les amenait à se battre au canif, dans l'espoir de s'en débarrasser. Quel pronostic ! et comme le Montagnard a tenu les promesses du lycéen !

Si la récréation est un délassement pour les élèves, en revanche c'est une rude besogne pour les surveillants, pour les pions, comme on dit en argot universitaire. (On dit aussi *chiens de cour.*) Oh ! les pauvres diables ! comme ils achètent durement le morceau de pain rassis qu'ils tiennent de la munificence du maître de l'établissement ! Quel métier ! et combien il faut être abandonné de Dieu et des hommes pour s'y livrer corps et âme ; ils sont les esclaves de ces enfants révoltés ; ils sont leurs victimes, leurs martyrs, leurs souffre-douleur. On les raille, on les insulte ; il arrive même qu'on les bat. Miss Harriet Beecher Stowe a fait verser des larmes aux deux hémisphères, en paraphrasant les misères des esclaves du Sud des États-Unis ; celui qui racontera, dans un livre sincère et bien fait, la misérable condition des esclaves de l'Université, celui-là arrachera des pleurs aux cœurs les plus secs, aux yeux les plus arides. Et cependant, combien d'hommes distingués ont débuté par cette ingrate carrière ! M. Montigny-Lemoine, aujourd'hui directeur du Gymnase-Dramatique, et ses deux frères, Édouard et Gustave, ont été pions au lycée Bonaparte. J'en dirai autant de M. Fabrice Labrousse, l'auteur juré et assermenté des mélodrames guerriers du Cirque-Impérial. Il nous souvient en outre qu'un des avoués les plus honorables, les plus éclairés qu'il y ait à Paris, était pion au collége Louis-le-Grand, vers 1830. Pour tout dire, en un seul mot, notre cher confrère et ami Alphonse Karr a dû se courber, lui aussi, sous ces fourches caudines.

Quant à ceux qui vieillissent dans le métier, ceux qui

blanchissent sous le harnais, on doit les plaindre, les plaindre encore, les plaindre toujours, et la miséricorde publique n'atteindra jamais à la hauteur de leur infortune privée. Nécessairement, fatalement, après un certain temps d'exercice, ils arrivent à un état de crétinisme complet, d'idiotisme absolu. Grandville, qui s'y connaissait, n'a pas manqué de nous montrer son vieux pion sous les traits d'un dindon, une bête stupide à tous égards, et qui n'aurait aucune raison d'être, sans l'invention de la broche et la découverte des truffes.

Mais voici que la cloche retentit de nouveau, cette fois avec des tintements lugubres, des notes gémissantes, des accents plaintifs et désolés. La récréation est finie ; l'heure de la classe est venue. Virgile, Horace, Quinte-Curce, Tite-Live, Homère, votre règne recommence ; et Dieu sait les barbarismes qui vont éclore, les solécismes qui vont fleurir, les âneries de tout genre qui vont se produire au grand jour ! Exemple :

Un professeur d'histoire demande à un élève : « Comment Socrate est-il mort ? »

L'élève se gratte l'occiput, se fourre le doigt dans le nez, et garde le silence.

Un camarade vient à son aide et lui souffle : « *De la ciguë.* » — *De lassitude,* répond enfin le cancre, qui a mal entendu.

Aimable enfant ! l'orgueil, la joie de sa famille ! Quelle carrière suivra-t-il, celui-là ? il a de l'ignorance ; il a de l'aplomb..... On en fera un homme de Bourse !

TABLE

		Pages.
Notice sur Grandville, par M. Charles Blanc............		1
I.	J'y vendrais plutôt ma dernière chemise, d'abord!........	1
II.	Attends! petit matou............................	5
III.	Tu t'entêtes à jouer avec monsieur.................	9
IV.	Un Mariage suivant la nature.....................	13
V.	Donnez-moi une demi-once du métique.............	17
VI.	Nouveau langage musical........................	21
VII.	Repas de corps................................	25
VIII.	A votre droite est le signe du Capricorne............	29
IX.	N' m'avalez pas!...............................	33
X.	Pardon, monsieur, etc...........................	37
XI.	Bienheureux sont les chapons....................	41
XII.	Dieux! comme il ressemble à mosieu!..............	45
XIII.	Bêtes de somme................................	49
XIV.	Je n'y suis pour personne.......................	53
XV.	Orgueil et bassesse.............................	57
XVI.	J' te dis d' te taire, vilain merle!..................	61
XVII.	Pour une dame, etc.............................	65
XVIII.	École de natation...............................	69
XIX.	Il y a du trèfle.................................	73
XX.	Allons, lambin! de l'eau.........................	77

		Pages.
XXI.	On ne recule pas comme ça....................	81
XXII.	De l'ensemble, donc...........................	85
XXIII.	L'Attente d'un convive........................	89
XXIV.	Oh! le monstre d'homme......................	93
XXV.	La Leçon de danse............................	97
XXVI.	Misère, hypocrisie, convoitise.................	101
XXVII.	La mienne est assurée, etc....................	105
XXVIII.	Soyez tranquille, monsieur, etc................	109
XXIX.	Expédiez, bavard.............................	113
XXX.	Tu vois bien que c'est des artistes.............	117
XXXI.	Pour qui qu' vous m' prenez!..................	121
XXXII.	Vendre sa femme en Angleterre, etc...........	125
XXXIII.	Mariage suivant les lois.......................	129
XXXIV.	Famille de scarabées.........................	133
XXXV.	Elle te plaît, monstre! etc.....................	137
XXXVI.	Ma femme est sortie, petite chatte............	141
XXXVII.	Les lumières leur font peur...................	145
XXXVIII.	Je vous présente mes hommages, etc..........	149
XXXIX.	Va donc, taupe!..............................	153
XL.	Système d'attraction..........................	157
XLI.	T'as raison, Gauthier, etc.....................	161
XLII.	Pour qui sont ces serpents, etc................	165
XLIII.	Voulez-vous déjeuner avec nous, mère Pilon...	169
XLIV.	M. Martin-Pêcheur, etc.......................	173
XLV.	Le recruteur..................................	177
XLVI.	Une vilaine commission.......................	181
XLVII.	Les voleurs auront une plaque.................	185
XLVIII.	Académie de dessin...........................	189
XLIX.	Quand on attend sa belle......................	193
L.	Mariage de raison.............................	197
LI.	Vo regardé milédy............................	201
LII.	Temps de canicule............................	205
LIII.	Ahi donc, faignant!............................	209
LIV.	Té vois ben, Glaude...........................	213
LV.	Le Lièvre pris au gîte.........................	217

TABLE.

LVI.	Écoute donc, mon petit lapin............................	221
LVII.	Un Enlèvement..	225
LVIII.	Concert vocal..	229
LIX.	Tenez, mes petits rats..................................	233
LX.	Comment ! ces gens-là vont monter, etc.................	237
LXI.	Dans cette demande en séparation, etc.................	241
LXII.	Il est assez de geais à deux pieds, etc................	245
LXIII.	Je m'ennuie, tu t'ennuies...............................	249
LXIV.	L'Innocence en danger..................................	253
LXV.	Il y a plénitude..	257
LXVI.	Ah ! je t'y prends, mon lapin..........................	261
LXVII.	Chacun prend son plaisir, etc..........................	265
LXVIII.	La Promenade...	269
LXIX.	La Recherche de la paternité, etc......................	273
LXX.	Récréation..	277

PARIS — IMPRIMERIE DE J. CLAYE ET Cⁱᵉ, RUE SAINT-BENOIT, 7.

www.ingramcontent.com/pod-product-compliance
Lightning Source LLC
Chambersburg PA
CBHW060054190426
43201CB00034B/1497